CHRISTOPHE ONO-DIT-BIOT

Christophe Ono-dit-Biot est né au Havre en 1975. Il a publié deux romans, *Désagrégé(e)*, et *Interdit à toute femme et à toute femelle*.

INTERDIT À TOUTE FEMME ET À TOUTE FEMELLE

DU MÊME AUTEUR
CHEZ POCKET

DÉSAGRÉGÉ(E)

CHRISTOPHE ONO-DIT-BIOT

INTERDIT À TOUTE FEMME ET À TOUTE FEMELLE

PLON

AVERTISSEMENT

Interdit à toute femme et à toute femelle est une fiction librement inspirée de la réalité. A ce titre, même si elle se déroule dans un lieu réel, toute ressemblance avec des personnes existant ou ayant existé ne serait qu'une coïncidence malheureuse, et purement involontaire de la part de l'auteur, qui d'avance fait ici acte de repentir.

ISBN 2-266-13342-X

Pour Alina, et grâce à elle.

Vois-tu cette montagne ? disait un Turc à un autre. Les hommes y meurent toujours et n'y naissent jamais.

Adage grec.

INTROÏT

Salopard. Va falloir que tu me dises pourquoi t'as bousillé ma vie. Ouranopolis. En grec, « ville du ciel ». L'ultime bled civilisé avant le maquis monastique. Ville du ciel, tu parles. A deux heures de Salonique, une auberge dépeuplée, deux, trois baraques, un parking en mauvais bitume que vient lécher la mer, sur lequel un car usé débarque les pèlerins qui osent s'aventurer sur la Sainte Montagne, tout frémissants de peur et de ferveur devant le Mystère. Dans deux heures, j'y serai. La tour byzantine, censée il y a des siècles protéger des incursions pirates, s'éloigne dans le soleil qui brûle les rétines. Je me rabats sur l'écume blanche que tisse le sillage du bateau, à gros bouillons. C'est l'été, mais j'ai froid. La peur sans doute. Je frissonne dans mon pull. Je quitte une ville morte, minéralisée par le sacré qui vient d'en face. Aucune doc sur cette foutue destination. Une simple carte au 1/100 000 payée 5,50 € place Aristotélous, hier soir, avec l'emplacement des monastères. On dit que c'est une jungle, qu'il n'y a que des oliviers et du maquis, que ça grimpe, qu'il y a même un « désert », vingt monastères fortifiés dressés face à la mer. Le nouvel éden d'Octave, mon meilleur ennemi... Aucune piste pour mettre la main sur lui. Juste le parchemin en typo byzantine qui sert de visa, avec son timbre fiscal d'un autre âge, une vierge qui sort d'une montagne ouverte en deux, et le tampon administratif avec l'aigle à deux têtes. En poche aussi, la lettre de recommandation signée par Simandre, et quelques notions de grec ancien héritées de mes années lycée. Motivé, mon gars ! La bonne Vierge te fera un signe. Il paraît qu'on est chez elle, ici...

Je pense à Faustine qui attend ma réponse. Quelle ironie tout de même, que ce soit moi qui aille là-bas ! Le *Halkidiki* ronronne et trace sa route dans la mer Egée. Quelques mouettes piaillent au-dessus du bateau. Les rochers de la côte est tombent à pic dans l'eau turquoise. On ne voit pas encore le Mont, trop au sud, couvert de neige, m'a-t-on dit. En plein mois d'août, un miracle ! Je repense au trajet en bus. Assommant. Le café absorbé à la gare routière de Salonique s'est ramassé en une boule brûlante au fond de mon estomac barbouillé. La fatigue me fait sur le corps une épaisse couche de crasse que le débit irrégulier de la salle de bains de l'hôtel Argo n'a pu enlever. Il faudrait que je mange un peu. Il paraît qu'on jeûne, là-bas. Par-dessus les balustrades rouillées, la côte sublime défile. A cinq cents mètres du bateau, des plages dorées et des forêts d'oliviers.

J'ai vraiment froid. Je quitte la plate-forme pour la salle. Portes de mauvais bois, hublots cradingues, conversations éphémères, potins du coin. Les moines discutent, prient ou dorment, les doigts dans les cordelettes de leur chapelet, le chignon sous la toque de feutre noir, la soutane de drap bien serrée sur les hanches par une ceinture de cuir où brille une tête de mort. Je ressors, vaguement inquiet. Besoin de prendre une grande goulée d'air. Un vieillard vend des bondieuseries sur un étal improvisé : chapelets de laine, icônes grossières, Jésus crucifiés dans une attitude des plus kitsch. Il marmonne alors que je décline ses offres.

Deux officiers de police grimpent dans une Land Rover vert foncé, prêts à débarquer. Sur les portières, une croix en forme de X partage deux lettres : alpha et oméga. La police locale, celle de la seule république monastique au monde. Interdite aux femmes et à toute femelle depuis le XIe siècle. Tout à fait pour moi. Pauvre Faustine. Fallait pas le laisser partir, ton mec. Je me sens mal à l'aise parmi tous ces hommes en noir. Des ombres, comme si j'allais vers la mort, ou en camp d'extermination. C'est un peu ça d'ailleurs, un camp d'extermination pour les passions trop humaines. Une architecture démente apparaît dans les hublots. Des coupoles givrées d'or et d'argent, surmontées de lourdes croix orfévrées, des murs imprenables. On entend des cloches. Des moines se lèvent, jettent sur leur dos leur sac en poil de chèvre, se signent. « Eflogitê », disent-ils à ceux qui restent. « O Kyrios », répondent les autres. Je souris amèrement. J'arrive au mont Athos. La chasse à l'homme va pouvoir commencer. Bienvenue au Paradis.

PARIS POURRI

PAUL, 13, boulevard Henri-IV

— T'aimes ça, hein, ma salope !

— Ooooooh ! ! ! Ouiiiiiiii ! ! !

Plombé au champagne, j'agonise sur le dos et le plafond tangue. A quatre pattes, les bras tendus, la tête penchée bien en avant entre les omoplates et cachée par les longs cheveux blonds, elle a le dos en sueur, la croupe tendue vers l'arrière, et encaisse les coups de boutoir en couinant des obscénités qui n'ont rien d'original : « Vas-y, oh oui, vas-y, j'aime ce que tu me fais ! » La voix est rauque. Les bulles de veuve-clicquot éclatent dans mon cerveau, juste au-dessus des globes oculaires. Comme devant un film, sauf que je n'ai pas la force de zapper ou même seulement d'appuyer sur « pause ». Nu et sur le dos, je gis sur le Bultex, qui oscille dangereusement, devenu matelas pneumatique à la dérive sur les eaux d'une piscine glauque. Les particules d'acide alcoolique font du toboggan dans mes artères et la grande roue dans les ventricules de mon cœur engorgé. Pour trouver un point stable, je fixe le buste en plâtre de ce vieux con de Napoléon, l'idole adolescente de mon copain Paul, posé sur la commode comme une vierge sur son autel. C'est pire encore, sans doute l'effet du bicorne, du regard impérial qui a l'air de réprouver tout ça. La chambre pue la sueur. Je transpire, mais eux, c'est pire. J'entends ses hanches cogner contre les reins de la fille avec une régularité assommante, son souffle devenir haletant. Son visage s'écrabouille sur l'oreiller trempé par la salive de sa bouche, avec par-dessus, le voile vivant des cheveux. Le tout s'ébranle par à-coups. Avec le cul relevé comme ça, la vulve épanouie, dilatée, éclaboussée de mouille, et lui qui s'excite derrière, j'ai l'impression d'assister en direct à l'insémination artificielle d'une charolaise. J'ai vraiment envie de mourir. Saloperie de veuve-clicquot. Il s'arrête. Le bûcheron repose la cognée et s'essuie le front. Non, il reprend son instrument à une main, c'est qu'il est bien monté le salaud, et retourne enfourner son invitée, mais cette fois en changeant de trou, sans crier gare. Aucun problème, elle reçoit 5 sur 5 et reprend ses couinements. Il lui pétrit les fesses en mitron expert, sans se presser, bien à fond. Elle vient de changer de répertoire, passe du gémissement sensuel au hurlement porno consensuel, mais à la suite d'un coup de reins encore plus vigoureux, les cris s'étouffent immédiatement dans les plumes de l'oreiller. Il me scotche le salopard. Mince ! Une remontée de champagne. Faut que je gère, que j'évite de tacher la literie Descamps. Je tourne de l'œil ; elle tourne la tête. La bouche, libérée, donne à présent dans la poésie aiguë. « C'est bon... Oh, c'est bon... Baise-moi à fond... » Encouragé, Paul augmente la cadence et se sent en confiance, entre et sort son pilon enfoncé jusqu'à la garde dans l'orifice de la fille. Comme à la parade, un style d'enfer. Tient sacrément bien l'alcool aussi. Faut que je bouge. Bouge de là, comme disait l'autre. Sauf que c'est pas du rap qu'on entend, mais ce putain de Wagner. Car forcément, ce rigolo de Paul baise sur la *Chevauchée des*

Walkyries. Ça tombe bien, elle est blonde. Faut que j'attrape mon fute, ma chemise et que je me tire ; au moins, atteindre la fenêtre. Elle me regarde et passe sa langue sur ses lèvres, avec un regard de défoncée. Tu me diras, c'est un peu le cas. Lui, au fourneau, arbore le visage dur et concentré du lanceur de poids bulgare avant l'épreuve. Sa main droite ramène derrière son oreille une mèche trempée de sueur qui lui tombe sur l'œil droit. Elle me sourit la conne, tandis que les bulles ultralégères remontent de l'estomac à mon œsophage à la vitesse des saumons au moment de la ponte.

*

« On va te redonner le goût à la vie, il m'a dit au téléphone. Pointe-toi chez mes parents à neuf heures. Le code a changé, c'est 27 D 56, ensuite tu sonnes à “Millet”, comme d'hab. » Dîner fin, sourires à la Morny, pleins d'ironie et d'autosatisfaction. « C'est l'anniversaire de ta rupture aujourd'hui, pas vrai ? » Je sais plus, ça fait des mois que je suis aux fraises. « Je te garantis que ce soir, tu vas l'oublier. Reprends des truffes. C'est pas tous les jours que ça arrive. » Il a mis les petits plats dans les grands, ou les grands dans les petits, comme on voudra. Tête-à-tête aux chandelles. Caviar, ris de veau, cèpes farcis, et champagne, uniquement. C'est papa qui régale. « Avec l'année qu'il s'est faite, le salaud, il peut s'en offrir d'autres, des caisses de Veuve... Ça sera toujours ça de moins pour sa salope d'assistante. Au fond je rends justice à maman. » Mme Millet étant depuis des semaines accaparée par le renouvellement de son mandat à la tête du Conseil de l'ordre, maître Millet se console de sa dominance perdue de mâle bourgeois entre les cuisses septentrionales de Sigrid, son assistante islandaise, fraîche émoulue du barreau de Reykjavik. « Mon père qui écoute Björk,

Gus Gus et Bang Gang, on aura tout vu. » A minuit pile, l'interphone gémit au milieu des accords sirupeux d'une musique douce. Paul décroise sans se presser ses jambes chaussées de Stan Smith, daigne se lever, traverse le couloir pour atteindre le boîtier plaqué acajou et va ouvrir la porte d'avance. Il revient dans le salon, va chercher une coupe qu'il emplit de champagne. L'ascenseur haussmannien bois et cuivre peine à escalader les sept étages. Des pas résonnent bientôt sur le parquet, avant de s'amortir sur le revêtement coco. « Ton cadeau d'anniversaire, mon gars », murmure Paul en se levant. Le cadeau est haut de jambes, gainé de cuir italien, de résilles madrilènes et de tissu français. Taille exagérément fine, peut-être due à l'ablation d'une ou deux côtes et d'ailleurs rehaussée par une ceinture de cuir noir à grosse boucle métallique, parsemé de petits pics de métal argent qui soulignent un tour de hanches idéal recouvert d'une jupe au tissu arachnéen à impression python. Juste au-dessus, un thorax pris avantageusement dans une coupe à mi-chemin entre le cache-cœur et le boléro, même tissu que la jupe, et dont les deux pans comme par un fait exprès ne se rejoignent pas mais s'attachent par un petit cordon à lacer ou à délacer, offrant un panorama très généreux sur une paire de seins dont rien que la naissance paraît énorme. On peut suspecter ici une tromperie siliconée. La peau est mate, sans doute retouchée aux ultraviolets persuasifs d'un quelconque solarium, la bouche forcément pulpeuse (collagène es-tu là ?) et rehaussée d'un lipstick carmin qui tache le papier de la cigarette extralongue qu'elle suçote passionnément en nous scannant de son regard bleu husky probablement permis par les récentes innovations en matière de lentilles colorées. Et par-dessus tout cela, une crinière frangée et trop blonde pour être vraie. Ne manque plus que Ken, mais Paul, chaleureux et déjà debout, a l'air de prétendre au rôle.

Barbie investit l'espace en répandant autour de sa silhouette un nuage de particules musquées. Baiser sur la bouche de son hôte, du bout de la langue, petit limaçon dardé un instant hors de sa coquille de chair et bientôt évanoui. Elle s'assoit dans une bergère écarlate. La jupe est fendue et révèle des cuisses amicales. « On s'amuse bien sans moi ? » dit-elle en écrasant sa cigarette dans un cendrier de cristal. Elle accepte la coupe, y humecte ses lèvres. Paul se lève pour aller chercher une autre bouteille. Je le suis. « Tu l'as trouvée où, celle-là ? Au magasin de jouets ? Où c'est un pote chirurgien qui te l'a conseillée ? — Pas de mauvais esprit. Je l'ai rencontrée dans l'ascenseur hier. Elle s'ennuie pendant l'été alors je lui ai proposé de se joindre à nous. » Je reviens dans le salon. La fille a délacé son boléro. Les seins sont plus qu'offerts à la vue. Elle termine sa coupe et me regarde étrangement. Ses lèvres s'animent : « C'est vous qui vous mariez demain ? » C'est quoi cette connerie ? Je cherche Paul du regard. Il surgit de la cuisine, triomphal, empoignant par le col deux bouteilles de la réserve paternelle. « C'est lui, fait-il avec un clin d'œil à mon intention. L'heureux homme, n'est-ce pas ? — Elle est belle au moins ? demande la fille. — Très », je dis, résigné. Mon cadeau se penche pour attraper son paquet de Vogue. Un sein se libère. Gros. Design obus. Barbie Girl vide coupe sur coupe, suce sa clope avec précision et envoie les volutes se perdre dans les moulures du plafond. Paul a l'air excité. J'ai moyennement envie d'un épisode live d'*Alerte à Malibu* ce soir. Je bois. Je bois encore. Je crois que je viens de dépasser la dose prescrite. A un moment je me lève et me dirige vers le couloir. Je fais signe à Paul de venir me rejoindre.

— Je crois que je vais y aller.

— Déconne pas ; je l'ai fait venir pour toi. Tu peux pas me faire ça.

— Occupe-t'en sans moi.

Il me fusille du regard.

— Décoince-toi, merde !

— Je crois que j'ai trop bu, Paul.

— On a tous trop bu, conclut-il péremptoirement.

Une demi-heure après on est montés à l'étage, bourrés comme des coings. Elle ricane comme une hyène tandis que son cul valse de droite à gauche dans l'escalier en spirale. Paul ouvre les fenêtres en grand. L'air estival entre d'un coup. On va sur la terrasse. La Seine miroite en bas et zigzague au milieu de la ville. La fille rigole de plus belle. Paul lui pince les fesses. Ça y est, la soupe de langue est servie. Elle s'étire comme une chatte et ôte son boléro. La lune vient caresser ses seins bronzés même la nuit. Paul en prend les pointes du bout des dents, puis lui dégrafe la jupe qui tombe aux pieds de ses bottes. Les mailles du bas résille transforment son cul nucléaire en gros cœur charnu attrapé dans les filets d'un pêcheur d'Islande sous ecstasy. Elle a gardé ses bottes et fait quelques pas les seins à l'air jusqu'au bord de la terrasse. Paul vient vers moi. Je titube déjà. « A toi, vas-y. — J'ai trop bu, Paul. » Une énorme lassitude m'étreint. « Putain, tu déconnes, Gabe. » La fille est revenue, sans bottes ni résilles. Elle nous tourne le dos et fait glisser sur ses fesses son string couleur chair, genre chorégraphie peep-show, en nous jetant des regards à la dérobée. Lamentable. « Je me tire, Paul. — T'es même pas en état. Et qu'est-ce qu'on avait dit, tu te souviens de ce qu'on avait dit ? » Ouais, je pense, bien sûr que je me souviens, qu'on en a marre de souffrir, qu'il faut profiter, ne plus se laisser bouffer. La fille arrive avec son sexe épilé façon ticket de métro, ses côtes incomplètes et ses gros seins qui tiennent tout seuls. « Pour l'opération, elle a cassé son PEL », me confie Paul à l'oreille. L'autre conne fait les petits rats de l'Opéra sous la lune et n'en finit pas de se contempler. « Mais pourquoi elle ? Elle est vraiment naze. — Faut qu'on s'entraîne pour là-bas. Tu crois qu'on va trouver des miracles d'intelligence à Ibiza ? On a dit : uniquement des sensations. Le cœur, ça sert à pomper le sang, pas à fabriquer du sentiment. » Notre Pamela Anderson privée a fini ses pointes et rapplique. Ça commence à tourner sérieusement dans ma tête. Tout cela paraît trop simple. La fille s'agenouille et ramène quelques mèches blondes derrière ses oreilles avant de décrocher ma ceinture, faire descendre mon jean sur mes cuisses et forcer une partie de moi à quitter son nid de coton, qu'elle frotte contre ses seins et prend entre ses lèvres. La fille va et vient de la bouche entre nous deux, c'est assez inédit pour moi, puis, encore plus inédit, nous prend tous les deux à la fois. Incroyable mais vrai. Mon cœur s'emballe. Etonnamment calme, peut-être mieux entraîné, Paul est aux anges et me sourit : « Ça va mieux ? (Puis, se tournant vers la ville éclaboussée de lumières sous nos pieds :) C'est beau une ville la nuit, non ? » Une voix rabat-joie le coupe : « J'ai froid, fait-elle, on continue à l'intérieur ? » Je suis, au radar. La moquette est épaisse sous la plante des pieds. Mon sang est envahi de bulles de champagne qui rigolent entre mes oreilles et font fourmiller mes membres, sauf celui que la fille mordille, devenu brusquement insensible. Je bande comme un mort, mais arrivé au stade de la décomposition. Une limace inerte. Une holothurie paralytique. Je m'écroule sur le king size qui m'accueille avec bonté. C'est le moment où Paul a mis Wagner à plein tube. J'en avais assez, je me suis dégagé des lèvres de la fille. Paul m'a maintenu par le bras. « Tu fais chier », il a dit. Je voulais me tirer. Vautré au milieu de la bataille, je cherche à rattraper mon estomac qui menace de sortir illico presto par la bouche. Paul me jette un regard dégoûté. La fille est venue se mettre à genoux entre ses cuisses, a déchiré le truc qu'il lui a donné et a avalé son érection d'un coup en dépliant le latex avec les dents. J'ai senti l'odeur détestable du caoutchouc lubrifié. On est entrés sans transition dans l'esthétique porno. Elle a commencé à dire qu'elle « mouillait à fond », et avec un sens certain de l'anaphore s'est mise à brailler : « Prends-moi, prends-moi, j'en peux plus. » Il se l'est empalée d'un seul coup. Vraiment je pouvais plus regarder ça. Il avait surdosé le traitement. J'avais sous les yeux ses gros seins qui remuaient sous les impulsions houleuses de ses cuisses, le spectacle de ses mains ramenant ses mèches oxygénées derrière ses oreilles avec des poses de diva X, sa langue passant et repassant sur le collagène, ses brusques changements de position, couchée, assise, debout, de face, de dos, la croupe tendue vers l'arrière qui monte et qui descend comme un ascenseur en plein bug, et puis fatalement la bonne vieille levrette des familles.

*

Paralysé par l'alcool, je claque des dents. J'entends, comme de très loin : « Fesse-moi ! Fesse-moi ! » Très obéissant, il commence à lui gifler les fesses du plat de la main. « Plus ! elle dit. Plus, fais-moi mal. » Alors il se décolle. Un bruit de ventouse. Se lève, sans un regard pour son vieux pote, prostré à dix centimètres de ses exploits physiques. J'entends un placard s'ouvrir. Il revient deux secondes après, un long truc noir à la main. Je distingue une cravache, souvenir de ses cinq ans d'équitation à l'école militaire des Invalides. Il lui en balance un premier coup. Son cul frétille. « Vas-y, plus fort. » Nullement intimidé, il presse l'allure. Elle rugit : « Oui, viens maintenant, prends-moi comme une chienne. » Exécution. Il se débarrasse de la cravache. « Non, elle dit, prends-moi les fesses. » Amis de la poésie, bonsoir. Paul s'adapte vite, prend le pli lexical :

« T'aimes ça, hein, chiennasse ! — Oui, plus fort. » Avec Wagner en BO, ça donne, je vous le garantis. Le rythme est difficile à suivre. Infernal. Il la tient fermement par les hanches, lui plaque ses énormes seins sur le thorax, la bouscule sérieusement. « Oooooooooh, je vais jouir », elle me braille dans les oreilles, le visage tourné vers moi. Le matelas peine, gémit, subit les à-coups d'une décadanse exacerbée. Ma tête se prend pour un derviche tourneur. Elle tend son cul encore plus et tâtonne de la main sous son ventre à la recherche de celui qui l'envahit. « Viens, ooooooh, viens ! » Je vois ses traits se crisper. A vingt centimètres, son haleine alcoolisée. Elle se mord les lèvres, le collagène va m'éclater au visage. J'essaie de me tourner dans l'autre sens ; je vois Paul dans un brouillard de sueur. J'ai chaud et j'ai froid. Je suis un Bibendum céleste. « Oh, viens ! viens ! » Paul se décroche un court instant, revient à la charge instantanément, attire d'un coup les reins de la poupée humaine contre les siens, il y a un bruit de succion atroce, il vient dans un souffle rauque et prolongé, tandis que la fille crève tous les records de l'aigu. Je parviens à me tourner de côté avant de dégringoler à bas du matelas et de vomir toutes mes bulles anarchiques sur la moquette nuit de Chine.

Raphaël, 24, rue des Ecoles

Paul est sorti triomphant de la douche. Un peignoir aux initiales de son père. Sûrement des comptes à régler avec son complexe d'Œdipe. Le jeune loup est pressé de reprendre le cabinet trigénérationnel. Je termine un café en regardant le soleil inonder la capitale de ses rayons. Dans une heure à peine, il lobotomiserait les cervelles et ferait fondre l'asphalte. La chaleur est insupportable cet été. Il me balance : « Tu m'as déçu, mon vieux. Faut que tu te remues, Gabe. » Je ne réponds pas et replonge mes lèvres dans le café noir, un Lexomil glissé sous la langue comme tous les jours ou presque. Il continue pour lui en s'essorant les cheveux avec une serviette Calvin Klein : « Elle était bonne, putain. » Je ne dis rien. Le café ne passe pas, m'irrite les parois de l'estomac. Les effets de l'alcool persistent dans un reste de nausée. Paul enfile un costume gris clair sur chemise à rayures.

— Je vais déjeuner avec ma mère. Tu veux venir ?

— Il n'est que onze heures, je réponds, cassé en mille morceaux.

— Elle est depuis sept au bureau. Rien qu'au téléphone, ça se voyait qu'elle avait la dalle.

— Merci, Paul. Je vais rentrer.

— Ramène-toi ; ça lui fera plaisir... Tu sais, t'es un peu un deuxième fils pour elle. Sinon, reste là. Maria va venir, mais elle ne te dérangera pas. Essaie de bosser. Hein ?

C'est pas con comme idée. Ce foutu scénario que je veux écrire depuis des lustres. Il pose son bras sur mon épaule gauche. « T'inquiète, vieux ; ça ira mieux là-bas. Pense à toutes ces filles... Pense que t'auras à penser à rien, que la bouffe sera excellente, que je t'ai réservé une petite chambre bien douillette dans un endroit très très calme, et qu'on va prendre que du bon temps... »

Ce fameux plan pour Ibiza. Notre principal sujet de conversation depuis deux semaines. Un vieil hôtel posé sur une pointe de l'île et qui appartient à la mère d'un de ses copains. Elle nous fait un putain de prix, et nous sert en prime une bouffe de qualité, sans compter tous les plans fêtes qu'elle a bien avant tout le monde, vu qu'elle s'est installée là dans les années 70. La belle vie selon Paulo. On verra bien. Je suis prêt à tout. Paul noue sa cravate.

— Je vais aller voir Raph, je dis.

— Il bosse pas aujourd'hui ?

— Non, il a pris une journée de RTT.

— Tu l'embrasses de ma part, lance Paul, qui noue ses Church. On se retrouve ce soir chez Jeannette avant d'aller chez Véro ?

Je le calme tout de suite.

— Paul, t'es pas invité chez Véro.

Il sourit de toutes ses dents, mal rasé mais classe.

— Je suis TOUJOURS invité chez Véro, réplique-t-il en claquant la porte.

Direction chez Raphaël. Il vit rue des Ecoles dans un appartement confortable que lui ont laissé ses parents décédés dans un accident d'avion qui n'avait aucun rapport avec le 11 septembre. Bientôt un an. L'Afghanistan paraît loin et les islamistes se sont faits discrets. Raphaël est DA, graphiste pour les non-initiés, chez DDB, l'agence de pub qui concocte les pubs pour La City et celles de la City avec les femmes à quatre pattes. En ce moment, il bosse pour Amora et retouche sur Photoshop des clichés de photographes payés 3 000 € la journée au bas mot. En l'occurrence, des pots de moutarde psychédéliques posés sur une platine de disques. Raph n'est pas un stressé. Le type plutôt nonchalant, aux jambes interminables et à la coupe de cheveux étonnante. Vraiment étonnante.

J'ai toujours la clef de chez Raph dans ma poche, pour aller y bosser quand je veux. Mon fameux scénario, que j'ai prévu d'écrire depuis au moins cent mille ans. Raph en est fier, de ce scénario. Il aimerait lui aussi travailler pour lui, fonder un magazine qui réunirait toutes les sphères artistiques de la planète. Il en assurerait le graphisme. Malheureusement, ses 5 300 € mensuels l'obligent à consacrer son temps à Amora ou à VW. C'est triste, la vie de certains. Il pense aussi sérieusement à rejoindre son frère en Polynésie. Il y élève des huîtres perlières. Un bon business. Mais c'est pas ça qui intéresse le Raph. Plutôt les vahinés à fleurs, si elles existent encore, car en ce moment rien ne va plus entre Raph et celle qu'il appelle son « ex-wife ». Je clique sur le Digicode, gravis lourdement les deux étages car les bulles champagnisées s'agitent encore dans mon foie, et je sonne. Pas de réponse. Je consulte ma montre. 11 h 30. Sûrement parti acheter *L'Equipe* au kiosque de Maubert-Mutualité. Je tourne la clef dans la serrure, saisis la clenche et pénètre dans l'appart. Je m'arrête tout de suite. Des cris étouffés du côté de la chambre. Des cris de fille et des soupirs de mec. A moins que ce ne soit le contraire. C'est incroyable, les orgasmes des autres me poursuivent. Je m'apprête à faire machine arrière, mais soudain les bulles menacent de nouveau. Les cris se font plus rapides, plus haletants. Un matelas grince métalliquement pour les accompagner. Il peine à suivre mais s'accroche, en basse continue, s'agite, va se tuer à force de grincer. Il couvre presque les soupirs et les cris. Il va y arriver. On entend un gros bruit. Des ressorts qui se déchirent, rendent l'âme dans une suprême tension. Au moment pile où les bulles remontent en force dans mon œsophage. J'arrache la porte des toilettes de ses gonds et plonge mon visage dans la vasque de céramique blanche. Horrible. A m'en arracher les tripes. On ne m'y reprendra pas... Je m'essuie les lèvres avec le dos de la main et réajuste ma chemise. Lentement, j'actionne le mécanisme d'évacuation. L'eau lustrale se projette sur les parois et aspire mes saloperies. En me retournant, je croise une fille entièrement nue, que je connais mais que je n'ai jamais vue comme ça, vêtue d'une toison rousse et fournie, épilée en forme de triangle équilatéral parfait, de seins trop lourds pour tenir droit et de hanches pleines. Elle me regarde avec effroi. « Excuse-moi, Lisa », je dis en la laissant passer. L'« ex-wife » s'engouffre précipitamment dans les toilettes et tire le verrou. Raph est dans la cuisine, derrière le bar, emmitouflé dans le couvre-lit kashmiri rapporté par ses parents d'un trekking au Ladakh, juste avant qu'ils ne se crashent au-dessus de la mer Egée. Il prépare du café. « Salut, Raph », je dis. Il se retourne, lourdement. A croire qu'on est tous dans la pire forme qui soit, en ce moment. « Salut, Gabe. Tu prends un café ? » On entend la chasse d'eau faire son office. Je me retourne. La croupe un peu grasse de Lisa file dans la chambre. « Je te dérange ? » Il secoue la tête négativement et laisse échapper un bâillement, avant de promener sa main droite dans sa chevelure de fou, entre joueur de foot des années 70 et chanteur de rock new wave. Longs derrière et sur les côtés, avec en prime une mèche qu'il rabat au-dessus de l'oreille gauche. Chien fou. A l'ouest. Après une douche rapide, Lisa apparaît entièrement vêtue de noir, haut décolleté jusqu'au sternum, pantalon taille basse rehaussé d'une ceinture à clous d'argent, brodequins serpent à bout pointu. Maquillée impec. Une parfaite killeuse. « Tu prends pas un café ? ose Raph. — Pas le temps », elle fait. Il ne répond pas. « Salut, Lisa, je dis. — C'est ça, bonne journée. » Et elle se tire. Raph a l'air plombé. Il se lève et prend un vieux disque sur la pile vacillante du salon, le met à tourner sur un pick-up de 1972, l'année où ses parents crashés se sont mariés. Le disque grésille. Une fille à la voix aiguë dit qu'elle « believe in love ». J'ai envie de sourire. « Je vais me doucher, il dit. Tu surveilles le café ? »

Une heure après, le café a été réchauffé quinze fois. Il faut donc en refaire. Sur la platine, la fille continue à chanter qu'elle believe in love, « Are Krishna, Krishna, Krishna, Are Rama, Rama, Rama, Are Are, peace, flowers, freedom, happiness... » Ça commence à bien faire, l'idéal seventies du love and peace. Je mets un vieux Nirvana période post-punk au moment où Raph réapparaît dans un peignoir de soie de mauvais goût avec un serpent doré dans le dos. Il chantonne le refrain qu'il connaît par cœur — *she takes me anywhere, she takes me anywhere as long as I stay clean, kiss kiss Molly's lips...* —, s'interrompt et ajoute en s'asseyant péniblement : « On le prend ce café ? » Je le sers. « Alors, ces retrouvailles ? » je demande. Il plonge les yeux dans sa tasse et observe le morceau de sucre dont il trempe l'extrémité dans la tasse se gorger de liquide noir par capillarité. « Merdiques. Vivement Ibiza », répond-il. Il descend son café d'un trait et se lève pour aller chercher une bière dans le frigo. M'en propose une. Forcément, je décline. Il en avale une longue gorgée, me regarde dans les yeux et me sort tout ce qu'il a sur le cœur.

— Putain, je prends une journée de RTT pour « l'écouter ». C'est ce qu'elle voulait non ? Une journée entière de dialogue, de câlin en préparation. Je charge le fridge jusqu'à la gorge de blinis, de saumon, de sushis, de champagne pour lui faire une vraie fête... Je lui dis qu'on fait ce qu'elle veut, nager dans le canal Saint-Martin, cueillir toutes les fleurs du Luxembourg, dîner chez Ledoyen ou au McDo, voler des fringues chez Barbara Bui ou piller Guerrisol, la totale, tout ce qu'elle veut. Elle se pointe en tirant la gueule hier soir, me sort que je suis toujours dans la lune, que j'ai pas les pieds sur terre, que je manque de maturité. De maturité, putain ! Mademoiselle vit encore chez papa-maman à vingt-sept piges et je manque de maturité ! Alors je lâche l'affaire, je réponds pas. Elle se tire ; je la rappelle une demi-heure après, elle revient, on parle toute la nuit, on se pieute à cinq du mat après des B-52 entiers de reproches, on n'a même pas mangé, on s'endort tout habillés parce qu'elle me dit qu'il vaut mieux pas qu'on recommence, mais qu'elle a besoin d'un câlin quand même. Enfin, bref, on arrive à dix heures du matin, je l'embrasse, elle se laisse faire, on finit par faire l'amour, et tu vois, là, elle se tire sans un mot d'explication.

— C'est peut-être à cause de moi ? Elle en a peut-être marre de voir débarquer tes copains à n'importe quelle heure.

— Arrête ! C'est le principe ici. Elle est tout le temps comme ça ! Elle fout tout en l'air. « Vas-y puisqu'il n'y a que ça qui vous intéresse, vous les mecs », elle me dit alors que je lui caresse délicatement les seins. Tu te rends compte ? Alors elle se laisse faire, jambes écartées, elle soupire le temps que je finisse. Je bande à peine, je m'énerve. J'arrête. Elle me dit qu'elle s'excuse, on recommence, cette fois-ci c'est elle qui y met plus de cœur que moi. Bref, ça fait six mois que ce petit jeu dure, je t'aime, j'te quitte, je reviens, je me barre... Elle veut quoi, putain ?

Il termine sa tasse d'un trait et se ressert. Je souris tristement. On est mal embarqués pour Ibiza. Le nymphomane invétéré, l'éternel prisonnier d'une relation pourrie, et le veuf inconsolé... Un sacré trio sur l'île aux boîtes.

— Vivement Ibiza, lâche-t-il une seconde fois, amer. C'était ma dernière chance... Tu crois que ça va le faire, toi, là-bas ?

Je l'ai regardé touiller son café avec un air pitoyable, le peignoir de soie entrouvert sur son torse concave.

— Ça sera pas pire qu'ici, je dis. Ça va nous faire du bien, de nous nettoyer un peu l'âme.

Je disais ça sans trop y croire. C'était une idée de Paul. Moi, j'étais mort aux femmes.

— T'as peut-être raison, a-t-il dit avec un air de chien battu. Il avait les yeux rouges. Et toi, ta surprise d'hier soir ?

J'ai levé des yeux étonnés vers lui :

— Quoi ?

— C'était ton anniversaire de rupture, hier, non ?

— Ouais.

— Alors, la fille ?

— T'étais au courant ?

— Tu m'étonnes. Paul ne peut pas tenir sa langue.

Je revois d'un coup la scène en accéléré. Paul en jockey du rut cravachant son alezane siliconée.

— J'ai rien pu faire, je réponds. Pas l'envie.

— Toujours accro, hein ? Mon pauvre Gabe !

Une sonnerie électronique retentit dans le salon. Le Panasonic de Raph joue le tube de Beck, *I'm a loser, baby*. Il se lève, va chercher l'objet de téléphonie dernier cri et revient. « C'est Paul, dit-il en reposant l'appareil sur le revêtement aluminium du bar. Il a fini son déj. Il nous retrouve d'ici une demi-heure à La Mutualité. T'as faim ? J'ai plein de saumon au frais. »

LUCIE, 22, rue de Ménilmontant

— Mais si, ça va être bien. Et puis c'est complètement ce qu'il vous faut à tous les deux ! Trois bonnes semaines de décomplexion, d'oubli, de relaxation. Toi pour arrêter de penser à elle, un an quand même, ça commence à faire long, et toi pour te désengager de cette relation pourrie. Regardez-vous, les gars ! Vous faites peur !

Paul nous sermonne alternativement et savoure son cappuccino à la terrasse de La Mutualité. Plein soleil sur les lunettes Gucci piquées à papa. Il regarde passer les paires de jambes avec un détachement olympien. « Toi, tu m'as déçu, me décoche-t-il, avant d'ajouter à l'adresse de Raph : Une fille canonissime, un peu artificielle, customisée si tu veux, mais c'était ça l'intérêt. Trop parfaite pour être réelle. Juste un fantasme, un hologramme en chair et en os. Tu peux rien construire avec une fille comme ça alors faut y aller à fond. Je la revois tout à l'heure. » Les yeux plissés sous ses Ray-Ban seventies, Raph ne répond pas et grille bidi sur bidi devant une pression de Kro. J'écluse un Coca destiné à désintégrer les dernières parcelles d'alcool qui papillonnent dans mon ventre. L'accroche de Paul était imparable, voire visionnaire : *tuer les sentiments à coups de sensations.* Un lieu artificiel abolissant les personnalités, les distances psychologiques et intellectuelles sous une musique assourdissante et impersonnelle, gommant toute imperfection de traits ou de grain de peau sous les lasers et les stroboscopes. Etre recouverts, submergés comme dans l'utérus de maman. Ne restaient que des corps sans visage, des pulsations sans cœur, l'apparence sans la profondeur, le glamour populaire et consumériste sans la conscience. S'abrutir en jeunes cons. Surtout, ne pas y aller comme si on faisait un reportage sociologique. Niveler les distances, éviter tout cynisme et se fondre dans la masse. La guérison par l'abrutissement organisé. Je souriais presque, devinant la fin de mon calvaire. Peut-être. « Une petite semaine chez Antinéa à Saint-Trop, pour s'échauffer, continuait-il, enthousiaste, histoire de danser sur les tables des Caves du Roy en s'arrosant de champagne, et ensuite direct Barcelone, et le ferry pour Ibiza. Ça sera terrible et thérapeutique, les enfants ! » On a acquiescé avant de partir chacun de son côté. Paul pour rejoindre Barbie-Lara Croft, Raph pour aller faire une sieste forcément ponctuée de coups de téléphone de Lisa, et moi pour aller faire à peu près rien, jusqu'au soir où on se retrouverait pour passer chez Véro qui pend sa crémaillère. Il n'y a qu'à moi qu'elle ait dit de passer mais les deux ont insisté et on ne laisse jamais deux amis en état d'abandon un vendredi soir. Même si Paul est complètement tricard chez Véro.

*

Trop tard. Tu peux plus disparaître. Lui faire le coup du chat à qui t'as oublié de donner sa ration quotidienne de Whiskas saumon-petits légumes. T'es coincé mon gars, et tes fantômes reviennent. Tu as dit oui et elle se donne. Pour 1 200 € mensuels, Lucie joue tous les jours *Mission impossible* en Seine-Saint-Denis. Fraîche émoulue de l'IUFM et pleine de bonne volonté, même si c'est dur, même si ses petits collégiens brûlent des voitures, même si leurs grands frères font tourner les filles de seconde SMS (Sciences médico-sociales) dans les sous-sols du quartier par les nuits d'hiver. « Faut comprendre, ce sont de pauvres gosses », elle t'a dit, émue, alors que tu lui servais un verre de Martini blanc au milieu de cette soirée catastrophique. Alors c'est pas toi qui vas faire le gamin capricieux. Et puis c'est une amie de Véro, qui déjà te prend pour un moins que rien parce que t'as choisi la voie universitaire, que ton scénario n'avance pas tandis qu'elle, elle présentera à la rentrée une chronique ciné dans la nouvelle émission de Machin. Alors ce soir, t'as droit à aucune faiblesse. Ne pense pas. Les poutres sont belles, là-haut, régulièrement espacées. Du chêne. Ça donne du caractère à la pièce. Entre les poutres, tu regardes le plafond couleur crème. Serre les dents, mon pote, serre les dents. Regarde-le intensément ce plafond, pour ne pas penser à ce qui se passe un peu plus bas. Concentre-toi, bordel ! Non ? Lâcheur, tu ne peux pas t'empêcher de mater. Alors regarde, regarde où tu es descendu. Pas très loin au fond, dans l'affreuse banalité. En prenant appui sur tes coudes, tu vois nettement la scène qui se joue autour de ton ventre. Tu vois la petite tête brune qui monte et qui descend. Les jolies boucles qui jouent sur ta peau. Les fesses charnues un peu plus loin, qui oscillent, cambrées. Un torrent de chaleur monte en toi. Et très vite, un picotement dangereux. Putain, pourquoi tu ne t'abandonnes pas ? Pourquoi rien n'a de saveur après l'autre ? Pourquoi est-ce que tu ne te donnes pas, toi ? Vous pourriez vous concentrer tous les deux sur la sensation et ce serait impec. Peut-être qu'elle y arrive, elle... Finis vite, Lucie, finis vite. Pas de fioriture. Tu considères la pièce pour penser à autre chose. Un piano, une plaque de verre posée sur des tréteaux massifs qui sert de bureau, quelques objets design, des meubles plus rustiques, dont un grainetier de bois foncé, où sont posées dans des cadres de bois plus clair des photos d'elle souriant avec des amies, sur un bateau en mer de Marmara. Tu reconnais Véro et sa cascade de cheveux roux. La nausée te reprend. Putain, n'y pense pas. La petite tête remonte. Tu ne peux pas t'empêcher de mater ses lèvres, et toi au milieu, bandant de justesse. Ses seins te caressent les cuisses. Tu sens sa langue jouer sur la corde raide, le câble de peau qui maintient tout ce bordel bien droit. Elle se décide à terminer. Peut-être qu'elle en a marre. Tout à l'heure, elle a souri quand tu lui as dit que tu n'avais pas envie d'elle. Vous étiez nus comme deux cons sur son canapé-lit avec vrai matelas 40 g/cm^3. Elle avait sa main sur ton sexe, recroquevillé comme un petit oiseau. « Du calme, t'inquiète pas. » Elle a souri avant de descendre lentement vers le susdit petit oiseau et le prendre, si fragile, entre ses lèvres câlines. Elle a réussi car la nature est bien faite. Elle est pas mal pourtant, et rassurante avec ses hanches lyriformes, sa peau mate, ses yeux noisette intelligents et sa voix pédagogique. Rares, chez une prof, tu te dis, cet enthousiasme pour la vie, l'absence de déprime et l'idéalisme qui surnage au-dessus de la frustration et du désenchantement. Tu pourrais pas l'aimer un peu ? De toute façon, on te demande pas de l'aimer, on te demande de te donner, d'arrêter les poses de martyr. Courage, sois digne. Enivre-toi un peu, concentre-toi sur la sensation, comme dirait Paul. Le picotement prend de l'ampleur. On va y arriver. Plus vite encore, sans doute, si elle se met à aventurer sa main en dessous, là où tout est congestionné, ramassé en un petit bloc fripé. La tête descend plus vite que prévu. On approche de la fin. Concentre-toi, putain !

Concentre-toi ! La sensation et rien d'autre. Pourquoi faut-il que ton cerveau soit parasité depuis ce putain de jour où elle t'a quitté, l'autre ? Grandeur et décadence d'un cocu, j'aurais pu appeler ça. Ça pourrait être ça, mon scénar. On y est, putain, tu essaies de bloquer un peu la machine, de bander les muscles du périnée, mais on y est, ça y est, tu te répands par vagues électriques, presque douloureuses. Tu t'ouvres, tu te vomis. Elle te tient jusqu'à ce que tu aies donné tout ce que tu peux donner, se gorge de toi. Tu étais pourtant rétif, mon salaud. Quelle victoire... Elle devait en avoir marre. Non, elle te sourit encore, passe sa main dans tes cheveux et vient se lover contre toi. C'est peut-être ça le plus dur. La tendresse alors que tu as envie de te barrer. Tu fais semblant de t'endormir pendant qu'elle s'affaire dans la salle de bains. T'y peux rien, c'est pas ta faute, c'est l'endorphine. Les femmes n'en sécrètent pas. Elles n'ont jamais envie de dormir après l'amour. D'où les problèmes d'incompréhension entre des couples encore si fusionnels trois minutes avant l'orgasme. La nature est une belle salope.

Elle en met du temps, dans la salle de bains, alors tu te décides enfin. Tu enfiles tes fringues en vitesse, et tu te tires en beauté. Enfin, « en beauté »... L'expression est très mal choisie. Dehors tu respires profondément, mais tu sens que malgré cette bouffée d'oxygène, tu vas vomir encore une fois, contre un mur sale portant une inscription à la bombe rouge : « plutôt la vie ». Gros lâche.

Du calme, mon gars. Dans quelques jours tu t'envoles pour l'île aux boîtes alors tout va bien. Changement de cadre, changement d'ambiance. Déconnexion : tout va bien. C'est ce que je me disais en rentrant chez moi par les petites rues mal éclairées de Belleville. Et puis cinq heures après, il fallait que Faustine vienne tout faire capoter, d'un seul coup de fil.

Faustine, 8, impasse de la Gaîté

— Tu sais, il a toujours été un peu mystique, commente-t-elle tristement.

Elle n'a pas changé. Toujours aussi belle. Le minishort lui va bien. Le bébé plus encore. Ça m'a fait un choc. C'est un peu le mien, au fond. Le gosse de mon ex-meilleur ami, putain, ça fait drôle. Elle nous a servi un thé aux fruits rouges. Moi, je regarde le fruit rouge de sa bouche. Toujours aussi appétissant. Une jeune mère de famille ultrasexy. Du châtain tirant sur le blond et des yeux verts, tout ça sur un visage mat poignardé de taches de rousseur. Des épaules rondes et bronzées hors du débardeur d'été, des jambes longues et musclées, aux pieds nus. Je reprends une petite gorgée de thé, que je peine à avaler. Il est blond, comme tous les bébés de quelques mois, avec la traditionnelle coupe d'oisillon sortant du nid. Comme tous les bébés de quelques mois ses yeux doivent être bleus, mais il dort contre le sein de sa maman, alors je ne peux pas les voir. Il a l'air paisible, emmailloté dans un ensemble rayé rouge et blanc. Je tombe un peu des nues. Plus d'un an que je ne l'ai pas vue, plus d'un an que je n'ai plus vu Octave. Elle me raconte leur vie, ses absences, ses coups de blues, sa mélancolie chronique, ses crises d'enthousiasme, sa vie dans tous les sens, son incapacité à se fixer. Je me suis entendu dire : « Je t'en prie, passe-moi les détails. »

Octave. On faisait difficilement plus coureur que lui. Un jeune homme à la sentimentalité aussi complexe qu'un roman d'Umberto Eco. Pas baiseur, non, coureur. Chasseur d'étoiles. Ne jamais manquer le centre de la scène. Un besoin énorme d'être aimé. Un danger permanent. Une petite baisse d'attention de la part de sa copine ? Elle ne l'aimait plus, c'était certain. Il passait la nuit chez une autre. Un réseau de maîtresses hallucinant. Une classe dingue, aussi. Un type qui avait fait le cursus littéraire à fond pour se maudire ensuite d'avoir choisi cette voie-là. Un révolté, un provocateur, un manipulateur, j'en savais quelque chose, toujours à chercher la polémique, le coup de poing. Balancer un cendrier en verre à la tête d'un pauvre type qui lui cherchait des noises, éclater le nez d'un autre qui contestait sa bonne foi. Et en public, tout ça. Incapable de se maîtriser ; surexcité, et puis l'instant d'après, prostré dans une mélancolie noire. Un fou. Un guignol, mais un guignol brillant, attirant le regard et les jalousies. Adoré et détesté. Touche-à-tout démissionnaire, toujours en quête d'une nouvelle activité et puis crachant sur celle-ci une fois qu'il avait réussi : entré dans un magazine de mode et puis « ras le bol de ces journaux de nanas », tenté par la publicité et puis « je m'emmerde, j'arrête », la littérature, des velléités de roman ? « leur contrat à vingt mille boules, ils peuvent se le foutre au cul » – une fille, « elle ne me comprend pas » – une autre, « elle me comprend trop », capable du jour au lendemain de foutre le camp au bout du monde pour faire le guide pour touristes en mal d'aventure... Instable, hyperaffectif, boudeur, fonceur, déconnecté, mais fascinant. Il y avait eu Faustine, le bébé, et maintenant c'était les moines.

C'était pour me parler de lui que Faustine m'avait appelé ce matin, la première fois depuis plus d'un an, me tirant d'un sommeil court mais mérité. Le soleil tapait dur, l'alcool encore plus. Je savais que j'aurais jamais dû venir, que c'était une énorme connerie, que je m'étais promis de sortir Faustine et Octave de ma mémoire, mais l'intoxication avait duré bien trop longtemps pour que je décroche en quelques mois. J'avais pris une douche éclair et m'étais rendu dans le 15e arrondissement dare-dare, essayant d'oublier mon mal au cœur. Mon ex-meilleur ami avait tout quitté pour disparaître dans un monastère, et même davantage puisqu'il s'agissait d'un État monastique, nommé :

— Le mont Athos, assena Faustine.

« Et pourquoi pas Porthos, pendant qu'on y est », j'ai pensé. Très mauvais jeu de mots. Plus d'amour, donc plus d'humour. Faustine continuait. En fille amoureuse, elle s'était documentée :

— C'est le dernier État monastique en Europe. Entre la Grèce et la Turquie, une petite presqu'île, de cinquante kilomètres de long, dix de large, entourée par la mer Egée. Tout autour de la côte, vingt monastères fortifiés, datant du XIe siècle. Rattachée politiquement à la Grèce, mais autonome économiquement et juridiquement. Dirigée par un collège de moines, qui se réunissent tous les ans dans sa capitale, Karyès.

On aurait dit un article de l'*Universalis*.

— Et comment tu sais qu'il est là-bas ?

— A cause d'un type dont il s'est entiché, un certain Simandre, qui lui a pourri la tête et l'a décidé à tout plaquer pour aller là-bas.

Un souvenir me traverse l'esprit.

— Simandre, le mec du film ?

Elle opine de la tête.

Baptiste Simandre s'est fait connaître du grand public par une fiction à base réelle très controversée, diffusée sur une chaîne nationale juste après le 20 heures il y a un an à peu près. Un fait divers remontant aux années 50, l'histoire vraie d'un curé de Bretagne qui avait assassiné sa maîtresse, l'une de ses ouailles, avant de lui ouvrir le ventre, de sortir l'enfant encore chaud de la matrice fumante, de le baptiser et de l'écraser contre une pierre. Le film était conçu à la manière d'une enquête avec des flash-backs dans lesquels l'enquêteur, un docteur en théologie, joué par Simandre lui-même, imaginait les scènes de la vie de ce curé et voyait comme sous hypnose l'homme d'Eglise pécher dans la chair et le sang, influencé par le Malin, et réciter les textes liturgiques à rebours. Simandre aimait les sujets brûlants, les péchés mettant en question la miséricorde divine. L'extrémisme dans la foi.

Le bébé a ouvert les yeux. « Il s'appelle Victor », me dit-elle. Victor commence à pleurer. Sa mère le change de position, et le berce dans ses bras bronzés. Il cesse tout de suite. Assis sur les cuisses de sa maman, il trône en jeune prince impatient d'exercer son embryon de pouvoir. Il me dévisage de ses yeux grand bleu (gagné !) et sourit de toutes ses gencives avant de se rembrunir et de recommencer à gémir. « Il a faim », dit Faustine, d'un ton gêné. J'ai compris, alors je dis : « Je t'en prie. — Tu es sûr ? » Je ne réponds pas. Faustine fait glisser la bretelle de son haut bleu marine et libère un sein mat et plein de lait. La petite bouche s'y abouche, gourmande, après avoir griffé le sein de ses petites mains impatientes. J'entends un bruit de succion et détourne le regard. Ne pensons à rien. Faustine caresse le crâne dégarni de son petit d'homme. Bagnard vanille-fraise, il a l'air d'aimer ça et s'empiffre, le con. J'attends qu'elle en vienne au fait. Je sais déjà ce qu'elle va me demander mais je veux l'entendre demander l'impossible.

— Je voudrais que tu ailles le rechercher.

Banco.

— Impossible.

J'ai répondu du tac au tac. Je regarde son visage auréolé par la lumière d'août. Avec son bébé posé sur la cuisse, et sa main qui entoure ses minuscules épaules, elle ressemble à une madone. Mais l'icône est vivante ; une perle translucide glisse le long de sa joue. Mon cœur remue.

— Pourquoi tu n'y vas pas toi-même ? je demande. Ma voix est froide, trahit ma nervosité.

Elle sèche ses larmes, reprend le petit contre son ventre, une main sous les fesses.

— Parce que c'est interdit aux femmes. Depuis le XIe siècle.

J'ai poussé un soupir.

— Il n'y a que toi qui puisses y aller. Ce n'est pas pour moi, mais pour lui.

Elle serre le petit dans le creux de son cou.

— Qu'il sache au moins ce qu'il laisse derrière lui.

— Il n'est pas au courant ?

Son regard s'est durci.

— Il est parti il y a huit mois. J'étais enceinte de quelques semaines.

— Il savait ?

— Il n'en voulait pas.

— Alors, pourquoi tu l'as gardé ?

Pour toute réponse, elle se ressert du thé. J'ai compris que ma question était idiote.

— Fais ça pour lui, je t'en supplie.

Je me suis penché, je lui ai fait signe pour qu'elle me donne l'enfant : 3,8 kilogrammes de chair, d'os et de sang innocents, qui se fichaient bien d'avoir un père. Pour l'instant. Je l'ai pris dans mes bras, au niveau des côtes, à la hauteur de mon visage. Le petit diable en rouge et blanc pédalait dans le vide. Ses yeux bleus me fixaient et sa bouche souriait. Quelque chose a remué en moi. C'était assez désagréable. Je répète, ç'aurait pu être le mien. J'ai ressenti une brusque douleur à l'estomac. Je l'ai redonné à sa mère. Elle s'est levée pour le déposer dans un couffin orné de Teletubbies de toutes les couleurs. Je suis allé à la fenêtre. Au fond de la cour tranquille, une brise estivale agitait voluptueusement les branches d'un cerisier en fleur.

— Tu en reveux ? m'a-t-elle demandé en soulevant la théière chinoise.

J'ai acquiescé. Le liquide rosé a rempli les verres marocains à liséré d'or. C'est moi qui les lui avais offerts.

— Et tu voudrais que je fasse quoi ? j'ai lancé. Me pointer dans le monastère où il crèche, brandir la photo et lui dire : « Il est né, le divin enfant » ?

Elle m'a regardé gravement. Je me suis senti bête.

— N'en parlons plus, a-t-elle dit.

Elle était encore plus belle qu'avant.

J'ai su que j'étais coincé. Le petit poussait de petits cris d'animal heureux du fond de son couffin teletubbisé. J'aurais tout donné pour en être le père.

Les Trois Têtards,
46, rue Jean-Pierre-Timbaud

— T'es complètement con ! Dans l'état où t'es, te barrer chez les moines ! s'emporte Paul.

Raph ne dit rien. Il se contente de plonger son nez dans son pastis.

— Il t'a bousillé la vie, et maintenant il te nique tes vacances, et à distance en plus !

Paul est furieux. Il lève la main pour commander un autre verre.

— Vous trouverez quelqu'un d'autre, c'est pas bien grave, je réplique.

— Mais c'est avec toi qu'on a envie d'y aller, putain ! Avec toi et pour toi ! T'as vu ton état ?

— Tu flirtes avec la dépression, ajoute Raph.

Paul embraye :

— Du flirt ? Tu rigoles, c'est le grand amour, oui ! La seule chose que t'arrives à baiser !

Je prends une grande gorgée d'alcool anisé. Je réponds :

— Du calme, les gars. Ça n'a rien à voir.

— Et c'est où, ce bled ? questionne Paul.

— Au nord de la Grèce, je réponds, les yeux baissés, absorbés par le liquide jaunâtre où je laisse mes pensées dériver.

Paul remonte au créneau :

— Je comprends pas. Qu'est-ce que t'en as à foutre, de ce gamin ? Et lui alors ? S'il est parti aussi loin, c'est peut-être pour qu'elle lui foute la paix ! Je rêve ! Sacrifier tes vacances pour un chiard dont lui-même n'a pas voulu !

Je le toise du regard :

— Tu l'as pas vu, ce môme. Ç'aurait pu être le mien.

Paul avale une gorgée rageuse :

— Arrête tes conneries, tu veux ?

Raph a l'air perplexe :

— Octave moine, j'y crois pas. Ça te fait pas rire, toi ?

On s'était rencontrés tous les trois la même année, il y a huit ans, dans une fête qui avait mal tourné quand un couple qui s'embrassait s'était crashé du cinquième étage, directement sur un kiosque à journaux. Ça créait des liens. Quand je leur avais présenté Octave, qui était avec moi à la fac, le courant avait fait demi-tour. Vos amis ne sont pas forcément les amis de vos amis.

— En tout cas, s'il est moine, j'aime autant pas qu'il prie pour moi, répond Paul.

— Tu m'étonnes. T'irais directement te faire griller les fesses en enfer.

Ils m'arrachèrent un sourire. A regarder la situation de près, l'ensemble dégageait une très forte tonalité comique : j'allais renoncer à mes vacances de rêve pour aller crapahuter dans une presqu'île dont je ne connaissais pratiquement rien sinon qu'on n'y trouvait que de grands barbus en robe noire et qui de surcroît parlaient grec. Question glamour, ça serait nettement plus limité qu'au mythique Pacha Club. Il fallait bien avouer que le trip Pataugas et sac à dos bénéficiait d'un avantage concurrentiel très limité face au plan tong et paréo sur plage de sable blanc, et les causeries spirituelles ne faisaient guère le poids face à une séance d'onction d'huile solaire sur le dos cambré et offert d'une clubbeuse aux airs de naïade (et réciproquement). J'ai repensé au petit lutin en costume rayé et à la jeune maman. Paul me tire de mes rêveries :

— Et pourquoi elle l'a gardé, ce gosse ?

Raph répond à ma place :

— Tu sais très bien qu'elle était complètement folle de lui... Et ces conneries sur le fait que jamais il ne voudrait d'enfant... Elle a dû se dire qu'elle tenait là le gros lot, qu'elle avait dans le ventre un truc inestimable.

Il secoue la tête, écœuré :

— Gabe, réfléchis ! C'est le trou du cul du monde, là-bas !

— C'est à deux heures d'avion, j'ai répondu.

Raph a ouvert la bouche :

— Remarque, la Grèce, ça va encore ! Imagine s'il était devenu protestant. L'Allemagne au mois d'août, bonjour l'angoisse...

Paul n'en démordait pas :

— Des monastères, y en a en France, non ? Pourquoi aller si loin ? S'il voulait faire une retraite mystique, y avait quand même plus pratique ?

— C'est peut-être pas le côté pratique, qu'il cherche... ai-je répondu. Et puis huit mois, pour une retraite mystique, ça commence à faire un peu long, vous trouvez pas ?

Paul resta songeur un moment, puis :

— Et comment tu fais, pour aller là-bas ? Je suppose que c'est pas ouvert à tout le monde ?

— Un mec doit me donner des lettres de recommandation.

— Carrément... commenta Raph.

Paul ouvrait de grands yeux.

— C'est pire que l'île du Dr No !

J'ai poursuivi :

— En plus, vous le connaissez, c'est Simandre...

Raph sursauta :

— L'histoire du curé sataniste ?

— Exact.

Il était sidéré. Je ressentais soudain une certaine fierté devant mes amis ahuris.

— Et tu le vois quand ?

— Demain.

Ils étaient interdits. Paul tripotait nerveusement son paquet de cigarettes. Il était inquiet et déçu que je les laisse en plan, de me voir opter pour les barbes et l'encens au détriment des peaux lisses et soyeuses et des crèmes solaires parfumées. Pour se venger, il lança une connerie :

— Moines, et en plus grecs. Ils sont pédés au carré ou quoi ?

J'ai souri, mais j'étais tendu. J'avais appelé Simandre en sortant de chez Faustine. Son assistante m'avait donné rendez-vous à dix heures précises. Tout autour de moi, l'insouciance rayonnait. Le soleil servait une dernière tournée de chaleur à la capitale avant de fermer boutique.

Alpha & Oméga Prod., 29, quai de Javel

— Et pourquoi voulez-vous le rejoindre ?

Posé sur un cou de taureau, entouré d'une barbe poivre et sel et d'une calvitie bronzée, le visage rond de Baptiste Simandre reste calme. Bienvenue dans le monde enchanté de l'audiovisuel. Moquette blanc cassé, bureau de verre entièrement vide à l'exception d'un sous-main de cuir ébène, vue sur la Seine. Baptiste Simandre, docteur en théologie et patron d'Alpha & Oméga, boîte de production florissante spécialisée dans le documentaire ou la fiction à tendance spirituelle, a préféré voici vingt ans monnayer sa culture et son charisme à 10 000 € mensuels plutôt que d'enseigner la patristique pour 1 800 € par mois. D'ailleurs, il l'enseigne aussi, la patristique, mais en free-lance, pour la bonne cause. Le ponte se lève. Cent kilos qui se tiennent pendant cinq bonnes minutes devant la fenêtre, considèrent ses Weston, et puis la Seine qui ondule comme un serpent verdâtre un peu lent. A deux cents mètres au-dessus du niveau de l'eau, Simandre ne plane pas, mais considère froidement sa réussite, *vanitas vanitatum*, devant la puissance du Seigneur. Sans se retourner, il réitère sa question. La voix est posée, mais autoritaire. L'habitude d'être obéi sans avoir besoin de forcer. Je réponds :

— J'ai quelque chose à lui annoncer.

Simandre esquisse un sourire et retourne s'asseoir derrière son bureau. Me tend sans un mot un paquet de Marlboro ouvert, le filtre d'une cigarette légèrement avancé par rapport aux autres, prêt à être saisi. J'accepte. Il me passe un briquet avec le logo de sa boîte. Un X séparant la première et la dernière lettre de l'alphabet grec. Alpha et Oméga. Le Commencement et la Fin.

— Vous savez comment c'est, là-bas ?

— Non, mais ça m'est égal. C'est lui que je veux atteindre.

Le ton de ma voix est résolu.

— Peut-être est-il trop tard pour l'atteindre, non ? reprend-il facétieusement, en fumant lentement sa Marlboro. C'est elle qui vous envoie ? interroge-t-il brutalement.

Cartes sur table :

— Oui. Vous la connaissez ?

— Il m'en a parlé.

Sans commentaire. Il savoure une autre bouffée de cigarette qu'il envoie se perdre dans les dalles d'isolation du plafond et poursuit :

— Les filles sont un poison. Vous comprendrez pourquoi, quand vous serez là-bas. Vous comprendrez pourquoi l'Athos est interdit aux femmes.

Banco. Il coopère.

— Vous savez où il est ?

Il sourit.

— Non. Je ne sais pas non plus si vous êtes assez armé pour aller là-bas. C'est un autre monde : 30 % de fous, 50 % de simplets heureux de vivre au grand air et dans la camaraderie, 15 % de « justes », selon l'Ancien Testament, et 5 % de véritables saints. Ceux qui sont passés de l'autre côté des choses, pour parler simplement. Vous vous croyez capable d'affronter ce monde-là ?

Je m'entends répondre :

— Je n'ai rien à perdre.

— C'est bien, dit-il lentement, mais croyez-vous sincèrement que vous puissiez faire encore quelque chose pour lui ? Entre nous, cette idée d'aller jouer l'ange annonciateur c'est un peu absurde, non ?

Son regard fascine comme celui des serpents. Visiblement il sait tout depuis longtemps. Sa cigarette ressemble à un bâton d'encens aux volutes hallucinatoires, endormant toute méfiance. Je lui taxe une autre clope, l'allume et ne réponds pas.

— ... Cela dit, vous avez un nom d'ange... C'est bon signe, poursuit-il en ricanant. Vous enseignez le cinéma, si ma mémoire est bonne ?

Je le fixe. Puis tends ma main en direction d'un cendrier aux airs d'urne funéraire.

— Comment le savez-vous ?

— Octave m'a parlé de vous, répond-il en caressant sa fine barbe. Il vous aimait beaucoup, je crois.

Je serre mon poing gauche dans ma main droite. De toutes mes forces. Enculé d'Octave.

— Et vous n'avez jamais songé à écrire vous-même un film, reprend-il l'air de rien, plutôt que de parler de ceux des autres ?

Il est bien renseigné. Pas trace d'ironie dans la phrase et pourtant je sens qu'il ne dit pas ça innocemment. Je parviens à garder mon calme, secoue négativement la tête.

— Non. Et vous, au lieu de les produire ?

— J'en écris aussi.

Je le scrute du regard. Il s'est renversé dans son fauteuil métal et cuir, dessiné par Oscar Niemeyer.

— Vous n'avez pas vu *Le Diable au cœur* ?

Pour rien au monde je n'ai envie de lui faire plaisir.

— On m'en a parlé, je réponds.

Il sourit à nouveau. Pour lui-même. Placide et zen.

— C'est fort possible. Il a soulevé quelques polémiques, mais j'aime ça. Il vaut mieux attirer l'attention que de laisser indifférent, pas vrai ? Ça doit être pareil pour vous, dans vos cours... Certains profs sont tellement assommants... le faisant sans vocation, souvent frustrés de devoir parler des choses plutôt que de les faire, qu'ils enseignent la physique ou le cinéma...

Vas-y, tourne bien le couteau dans la plaie. Elle est béante, elle t'attend. Tout ce que je veux, c'est mon ticket pour l'Athos. Retrouver cet enculé et lui cracher la nouvelle. Voir si ça le fait frémir. C'est tout. Tu peux continuer à tourner. Ça ne me touche pas.

On frappe à la porte. Un mètre soixante au jugé, juchée sur talons, une jeune femme entre dans la pièce. Jolies formes contenues dans une robe d'été polychrome, à losanges, laissant libres les bras et la naissance des seins. Une poitrine de rouge-gorge, frémissante, une peau très mate et un visage intelligent contenant une bouche acidulée et très peinte, un petit nez arrogant et des yeux charbonneux rehaussés par du khôl. Une masse de cheveux noirs ramenés sur la nuque, un bijou marocain noué autour du cou plongeant son médaillon d'ambre jusque dans l'échancrure de la robe. On devine un corps exercé par des heures de gymnastique et de piscine. « Gemma, mon assistante », annonce Simandre. La jeune femme lance un « Enchantée » de circonstance prononcé avec un fort accent méditerranéen, puis se tourne vers le boss et lui tend un dossier. Une photo s'en échappe, celle d'un type aux cheveux orange mi-longs, au teint spectral et aux yeux cernés de violet, ouvrant une bouche atroce et vampirique. Marilyn Manson. La rock-star décadente qui annonce dans l'un des titres de son dernier album son projet de crever un œil d'urgence à sa copine pour lui créer un nouvel orifice par lequel la baiser, histoire de casser la routine. Autoproclamé androgyne satanique, orchestrant ses concerts comme de réelles liturgies où le public, adolescent dans sa majeure partie, communie avec lui via ses sermons antéchristiques hurlés dans un micro sur fond de guitares saturées.

— C'est du docu spirituel, Marilyn Manson ? je questionne.

Simandre paraît gêné, un instant, puis répond, les yeux plongés dans le dossier :

— Les documentaires produits par Alpha & Oméga couvrent un champ assez vaste. Et Marilyn Manson est un prophète en son genre, non ?

Je me tais. Il est clair qu'un 52 minutes sur les frasques de Marilyn Manson doit payer bien plus qu'un docu sur la vie quotidienne de sainte Thérèse de Lisieux. Tout est bon dans le cochon, il ne faut négliger aucun public. Gemma ne fait aucun commentaire. Elle ne daigne pas m'adresser un regard.

— Ce jeune homme part en pèlerinage, lance-t-il, ironique, une lueur mauvaise dans le regard.

— Ah, fait-elle en me regardant.

Mon cœur bondit. L'ai-je sentie déçue ? Non, certainement un fruit de mon imagination. Une fille comme elle pourrait-elle me retenir ? M'apprendre à aimer, comme dans la célèbre chanson d'un variétiste français vivant six mois par an avec ses chevaux en Patagonie. Elle avait sans doute déjà tout à la maison, un gentil fiancé attentionné bossant dans la finance avec un joli appartement, une voiture rapide bourrée de valises pour les week-ends dans le mas provençal des parents du gentil futur mari lui murmurant à l'oreille, un soir : « J'ai envie que tu me donnes un bébé. » Je n'y croyais plus, de toute façon, et j'avais d'autres projets.

— Une vraie perle, ma Gemma, reprend Simandre après le départ de l'assistante. Les femmes ont un sens de l'organisation que nous n'aurons jamais, n'est-ce pas ?

J'acquiesce du menton.

— Et vous, vous laissez une femme derrière vous ?

— Je ne pars que quelques jours, lui fais-je remarquer. Le temps de trouver Octave.

Il sourit encore.

— On ne sait jamais pour combien de temps l'on s'embarque pour l'Athos, commente-t-il en me regardant.

Il tire une feuille sans en-tête de sous son sous-main, s'empare d'un stylo et d'une règle.

— Confession ?

Je ne comprends pas. Veut-il que je déballe devant lui le lot de mes mauvaises actions ? Aigreur depuis deux ans. Absence de courage permanente. Pensées suicidaires occasionnelles. Légère luxure sans jouissance.

— Je vous demande votre confession religieuse, reprend-il.

— Je ne suis pas baptisé.

Il commence à écrire, très curieusement, en se servant de sa règle comme d'un support sur lequel glisse la plume d'or de son Mont Blanc.

— Tant mieux. Ils rêveront de vous donner le baptême.

Il continue à écrire.

— Vous savez où il est ? je demande à nouveau.

Penchée sur sa feuille, sa grosse main semblant violenter la plume pour en faire jaillir l'encre ; il marmonne :

— Je vous ai dit non. C'est un grand garçon, dit-il en signant.

Un caractère dominateur et sûr de soi, aurait conclu un graphologue. Il fait glisser la lettre sur la plaque de verre. La feuille est couverte de caractères grecs.

— Vous pouvez me traduire ?

Il arbore un sourire paternel très humiliant :

— Ne vous inquiétez pas. Vous montrerez cette lettre au bureau de la Sainte Montagne à Thessalonique. Ils comprendront, eux.

Simandre a rédigé ensuite une autre lettre, en grec également, qu'il a glissée dans une enveloppe sans en-tête, sur laquelle il écrit ces mots : ΠΑΤΕΡ BASILEUS, ΣΤΑΥΡΟΝΙΚΙΤΑ. « Père Basile, Stavronikita », ai-je déchiffré. J'avais encore quelques souvenirs de grec ancien, mais cela ne m'aidait guère.

— C'est quoi, Stavronikita ?

— Le premier monastère où vous irez.

— Pourquoi ?

— Le père supérieur est un ami. Il vous renseignera.

Il n'était pas décidé à ajouter quoi que ce soit d'autre. Je l'ai remercié. Il a pris l'air faussement modeste du médecin qui vous fait comprendre hypocritement qu'il ne fait que son travail. Mais contrairement à un médecin, il n'a pas daigné me raccompagner à la porte en me serrant la main. Il s'est contenté d'une théâtrale révérence avant de pianoter sur les touches de son portable. Dehors, près de la machine à café, Gemma stationnait, insérant quelques pièces dans la fente métallisée. Elle m'a souri. Je n'ai pas répondu.

Paul, Raphaël et moi, aéroport Roissy-Charles-de-Gaulle

Ils sont passés me prendre avec une demi-heure de retard. Seul Raph a gravi les cinq étages et descendu mon sac à dos en vitesse. Paul stationnait en bas. C'était, selon ses mots, un « quartier pourri », et la BM était à papa. Il s'était payé une MG d'occase, mais il n'y avait que deux places. C'était classe avec les filles mais, avec les copains, beaucoup moins pratique. Ils croyaient encore pouvoir me faire faire demi-tour. Me parlaient de la plage de Sa Trincha, de Gin-Kas et de culottes brésiliennes. J'étais blindé de ce côté-là. Libido zéro. « Pas de regret ? a demandé Paul lancé à 180 en direction de Roissy. — RAS, j'ai répondu. — Putain », il a dit tristement, enclenchant une vitesse. J'ai préféré qu'ils me parlent de leurs projets. « On fait d'abord une halte à Saint-Trop, chez Antinéa, histoire de s'échauffer, a expliqué Raph. Ensuite, on fonce sur Barcelone et on prend le bateau pour La Isla Ibiza. T'es sûr de ce que tu veux ? » Est-ce que j'en étais seulement convaincu ? Je gardais un souvenir voluptueux des heures passées à bronzoter avec la belle Syrienne, l'an passé. Dans la plus pure tradition orientale, elle tenait chaque été table ouverte dans la propriété familiale. Attentive, souriante, mais ferme, régnant tout en charisme souple et délicat sur l'assemblée survoltée pressée chaque soir d'aller dépenser quelques centaines d'euros aux Caves du Roy. Nous restions souvent à deviser autour d'elle, au bord de la piscine éclairée. Un soir nous étions demeurés seuls. J'étais parti le lendemain. « Fonce, Paul, je vais rater mon avion. » Je n'ai pas souhaité qu'ils descendent. J'ai eu envie d'écourter le moment le plus possible. Pour être sûr de ne pas flancher. Je leur ai dit de ne pas faire de conneries. Et j'ai filé.

L'Airbus A-320 d'Air France à destination de Thessalonique était bourré de Grecs rejoignant leur mère patrie pour les élections. Le gouvernement grec prenait en charge 50 % du prix du billet. Ça se passait comme ça, dans la plus vieille démocratie du monde. La traditionnelle hôtesse est venue dire en play-back les instructions de sauvetage. Je me suis calé au fond de mon siège. Le décollage s'est bien passé, aucun réacteur ne s'est détaché, aucun membre supposé d'Al Qaïda n'est venu faire le con avec les semelles de ses chaussures bourrées d'explosifs. Je lis la presse, de droite comme de gauche, si cela veut encore dire quelque chose. *Le Monde* consacre un grand article à un scandale financier frappant la Très Sainte Eglise catholique espagnole et sa hiérarchie. Deux millions de pesetas ont été perdus en Bourse dans une sombre affaire de boursicotage. L'archevêque de Madrid en personne est dans la ligne de mire des médias. Le Vatican crie à la manipulation. *Libé* donne des nouvelles de Dolly, la brebis clonée, et *Le Canard enchaîné* des révélations sur Endemol, la multinationale du reality show. Ainsi va la vie. Je laisse tomber la presse et décide de me documenter sur mes futurs amis, ce que je me suis gardé de faire avant, pour ne pas reculer. Mon voisin se tourne vers moi, apercevant mon petit livre sur le mont Athos. Il est grec, socialiste et marié à une Française. « Vous allez là-bas ? » demande-t-il, incrédule. J'acquiesce en forçant un sourire. « Ils sont tous fous. » Je souris poliment et presse un bouton du plafonnier pour appeler l'hôtesse. J'ai besoin d'un remontant. En attendant, je me coiffe des écouteurs et dirige mes yeux vers l'écran de télévision. Assise sur un tatami dos à une mer transparente et polynésienne, une blonde un peu fade enseigne d'une voix céleste et un peu niaise quelques mouvements de relaxation. J'étouffe soudain, pris de panique. Mon verre arrive, je le descends, consulte ma montre. Dans vingt minutes je serai à Thessalonique et, dès demain, sur le mont Athos.

ORTHODOXE CONNECTION

Le novice

Le trajet en bus m'a claqué. Une demi-heure au moins d'ascension en zigzag dans un vieux Saviem ronronnant et puant le gas-oil, avec en prime la vue sur des précipices vertigineux qui te filent une frousse énorme, malgré la beauté presque inouïe du paysage. A travers les vitres du bus, à perte de vue, des champs d'oliviers sauvages, de mimosas et de cyprès, des buissons de bruyère à profusion, des masses de granit blanchi sous le soleil, entre lesquelles jaillissent des sources qui dégringolent ensuite vers la mer. Et puis la masse énorme du mont, sa calotte neigeuse, inexpugnable, qui domine l'ensemble, comme une canine géante plantée au bout d'une mâchoire minérale et végétale ouverte l'immensité de la mer. Du blanc, du vert, du bleu. Une certaine idée du paradis, du monde d'avant l'homme. Pourtant, l'homme est là ; il n'y a que ça, même, de l'homme. Du mâle à profusion. Assis sur la banquette du fond, je les vois de dos. Tous identiques, la toque noire posée sur les cheveux longs ramenés en chignon derrière la tête, la soutane, noire également, fermée jusqu'au col ou bien ouverte jusqu'au poitrail. Un paysage de télé en noir et blanc dans le Technicolor du décor, des ombres au royaume du soleil. Ils papotent, vieux et jeunes, les doigts égarés dans les grains de leur chapelet, exhalant des senteurs de savon de Marseille ou des remugles de crasse. J'étouffe. La banquette de skaï colle contre ma chemise. Le chauffeur, imperturbable, le regard vide, manœuvre son énorme volant recouvert d'une moumoute à la couleur suspecte, sous la double bénédiction d'une icône adhésive scotchée au tableau de bord et d'un chapelet de plastique aux couleurs du Panathinaïkos, l'équipe de foot vedette d'Athènes. Ce n'est pas un moine. Plutôt un travailleur roumain, ou albanais. Un manœuvre bon marché pour les moines qui l'emploient. J'en ai vu une flopée tout à l'heure, sur les quais de Daphni, le port de l'Athos, déchargeant à la va-vite caisses et bidons d'essence de la soute du *Halkidiki*. Les moines qui n'avaient pas de comité d'accueil (deux ou trois confrères accompagnés d'un âne) se sont engouffrés comme moi dans le vieux bus qui stationnait là. Il fait la liaison jusqu'à Karyès, la capitale administrative de la presqu'île. C'est ce que m'a dit un vieux moine serbe dans le bateau, parlant un français quasi voltairien. Je dois m'y rendre pour prolonger mon diamonitirion, le fameux parchemin qui sert de visa et que l'on m'a remis à Ouranopolis en échange du certificat donné au bureau de la Montagne sainte, à Salonique. Subtilités administratives colossales, autant de barrages pour celui qui vient de l'extérieur.

Nous venons d'atteindre le point le plus haut de la route. La vue est magnifique, la mer scintille au loin, caressée par les rayons du soleil ; la rosée fond sur les arbres dans un nuage de brume odorante, n'était cette odeur de gas-oil et de sueur qui m'envahit les narines. Nous redescendons à présent vers la vallée et le centre de la presqu'île. Le mouvement du chapelet footballistique qui, suspendu au rétroviseur, tangue au rythme des embardées du Saviem m'hypnotise. Je me sens soudain très fatigué. J'adresse un dernier regard au chauffeur, muet, sans expression, qui nous conduit sans ciller vers la capitale de ce petit paradis, à moins que ce ne soit vers l'enfer, jamais très loin des cieux, dit-on. Un moine se tourne alors vers moi, me sourit, sans un mot. Aucune trace de sympathie, pourtant, comme si les traits de son visage se crispaient au lieu de se détendre. Pas vieux, la quarantaine, un profil d'aigle, une barbe noire qui lui mange le visage mais ne parvient pas à cacher une cicatrice énorme qui lui barre la joue gauche. Je ferme les yeux, désireux de passer outre, et sombre dans un sommeil assommant.

On me tire par la manche. Assez rudement. J'ouvre les yeux, complètement abruti. Un vieux moine à barbe blanche me regarde avec des yeux de volatile de basse-cour, quasiment obstrués par la peau de ses paupières tombantes. Le vieux dindon mâche dans sa barbe des phrases incompréhensibles pour moi accompagnées d'une volée de postillons fleurant l'ail. « Parakalo », je dis pour remercier. Karyès, tout le monde descend. Je me saisis de mon sac et saute sur la terre battue de l'artère principale. L'animation est à son comble. Des minivans délabrés, des breaks Renault préhistoriques, des Citroën « Méhari », et une poignée de 4 × 4 japonais stationnent autour du bus. A peine descendus, leur sac en crin de chèvre sur l'épaule, les moines retrouvent leurs coreligionnaires pour regagner en voiture leur monastère respectif, car Karyès est le terminus. Ils papotent dans un tintamarre assourdissant, s'embrassent, se tapent sur l'épaule, se tendent des tasses de café fumant. Un parfum sucré et chaleureux envahit l'air matinal. Je regarde autour de moi. La capitale de la Montagne sainte n'est qu'un hameau. Deux rues principales de terre battue, en angle droit, flanquées de petites bâtisses de deux étages, à balcons de bois peint, à façades de pierre grise bardée de lierre. Beaucoup sont abandonnées, les autres servent d'échoppes, ouvertes à tous vents, sombres et bordéliques, aux fenêtres enfumées. Au-dessus de la porte pendent des sacs bruns, blancs ou noirs, ouvragés, les mêmes que ceux des moines. C'est aussi de là que provient l'odeur de café. J'en ai très envie. Je m'apprête à en demander un au vieillard en soutane qui tient l'échoppe quand un bruit de moteur suivi d'un freinage violent me force à me retourner. Un 4 × 4 Nissan Patrol noir, vitres teintées, freine en dérapant dans un crissement de pneus. La portière s'ouvre d'un coup ; un jeune homme en surgit et saute à terre, laissant le moteur tourner. Soutane cintrée sur un tee-shirt kaki à col en V, cheveux longs et fine barbe noire. Vingt-cinq ans à peine, chaussé, fait étrange, d'une paire de Reebok. Surpris, je vois le type à cicatrice qui m'a regardé si étrangement dans le bus accourir vers le Schumacher à soutane. Ils se donnent l'accolade en riant, se parlent dans une langue qui n'est pas le grec, et remontent dans le bolide dont ils claquent les portières en force. Le Nissan rugit, réalise une rapide manœuvre en marche arrière et repart en faisant de nouveau crisser ses pneus, sous le regard placide d'un âne à la robe pelée. Dans un nuage de poussière, le quatre-roues motrices fonce à tombeau ouvert en direction de la montagne et disparaît derrière un bosquet de cyprès.

— Encore ces fous de Hierocrator, dit une voix derrière moi, en français.

Les yeux en visière, un type de haute taille, carré d'épaules, la quarantaine passée, vient de surgir d'une échoppe, une tasse de café à la main. Il observe un instant le Nissan s'éloigner dans les profondeurs de la péninsule. « Vous êtes français ? je demande en me tournant vers lui. — A vrai dire, je ne sais plus trop », répond-il en souriant. Ses yeux bleus illuminent un visage à la peau mate et aux traits réguliers, soulignés par une barbe châtaine, de la même couleur que ses cheveux ramenés en chignon sur la nuque. Une très forte impression de sympathie se dégage de sa personne. « Eflogitê », lance-t-il à mon intention. Je n'ai pas compris et suis resté muet en le regardant.

— Vous devez répondre : « O Kyrios », dit-il en s'approchant. C'est comme ça qu'on salue, sur l'Athos.

— Et ça veut dire ?

— Oh, c'est assez intraduisible... « Kyrios », c'est un peu « Seigneur », c'est-à-dire Dieu, et « eflogitê », cela vient de « eu » qui veut dire « bien », et de « logos », la parole, la bénédiction, en quelque sorte.

— Alors, « eflogitê ».

Il sourit et me tend la main.

— Pater Iacobos, dit-il.

— Gabriel Desprez.

— Désirez-vous un café, Gabriel ?

Impec. Je le suis dans l'échoppe. La lumière du dehors filtre difficilement entre les carreaux sales et répand une poussière lumineuse dans l'espace. Sur les rayonnages, mangeaille en conserve et bondieuseries diverses se disputent férocement l'espace : boîtes de conserve, icônes peintes à la main, crucifix en bois d'olivier, bougies, encens et bonbonnes de gaz ; la variante monastique des épiceries Proxi. Au fond, une machine à coudre attend patiemment de l'ouvrage. Autour d'une petite table orientale, très basse, deux petits vieux en soutane sirotent un café en picorant des loukoums. « Kaffe, parakalo », demande Iacobos. Il se tourne vers moi : « Très sucré ? » J'acquiesce du menton. « Polyglyco, dit-il au vieux. Ça veut dire avec beaucoup de sucre. Pour les palais non initiés, comme le vôtre, le café grec – surtout, ne dites jamais "turc" – est un peu amer. Moi je l'aime comme ça. » Le petit vieux tend ses genoux usés, tire sur les plis de sa soutane et va chercher en vacillant deux verres sur une étagère. Sans mot dire, il nous ordonne de sortir d'un geste impatienté. « Il va nous les apporter. Les vieux moines sont toujours un peu ronchons quand on les dérange. » Dehors, je prends place sur un banc de bois collé contre la façade. Une brume de chaleur est tombée sur Karyès. La capitale prend des allures de village fantôme.

— Que faites-vous ici ? me demande Iacobos.

— Je cherche un ami.

Je me sens aussitôt rougir, conscient de l'incongruité de ma réponse, et peut-être, d'ailleurs, de ma démarche tout entière.

— Un ami moine ?

— Je n'en sais rien.

Iacobos sourit, gêné à l'idée de me mettre mal à l'aise.

— Je n'ai pas envie de vous soumettre à la question. Mais c'est rare de croiser des jeunes de votre âge, ici. Athos est plutôt loin de vos préoccupations, d'habitude.

Le vieux moine apparaît sur le seuil avec un plateau portant deux tasses fumantes et deux petits verres d'eau, qu'il pose à côté de nous.

— Efhharisto poli, Pater, dit Iacobos. Surtout ne mélangez pas votre café, vous feriez remonter le marc.

— Pourquoi dites-vous qu'Athos est loin de nos préoccupations ? Des tas de jeunes vont au Vatican...

Il sourit encore.

— Rien à voir avec le Vatican. Pas de pape ici, pas de souverain. Un désert d'eau, de pierre et de végétation sur lequel vingt monastères se sont élevés pour ceux qui voulaient fuir le monde des hommes tout en priant pour eux...

Il sourit encore.

— Pas de politique non plus, en principe, et pas de jeu de pouvoir.

Son regard se perd dans les rues de la minuscule ville. Il avale une gorgée de café.

— Vous avez peut-être aperçu celui que je recherche ? Il est français, et s'appelle Octave. Il a mon âge environ.

Il secoue la tête négativement.

— Pas de Français... J'ai croisé un jeune Allemand, deux Espagnols aussi, qui n'ont pas fait long feu d'ailleurs, mais pas de Français... Cela dit, je ne suis pas « polyommata ».

— Pardon ?

— *Polyommata*, à plusieurs yeux, comme les chérubins de Dieu. Je vous en montrerai tout à l'heure, dans l'église. Je vois que vous avez besoin de précisions sur notre belle contrée.

Il rit étrangement et reprit.

— Donc, je vous disais, je ne suis pas omniscient, comme Lui.

Il regarda le ciel et se signa en commençant par la droite.

— Vous vous signez à l'envers ?

— Pardon ?

— Vous vous signez en commençant par la droite.

— Comme le font tous les orthodoxes, Gabriel...

— Pardonnez-moi.

J'étais confus.

— Ce n'est rien. Suivez-moi ; je vais vous montrer deux ou trois choses.

J'avais soif. Je pris le petit verre d'eau que le moine avait servi en même temps que le café, le portai à mes lèvres et le vidai d'un trait. La brûlure fut intense. Je toussai bruyamment. Le vieux moine sortit de son échoppe. Iacobos le renvoya de la main en riant aux éclats et me tapa sur le dos pour faire passer la toux.

— Ce n'est que de l'ouzo, lança-t-il gaiement.

La chaleur de l'alcool se répandit d'une secousse électrique dans mon organisme désormais désinfecté à vie. Je me suis levé pour suivre Iacobos le long d'un raidillon. Longeant quelques imposantes bâtisses de pierre et de bois, nous atteignîmes une église imposante, aux formes primitives. « Le Protaton, déclara-t-il, la première église de l'Athos. (Puis, revenant brutalement à notre conversation :) Vous m'avez interrompu quand j'ai dit que je n'avais pas mille yeux comme les chérubins de Dieu, que je n'étais pas omniscient comme Lui. Ce que je voulais dire, c'est qu'il se peut que votre ami soit venu et que je l'aie manqué. Je vis à Karyès, à la skite Saint-André, mais je ne suis pas tous les jours à la descente du bus, à boire du café avec les étrangers. Donc ayez confiance. »

Nous arrivions devant une lourde porte de chêne fermée. Une question me taraudait :

— Pourquoi les jeunes gens que vous avez croisés n'ont-ils pas fait long feu ?

Il se caressa la barbe et réfléchit un instant :

— Rien ici ne se passe comme ailleurs, Gabriel. L'Athos est complexe, merveilleux aussi, mais il arrive que les merveilles brûlent les yeux.

Ces paroles m'effrayèrent. Dans quel état allais-je le retrouver ? Iacobos continuait :

— Les deux Espagnols sont restés à peine deux jours. Je les ai vus repartir dès le lendemain de leur arrivée pour Daphni. Quant à l'Allemand, il revenait de Katmandou et pensait trouver là une sorte de paradis zen, ce qui n'est absolument pas le cas.

— Et pourquoi pas, si c'est un lieu de recueillement, un désert pour ceux qui veulent fuir le monde des hommes. C'étaient bien vos mots, tout à l'heure, non ?

Il se rembrunit.

— Tout se mérite, Gabriel.

Mon inquiétude revenait au grand galop. J'essayai de le questionner.

— Vous verrez par vous-même, dit-il en poussant la lourde porte.

A l'intérieur, la lumière était multicolore. Les rayons du soleil transperçant les vitraux révélaient, dans un nuage de poussières illuminées, des cohortes de saints auréolés d'or et peints à même le mur. « Dans l'orthodoxie, l'église doit constituer une icône du royaume de Dieu. » Une forte odeur d'encens m'envahit les cloisons nasales. Je sentais tous mes sens sollicités par ce qui m'entourait. Des ermites aux longs cheveux, vêtus de peaux de bête ou d'un feuillage vert comme le jade me toisaient du regard ; des femmes, magnifiques, voilées, les yeux en amande, souriaient énigmatiquement. Parmi elles, une femme donnait le sein à un enfant. Faustine m'est apparue dans un flash, avec le souvenir du sein mat et gonflé, jailli du haut bleu marine et aspiré par la bouche gourmande de ce petit saligaud. J'y ai vu un signe. C'était elle, et lui, le gosse, qui m'avaient amené ici, dans ce no man's land peuplé d'êtres aux cheveux longs et à l'habit noir, qui menaient à tombeau ouvert des 4 × 4 de marque japonaise sur les pentes hostiles de leur royaume. En regardant le sein à la peinture écaillée, j'ai pensé qu'avant j'aimais les seins plus que toute autre chose au monde, plus que le sexe, même. J'avais connu des seins petits, des seins lourds, des seins noirs et des seins blancs, des aréoles brunes et d'autres roses, des pointes quasi invisibles et d'autres très marquées, des seins moelleux et d'autres terriblement durs. Je me perdais dans la contemplation de ces formes vivantes et typiquement féminines. Aujourd'hui, ça ne me faisait plus rien. Ceux-là pourtant ne me laissaient pas indifférent. L'artiste, certainement un moine, dont on ne pouvait exiger une fidélité à une réalité qu'il ignorait, leur avait donné la forme d'une courge allongée, avec une longue pointe rédhibitoire, que suçait la bouche de l'enfant. Les marques de la succion y figuraient sous forme de sillons pourpres. C'était une vision de camping nudiste, une poitrine de cauchemar avachie par l'âge et l'usure. Et pourtant quelque chose la rendait sublime. Le visage de cette sainte, « sainte Anne », me confia un Iacobos devenu pudique, respirait une sérénité prodigieuse. La bouche semblait humide, les yeux brillants, la peau d'une tiédeur accueillante. Iacobos s'éloignait. Il disparut derrière une colonne. Je m'approchai davantage et posai mon front sur la poitrine devenue vivante. La fraîcheur du mur m'apaisa doucement. Je soufflai, sentant le répit m'envahir pour la première fois depuis deux ans. Iacobos revenait. Je m'arrachai à l'étreinte et traversai avec lui la longue nef pour arriver devant une cloison de bois sombre couverte d'icônes, et percée d'une ouverture recouverte d'un drap rouge et or. « Voici l'iconostase, qui dissimule le sanctuaire. » Au milieu, un Christ siégeait en majesté, assis sur un trône d'or. A ses côtés, deux personnages, dont une femme, tous deux auréolés d'un grand cercle lumineux. « La Vierge et saint Jean-Baptiste, intercédant auprès de Lui, précisa Iacobos. Christ, qui donne accès au sanctuaire, réservé au clergé, se tourne vers la nef, et l'éclaire de sa lumière. Toute l'église est orientée vers le sanctuaire, vers l'orient, vers le lever du jour. Et au Christ de l'iconostase répond celui-ci. Regarde ! » lança Iacobos, enflammé et passant au tutoiement. De son doigt, il désignait le ciel. Je levai les yeux. Au centre de la coupole couverte de feuilles d'or, deux carrés s'entrecroisaient pour former une étoile à huit branches aiguës au milieu de laquelle était un Christ aux traits durs. Il faisait un signe énigmatique de la main, semblable à celui que se font sous l'eau les plongeurs pour faire comprendre que tout va bien. Mais là, l'œil était menaçant. « Les doigts de sa main sont disposés d'une manière spécifique, m'expliqua le moine, ils dessinent d'une façon codée le nom même du Seigneur, l'index à la verticale pour le iota de IESOUS, l'annulaire infléchi pour les deux sigmas terminaux, qu'on représente dans l'alphabet byzantin par un C. Le pouce, placé en travers de l'index, pour le khi de CHRISTOS, en grec, un X. » Il se signa, et se pencha pour effleurer de la main le sol de l'église et la porter à son cœur. Ses lèvres bougeaient sans émettre un seul son. Je regardai de nouveau le Christ. Le regard était celui d'un tueur dépourvu de sentiments. Je respirais mal. L'odeur de l'huile brûlant dans les lampes, la lumière devenue rouge me saturaient les sens. Autour de lui volaient des éclairs ainsi qu'une nuée d'anges à six ailes, des épées de feu au poing.

— Le Christ Pantocrator, murmura Iacobos. En grec, « Celui qui règne sur tout ».

— Pantocrator, comme la voiture de tout à l'heure ?

Iacobos me regarda.

— C'était Hierocrator.

— C'est le nom d'un monastère ?

Il marqua un temps d'arrêt.

— Oui.

J'ai cru voir un instant passer de l'embarras dans sa voix. Je me suis peut-être trompé, car elle est redevenue calme et posée. Il m'a fait reculer d'un pas, face au sanctuaire masqué par la cloison couverte d'icônes. « Regarde autour de toi : nous sommes au centre d'un carré. Si tu lèves les yeux vers le haut, tu vois qu'il s'agit d'un cube et que la coupole repose sur lui. A présent tourne-toi. (Je m'exécutai.) De la même façon que le cube sert de support à la coupole verticalement, le sanctuaire s'appuie horizontalement sur la nef. Le ciel s'appuie sur la terre vers laquelle il descend, dans les trois dimensions de l'espace. L'arche de la résurrection descend sur les eaux de la mort. » Il se signa une nouvelle fois, effleura encore du bout des doigts le sol dallé. Je levai la tête. Le Christ me foudroyait de ses yeux emplis de courroux. Je commençais à perdre pied. Les mèches des cierges grésillaient dans la demi-obscurité avec un bruit d'insecte. La voix de Iacobos, à la lisière du murmure, continuait à me dévoiler les arcanes du symbolisme orthodoxe. « Trois portes à l'église, et seulement trois : la Trinité. » Je suffoquais. Je cherchais des yeux la sortie, mais les murs et les colonnes s'animaient, révélaient des êtres immobiles et vivants, bardés d'or en fusion, aux yeux inertes mais hypnotiques. Se détachant de l'iconostase, la Vierge me dévisageait ; son regard me suivait, où que j'aille. J'y voyais Faustine, l'envie de vomir me reprit. J'avais besoin d'air. Je reculai pour traverser la nef. Iacobos m'arrêta net en me tirant par la manche. « Regarde, les Polyommata dont je t'ai parlé », lança-t-il, le doigt pointé sur une fresque. Autour de l'auréole d'un saint en gloire, une pluie d'anneaux rouges, bordés de petites ailes fines comme des flammèches, et sur tout le pourtour de l'anneau, des yeux humains, grands ouverts. « Ce sont les chérubins, les anges de première catégorie ; ils ont beaucoup d'yeux car ils contemplent la lumière du divin. » Les anneaux de feu me vrillaient les pupilles. Je voyais trouble à présent et l'air était devenu irrespirable. « Les chérubins crient la gloire de Dieu », murmura Iacobos. Je traversai la nef à grands pas et poussai la porte de toutes mes forces. J'aspirai une énorme goulée d'air. Dehors, la brume était devenue dense. Il faisait soudain très froid. Une main se posa sur mon épaule. « Tout va bien ? » C'était Iacobos. Il m'accompagna jusqu'à la Sainte Epistasie où je devais faire prolonger mon visa parcheminé. Un escalier monumental menait à une antichambre nue et puant l'encens froid terminée par une porte frappée d'une plaque couverte de caractères byzantins. J'allais frapper quand elle s'ouvrit d'elle-même pour laisser passer un moine sévère, la barbe noire partagée en deux cornes. Un diable goyesque à l'envers. Il me toisa d'un air mauvais. « Que voulez-vous ? » dit-il en anglais. J'expliquai. Il me jaugea de haut en bas, empocha mon diamonitirion et disparut. Je n'eus pas le loisir d'apprécier le décor du sérénissime bâtiment. Mon moine réapparut avec mon parchemin. « Dix jours de plus », dit-il en roulant les *r*. D'une main, il me fit signe de sortir. La porte claqua derrière moi avec un bruit sourd et je perçus le cliquetis d'une clef tournant dans la serrure. Iacobos m'attendait.

— Qu'allez-vous faire maintenant ?

Hors de l'église, le tutoiement avait disparu.

— Je ne sais pas. Combien y a-t-il exactement de monastères sur l'Athos ?

— Vingt. Et croyez-moi, vous n'êtes pas au bout de vos peines. En plus des monastères, vous avez les skites, des regroupements de cellules, où habitent plusieurs moines. Elles forment de petites communautés qui dépendent d'un monastère mais n'en ont pas le statut. Au niveau en dessous, des dizaines de kellia, les « cellules », de petites maisons individuelles qui parsèment toute la montagne, et qui sont elles aussi rattachées à un monastère. Comme vous le voyez, c'est loin d'être la chienlit. Pour cultiver son âme, mieux vaut avoir des cadres stricts.

J'étais perdu.

— Et la Sainte Epistasie, elle peut me renseigner ?

Il rit. Je me sentais paumé.

— Chaque monastère est autonome, Gabriel.

Je soupirai. Comment allais-je procéder ? Me fier aux voies impénétrables du Seigneur ? Faire à ce chien des signaux de fumée pour le tirer de sa retraite ? Il ne savait même pas que j'étais là. J'avais une lettre de recommandation pour le supérieur de Stavronikita. Je n'avais pas le choix.

Je raccompagnai Iacobos jusqu'à la skite Saint-André. Elle dépendait du monastère de Ploutopédi, important et vaste, qui accueillait beaucoup d'étrangers. « Vous devriez y faire un tour », me confia Iacobos. Nous croisâmes un moine. Visage rubicond, barbe blanche, deux yeux bleu clair cerclés de fer et de verre, et beaucoup plus bas, la soutane peinant à maintenir en place une panse qui semblait énorme et entravait sa démarche. Les deux moines se saluèrent, puis l'autre passa son chemin.

— Frère Georges, me confia-t-il. Une star. Un ancien danseur du Crazy Horse. L'égérie de la haute couture des années 70. Fêtes, orgies, drogues et paillettes, il a tout connu.

J'étais interloqué.

— Mais qu'est-ce qu'il fait là ?

— Il nettoie son âme, se purge de ses passions. Vous croiserez un paquet de desperados sur l'Athos.

Ça tombait bien, j'en cherchais un.

— Aujourd'hui, son hobby, c'est la collection de Vierges. Si vous pouviez m'envoyer celle de Notre-Dame quand vous serez de retour à Paris, ça lui ferait très plaisir.

J'écarquillai les yeux. Un instant, j'essayai d'imaginer le type que j'avais croisé dandinant son énorme derrière au milieu de créatures emplumées aux seins en poire, devant un parterre de types encravatés plombés au champagne et hurlant leur désir. J'abandonnai.

— Abstenez-vous de juger, me confia Iacobos avant de me quitter pour aller se rendre aux vêpres. Vous verrez : rien n'est comme ailleurs sur l'Athos. Nous sommes en dehors du monde. Sous la lumière de Dieu, mais aussi dans l'opacité la plus grande. C'est curieux. (Il s'interrompit pour resserrer son chignon.) Avant le

XVe siècle, les fidèles pouvaient voir le sanctuaire. Après, on a inventé l'iconostase, cette cloison que je vous ai montrée tout à l'heure et qui arrête le regard. Comme si brutalement le culte avait eu besoin d'ajouter du mystère, comme s'il fallait en réduire la transparence. Le mystère est encore bien plus grand aujourd'hui. Il le faut, pour se protéger de la modernité.

Il s'arrêta, prit ma main droite dans les siennes, regarda autour de lui, et me fixa droit dans les yeux.

— Je dois vous mettre en garde, Gabriel. Avec l'aide de Dieu, j'ai renoncé au monde. Il peut m'arriver n'importe quoi, cela m'est égal. Mais vous, vous êtes jeune et n'avez pas été appelé par l'Athos. Vous y cherchez quelqu'un, mais ce n'est pas Dieu qui vous a fait signe. Si votre quête est bonne, Il veillera sur vous et vous guidera. Mais on ne sait jamais ce qu'Il nous destine. Il peut vous perdre pour vous sauver. Car Lui seul sait où vous devez aller. L'Athos est étrange, Gabriel. Méfiez-vous de lui. Ne vous perdez pas en lui. Il y a un virus ici. Ne l'attrapez pas.

J'esquissai une question. Mais Iacobos posa un doigt sur mes lèvres, puis, de l'index et du majeur, traça une croix sur mon front.

— Que Dieu vous vienne en aide, Gabriel.

Il disparut sur le chemin de terre qui menait à sa communauté. Un carillon tinta dans l'air devenu frais, puis Karyès s'enferma dans le silence. Au-dessus de la brume, le mont laissait voir sa calotte neigeuse. Blanche à crever le ciel, elle me rappela la double image de sainte Anne et de Faustine offrant leur sein gorgé de lait à l'enfant. Je soupirai, tirai la carte de mon sac à dos. La presqu'île s'étendait sur cinquante kilomètres de long, dix de large, selon une topographie accidentée, et culminait à plus de deux mille mètres. Sur la côte ouest, en remontant par rapport à Karyès, un point surmonté d'une croix désignait l'emplacement du monastère de Stavronikita dont le nom apparaissait au-dessus. Il me faudrait quelques heures pour le rallier. J'avais faim et les paroles de Iacobos me revenaient en boomerang : « Méfiez-vous de l'Athos. »

Spleen friqué à Saint-Trop

Une adolescente blonde de dix-huit ans à peine grimpe dans une Porsche Carrera métallisée. Les baffles de la voiture distillent à un kilomètre à la ronde du rap américain. A la terrasse de Sénéquier, l'institution tropézienne à devanture rouge, Paul et Raph s'ennuient, mais prennent garde de ne pas le montrer. Antinéa et sa cohorte d'amis ne vont pas tarder à les rejoindre. Raph sirote une orange pressée à dix euros. Paul grille clope sur clope. Autour de lui, les seins tombent : les belles à la poitrine arrogante dorment encore auprès du sexagénaire qui les a rincées toute la nuit. C'est un cliché, mais à Saint-Tropez il n'y a que les clichés qui tiennent encore le coup. Pire, on n'y va que pour les clichés. La terrasse résonne de sonneries de cellulaires et les serveurs sont de mauvaise humeur. Un sosie de Johnny embrasse une Laeticia de cinquante ans. Le long du port, de grands yachts désœuvrés somnolent, squales de plastique, d'acier et de verre. Les touristes stationnent, béats. Sur la plate-forme arrière, les riches prennent leur petit déjeuner en strings Erès et lunettes Chanel pour les femmes, caleçons à carreaux Lacoste et Ray-Ban pour les hommes. Les badauds n'en reviennent pas : de véritables brunches comme dans *Sous le soleil*, avec quatre jus de fruits différents, des montagnes de viennoiseries et des corps caramélisés. Jus de pamplemousse et peau d'orange, bacon pur porc et lard humain. Les classes moyennes immortalisent ces instants de bonheur sur les bandes 8 mm de leur Caméscope Sony à écran à cristaux liquides. Les classes moyennes regardent les riches et les riches les regardent les regarder. Bref, tout le monde est content. Pas un yacht n'est immatriculé en France. A croire qu'il n'y a plus de grosses fortunes depuis que la multiliftée Mouna Ayoub a racheté le *Phocéa* de Tapie. En réalité, c'est à cause des taxes. Du coup, les noms des paradis fiscaux défilent en lettres d'or sur le cul des palaces flottants, « Guernesey », « Georgetown » ou « Nassau ». Chaque yacht possède son haras de jet-skis. Faire le plein d'un yacht de cette taille vous mènera dans les 70 000 € ; une simple sortie en mer, dans les 3 000. Paul secoue les cendres de sa cigarette dans un cendrier jaune pastis. La soirée d'hier a été catastrophique.

Ça a commencé par des côtelettes grillées chez Antinéa, au bord de la piscine ouverte sur la nuit et la mer. Une petite bouffe estivale arrosée de haut-médoc. Jusque-là tout allait bien. Tout le monde s'est engouffré dans les voitures pour rejoindre le champ de bataille. Deux Jaguar et une Mercedes à garer dans le périmètre bien gardé des Caves du Roy, même si le parking affiche complet, ne posent un problème que si vous omettez de glisser un billet de 50 € au voiturier. En haut de l'escalier princier qui mène à l'entrée du mythe, Antinéa embrasse deux jeunes filles superbes, Rose et Tulipe. Deux fleurs à pétales de strass que Paul cueillerait volontiers mais un certain Alex lui murmure à l'oreille qu'il peut lâcher l'affaire tout de suite étant donné qu'elles sont très amoureuses de leurs petits amis respectifs, un présentateur de météo sur France 3 et un héritier de casinos. « Les supermarchés ? » demande Paul. L'autre hausse les épaules. La petite bande traverse la foule et sourit aux videurs dont le chef accepte de les laisser entrer en priorité moyennant un nouveau billet de 50. Malgré la veste Adidas marquée NO FUTURE de Raph, tout le monde accède au saint des saints. Un autre pourliche leur octroie une table. « Quand tu vas aux Caves, autant jouer le jeu à fond », claironne Alex à l'oreille de Paul. A 200 € la bouteille – et même pas du champagne –, le fond est vite touché. Le plafond aussi d'ailleurs – normal dans une cave –, maintenu au-dessus du sol moquetté de brun et d'orange par des piliers en forme de tiges de papyrus, et couvert de miroirs qui doublent la superficie des lieux. Debout sur les sièges, des filles bien balancées ondulent en lançant leur poing en avant comme si elles avaient marqué un but. De vieux types aux cheveux teints et chemises en jean aggravent le score. Le DJ, chauve et corpulent, agite sa graisse au rythme d'un vieux tube disco, *T'es OK, t'es bath*. Paul, qui s'est offert un Cohiba, entreprend très Jacques Dutronc une jeune Black en robe dix-huitième. C'est la fille du président angolais. Elle est avec ses gardes du corps, alors il change d'avis. Rose et Tulipe font tanguer leur croupe divine et leurs bras ophidiens sous le nez de quatre Libanais en chemise blanche et cheveux de jais fixés à la gomina. L'un d'eux fourre sa langue dans la bouche d'une voisine stupéfaite pendant qu'une Suédoise forcément blonde arrose l'assemblée avec l'eau du seau à champagne. Un peu cheap. Dans le carré VIP, un champion du monde de F1 pelote une héroïne de télé-réalité[1]. Un fan du pilote voudrait bien lui serrer la main, mais celle-ci patauge déjà dans la silicone. Il ne s'excuse même pas envers le fan qu'il déçoit pour la vie, mais salue de l'autre main un rappeur vu au cinéma flirtant sec avec un humoriste maigre et pas drôle. Dans cette arène de la thune et de la célébrité qui en ce bas monde s'aimantent réciproquement, Raphaël se console en admirant le sourire d'Antinéa à qui il offre une brassée de roses piquées sur une table voisine désertée il y a peu par un nain audiovisuel, une star du X à la retraite et une nuée de parasites gavés de Mumm et de J & B. L'appareil à carte bleue se faufile entre les tables basses. Son écran lumineux trace un sillage lunaire dans la demi-obscurité. La machine déconne de plus en plus à cause de la cocaïne qui se dépose sur les cartes de crédit et encrasse la puce électronique. Paul, perplexe, qui ne cherche même plus des yeux Rose, disparue sous la table d'un illusionniste de renom, se dit qu'il aurait peut-être eu plus de chance avec les nanas s'il avait passé l'après-midi à la plage de la Voile rouge. Là-bas, on arrose de champagne (450 € TTC la bouteille) des filles vêtues de maillots en crochet, 900 €, et ceintes d'un ruban de velours pailleté attenant, offert par la maison. Elles le garderont jusqu'au matin pour montrer à qui elles appartiennent cette nuit. Paul se sent désespéré. Ce n'est pas du tout ce qu'il avait prévu. Il s'efforce néanmoins de faire bonne figure en tétant son Cohiba presque éteint et se ressert un whisky, mais voudrait un verre d'ouzo pour trinquer à la santé de son ami Gabriel seul chez les moines. Il l'envie presque. Ce soir, il donnerait beaucoup pour un peu de solitude et un bol d'air frais.

1. Les mains liées par la loi, l'auteur s'excuse d'avance auprès des lecteurs pour le maquillage honteux auquel il a dû recourir afin de rendre méconnaissables les personnalités évoquées.

Pour Raph non plus, ça n'accroche pas très bien. Une Hollandaise brunette refuse de venir prendre un verre. Peut-être à cause de sa veste « No future », peu rassurante. Frustré, il invoque mentalement pour se défouler l'esprit d'Isseï Sagawa, cannibale excentrique devenu star au Japon après avoir trucidé et mangé les fesses d'une Batave rencontrée sur les bancs de la Sorbonne. Bien fait pour elle. Il retrouve Paul. « Tout va bien, Raph ? — C'est de la bombe ! Et pour toi ? — Génial ! » A six heures du matin, il pleut des trombes d'eau et Antinéa, Rose et Tulipe ont disparu depuis bien longtemps. Ils rentrent entre garçons. La jet-set leur mine le moral mais pour rien au monde ils ne l'avoueraient. Il y va de leur honneur de fêtards, de jeunes optimistes décidés à bouffer le cul de la vie, même seuls, même ivres et fauchés à Saint-Tropez.

« C'était bien hier, non ? » questionne Paul en écrasant une cigarette consumée dans le cendrier. « C'était bath ! » répond le graphiste en terminant d'un trait son orange pressée, au moment où Antinéa bondit de son scooter rouge, toute de blanc vêtue. Comédiens de talent, ils se lèvent très enthousiastes.

A quinze heures, après un déjeuner hors de prix, ils font du hors-bord. Le Rio 550 Cruiser sillonne les flots bleus de la Méditerranée pour 380 € la journée. En string blanc et les seins à l'air, Antinéa lit *L'Etre et le Néant* sur le matelas également blanc, couvée par le bouillant soleil de la Riviera. Xavier et Alex, ses chevaliers-servants, pilotent à tour de rôle, poussant les 130 chevaux au maximum. Insensibles aux langues d'écume qui leur fouettent le visage, Paul et Raph s'ennuient, mais font semblant de s'éclater. Raph pense à Gabriel, à d'autres cieux. Paul s'essaie aux commandes du hors-bord. Il trouve ça plus facile et plus rapide que le Zodiac de son père, pourtant idéal pour le ski nautique en Corse. A quatorze heures, réfugiés sur la plage privée de Quai West, tarifée à l'heure et pilonnée par la techno d'une DJ décolorée, les deux amis somnolent. « Ce pauvre Gabriel... lance Raphaël, dont l'anxiété à l'idée de passer quinze jours à Ibiza amorce une courbe ascendante tendant vers l'infini. — Seul avec ses moines... continue Paul. — Le con », reprend Raph, en lorgnant sur une Walkyrie topless plongée dans *La Vie sexuelle de Catherine M.* tandis que son compagnon, chauve et bodybuildé, se délecte des mémoires du général Aussaresses. « Qu'est-ce qu'on fout là ? » voudrait demander Raph. Un reste d'orgueil l'en empêche. Antinéa, tout juste sortie de l'eau, s'ébroue devant eux, féline et canine à la fois. « Ça boume, les boys ? », dit celle qui a visiblement quitté l'univers sartrien. Ils acquiescent. « On va rentrer, si ça vous gêne pas. Je suis un peu crevée, et comme on va au VIP ce soir, j'ai envie de me reposer un peu à la maison. »

Au bord de la piscine en forme de ballon de rugby, Paul et Raph écoutent, les pieds dans l'eau, la voix de Brigitte Bardot vanter les mérites des coquillages et des crustacés sur les plages abandonnées. Alex et Xavier fument des joints sur la terrasse, Rose et Tulipe font l'amour à leurs amoureux et Antinéa, inaccessible et souveraine, prend un bain moussant parfumé à la mangue. Raph n'en peut plus. La perspective de la soirée le plombe à mort. Les verres et les filles inabordables, la fausse déconne, la fausse liberté, les rituels à la con avec les voituriers et les videurs, terminé. Paul se demande pourquoi il a eu cette idée pourrie de proposer ce séjour à Ibiza. C'était pour aider Gabriel, mais si Gabriel les laisse tomber, ça sert à quoi ? Raph songe aux deux semaines de vacances braquées à son agence, qu'il est en train de foutre en l'air. Paul hésite à en parler à Raph. Raph se dit qu'il serait peut-être temps de mettre son orgueil dans sa poche et d'en parler à Paul. Il ferme les yeux, retient sa respiration et abdique d'un seul coup. « Je suis un peu crevé pour le VIP », dit-il, le plus naturellement possible. Paul tend l'oreille. A-t-il bien entendu ?

— Quoi ?

— Je suis crevé pour le VIP.

Intérieurement, Paul explose de joie.

— T'es sûr ?

— Ouais, ça m'amuse plus.

— Qu'est-ce qui t'amuse plus ? Les boîtes, la plage ?

Les yeux baissés, Raph vient d'entamer avec les jambes une série de moulinets dans l'eau. Il est lancé, plus rien ne l'arrêtera.

— En fait, je me demande si c'est pas les deux.

— Mais, mon coco, c'est ni plus ni moins ce qu'on aura à Ibiza.

— Bah, justement, j'sais pas si j'en ai envie.

Il lève les yeux de la surface de l'eau et les braque sur son pote. Paul sourit.

— Qu'est-ce qu'il y a ?

— Non, rien.

— Rien quoi ?

Il sourit de plus en plus, sent qu'il va éclater de rire. Raph ne comprend plus :

— Attends... t'as pas envie d'y aller non plus ?

Paul, plein sourire :

— Bah, non, en fait.

— Et ça t'a pris quand ?

— Depuis qu'on est arrivés ici.

Un éclat de rire secoue les deux larrons qui se laissent glisser dans l'eau et couler tout au fond, histoire de se nettoyer la cervelle de tout ce qui l'encombre. Raph, émergeant de l'eau :

— Et on passe où nos vacances ?
— On le rejoint ?
— Qui, Gabe ?
— Ouais.
— Sur le mont Athos ?
— Ouais.
— Chiche.

Les anges noirs de Stavronikita

La mer après le maquis. Le sable après la terre. Le soleil après la brume. Je pose mon sac à dos sur une plage de sable blond. Une vision de rêve au pays des hommes en noir. Ibiza moins les filles en bikini, la techno et les space-cakes. Sans palmiers, sans branchés. La plage fait une anse où les flots bleus viennent mourir puis ressusciter sur l'or en grains. De chaque côté, deux hautes barrières de rochers. A droite, une tour de guet médiévale, protégeant un petit port abrité par une petite digue de pierres léchées par l'eau de mer, et derrière, un bassin minuscule où les vagues viennent s'allonger. C'est aussi une cour de récréation pour volatiles ; pigeons et mouettes s'y ébattent, s'y disputent, piaillent avec des cris aigus et déchirants. Accrochée à un pieu de métal rouillé, une vieille barque couverte de coquillages se décompose lentement, interdisant toute possibilité de fuite. Je m'approche. Les créneaux et les pierres noires, attaqués par le sel, se dressent encore dignement. La toiture d'ardoise est affaissée. C'est donc là que je suis venu le chercher, le diable d'Octave, le démon chevelu exilé volontaire. J'allume une clope, tourné vers la mer, et laisse les rayons du soleil couvrir ma peau, une éjac faciale de chaleur sur mes traits tirés et ma barbe de trois jours. Le saint monastère de Stavronikita ne devrait pas être loin. La carte l'indique nettement par un symbole noir, un rond surmonté d'une croix. J'ai marché pendant deux heures par des chemins de terre à peine assez larges pour laisser passer une mule, au milieu des arbustes qui déchirent les mollets, sous le soleil brûlant qui fait fondre la brume à mesure que l'on grimpe et que l'on quitte la vallée du centre pour la côte est. J'ai les jambes lourdes mais le cœur léger. On se croirait dans Rousseau, sur les rives du lac de Bienne, en plein état de kif, comme disent les Arabes. Le bruit rythmique des vagues fait le ménage dans ma tête et s'y installe en squatter tranquillisant. Je m'allonge sur le sable les yeux ancrés dans le bleu du ciel, me tape égoïstement une rêverie du promeneur solitaire.

Les saints après les seins de Faustine. J'en ai presque les larmes aux yeux. Après elle, j'ai tout fait flamber, table rase généralisée, soldé mes comptes, aplani dans la banalité cuisses, seins et bouches. Mort aux femmes, j'étais. Les vagues me vident, les souvenirs se dévident. Je me redresse, sors mon walkman, presse la touche « play ». Des lambeaux de mélodies volées à d'autres : la seule chose que ma génération arrive encore à produire, elle qui se noie dans une musique devenue toutes les musiques. Tout confondre, tout mélanger, parce que tous les repères sont brassés. Je ferme les yeux.

J'émerge, du sable dans les cheveux. Le soleil commence à s'abîmer dans la mer. Un coup d'œil sur la carte, et j'attaque la montagne par la gauche. Un petit sentier muletier longe la côte à travers la bruyère et une forêt d'arbustes. Entre les feuillages, le ciel devient orange. Bientôt, une autre tour se détache sur le ciel du soir. Encore une tour de guet. Comme si pour créer un refuge aux âmes, il fallait d'abord protéger le corps. Un sacré paradoxe. Quoique. Le corps, au moins, on est sûr de son existence. Je plonge dans une forêt de cyprès, gorgée de senteurs piquantes à force d'être pures, et débouche dans un champ bordé de serres de plastique. Devant moi, sidérante, une véritable forteresse s'élève sur la falaise battue par les flots. Grandiose. J'éteins la musique. Les moustiques bourdonnent dans mes cheveux. Des balcons de bois courent sur les murailles percées de fenêtres minuscules. Un aqueduc à la romaine s'y greffe. Je m'avance devant le porche monumental. Personne en vue. Je le franchis.

La cour est minuscule, les murailles hautes. Le ciel dessine un petit carré orange au-dessus, encore un peu lumineux. L'église, peinte en rouge, occupe presque toute la place. Des chants en sortent, étouffés par l'épaisseur des murs. J'approche ma tête d'un vitrail et aperçois de petites lumières. Une odeur d'encens suinte des murs, comme s'ils étaient devenus perméables aux parfums. Je sursaute. J'entends un cliquetis de métal derrière moi, suivi d'un grognement. Je me retourne, prêt à faire face. L'index tendu vers la double porte bardée de clous, un moine s'avance vers moi et m'intime l'ordre de sortir. Ses sandales claquent sur les pavés ; je recule précipitamment. Une énorme ceinture d'argent barre sa soutane noire. Une barbe grise dévore son visage et le fait ressembler à un gros chat, ou à un orang-outang. Je me sens soudain comme Charlton Heston dans la première demi-heure de *La Planète des Singes*. Je sors du monastère et m'assois sur un muret de pierre. Un quart d'heure après, le soleil est encore plus bas et menace de se faire complètement absorber par la mer. J'attends.

Paraît un jeune type fringant et svelte dans sa soutane, une toque de feutre sur la tête. Il sourit, très affable. Je lui tends la lettre. « Pater Basileus », je dis. Il prend la lettre et me quitte avec un sourire. Dix minutes passent. Il commence à faire frisquet. La mer apporte une brise qui transit les os. Je me masse les bras pour me réchauffer. Le jeune moine revient. Me fait signe d'entrer, de prendre mes affaires. Je passe une nouvelle fois l'épaisse porte, que deux jeunes moines ferment derrière moi. Le métal frotte sur les pavés avant de claquer. Plus moyen de reculer : je suis dans la place, le cœur noué. Les moines sortent de l'église, un par un, la tête basse et en silence. On me fait longer les bâtiments, puis gravir un dédale d'escaliers de bois, qui grincent un peu. Le jeune moine me précède. Quatre étages après, nous débouchons sur un couloir dallé de pierres. Sur le mur, des gravures en noir et blanc. Pas de vierges ni d'angelots, mais des soldats avec de lourds flingues à crosse nacrée dans leur ceinture de cuir ; des airs de corsaire, une moustache noire qui tranche leur visage en deux, l'œil résolument sombre et l'attitude martiale, une main couverte de bagues posée sur une hanche, l'autre appuyée sur un antique fusil d'au moins un mètre cinquante. Un uniforme noir à boutons dorés. Le moine s'arrête, sort un trousseau de clefs et ouvre devant moi la porte d'un salon carré, blanchi à la chaux. Vingt petites fenêtres, sur trois côtés, s'ouvrent sur la mer qui fait comme un grand plat bleuté et lisse. Sous les fenêtres, des divans orientaux longent les murs, autour d'une table basse, qui s'est garnie comme par magie d'un plateau doré contenant une tasse de café fumant et un verre d'ouzo. Mon œil capte chacun des détails ; mon pouls semble étrangement ralenti, mes membres comme en apesanteur. Sous la force du vent, les cloisons tremblent. Je m'approche des fenêtres. J'en ouvre une. Le bois résiste. Je tire plus fort. Elle cède. Le vent du large me gifle, balaie mes cheveux et me force à plisser les yeux. Je me penche. A cent mètres de haut, je suis suspendu dans le vide. En bas, les vagues se pulvérisent contre la falaise en mugissant. Je referme la fenêtre. Le fracas s'atténue aussitôt. Je m'assois sur les sofas, goûte ce que l'on m'a apporté. L'ouzo pique la gorge, le café très sucré soulage. Il fait un peu froid. L'isolement du bâtiment semble approximatif. Mon hôte revient. M'indique de laisser là mon sac, murmure un mot de grec : « Trapeza. »

En bas, les moines entrent en file indienne. C'est une salle assez sombre, couverte de peintures religieuses. Des christs et des anges, des saints et des martyrs de toutes les couleurs et dans tous les sens. De longues tables de bois avec des écuelles, des couverts de métal. On m'indique une place, à l'écart. Les moines restent debout. Basile est forcément parmi eux. L'un d'eux gagne une chaire de bois, monte les quelques degrés, et ouvre les pages d'un gros livre posé sur un lutrin. Il parle. Les autres se signent, mais à l'envers, du côté droit d'abord. Une clochette retentit. On s'assoit. Les moines mangent vite, au rythme de la lecture monocorde. Des olives mêlées à des macaronis coupés en petits morceaux. De la salade cuite, il me semble, mais au goût d'anis. De la coriandre, des oignons frais. Rien que du végétal. C'est sobre, mais le plat est savoureux et me redonne du courage. Je mange avidement, mais encore moins vite qu'eux. On n'entend rien d'autre que le bruit de la nourriture passant dans les gosiers, et la voix imperturbable et grave du lecteur qui scande le silence. Ils bâclent le repas comme s'ils avaient un programme d'enfer. Un rencart hyperimportant avec Dieu, sans doute. Lequel est le père Basile ? Je ne vois que des silhouettes voilées de noir penchées sur leur assiette. Dix minutes après, pas plus, la clochette tinte. Ils se lèvent, quittent la trapeza. Sur les murs, des hommes et des femmes en poses de martyrs arborent des mines sérieuses malgré la cruauté du supplice.

Les moines regagnent leur cellule. Ils rient entre eux, se tapent sur l'épaule. Une silhouette droite dans son manteau noir se plante devant moi. Ses mains agiles malaxent les perles d'un chapelet de laine. Le visage est fin, sans aucune ride apparente ; une barbe grise. Des yeux entre le bleu et le gris me fixent. Un teint de trentenaire. On dirait bien que Dieu conserve. « Je suis le père Basile. Vous avez demandé à me voir. » J'acquiesce, un peu effrayé par le calme surhumain du bonhomme. Comme s'il était déjà mort, sa robe noire en guise de linceul. Il me fait signe de le suivre, ouvre une petite porte dans le fond de la muraille. Nous voici dehors. Les plantations, sous les serres de plastique, absorbent les derniers rayons du soleil. Basile pivote vers moi dans un glissement d'étoffes :

— Qu'est-ce qui vous amène ici ?

Sa voix est aiguë, s'attarde sur certaines syllabes.

— La lettre ne le dit pas ?

Il secoue la tête, négativement. Je repense aux paroles de Simandre à propos des lettres qu'il m'avait faites : « Ils comprendront, eux. » Ce que j'étais naïf.

— Je cherche quelqu'un, ai-je répondu.

Il sourit, très mélancoliquement, puis me regarde, comme attendri.

— Moi aussi, il y a trente ans, je cherchais quelqu'un.

— Et vous l'avez trouvé ?

Il lisse sa barbe de la main gauche. Sourit, toujours aussi tristement.

— Je crois, oui.

Soudain, le sourire s'évanouit et le visage se fait dur :

— Depuis quand connaissez-vous Simandre ?

L'attaque est rapide. Je balbutie :

— Je ne le connais pas. C'est lui qui a vu pour la dernière fois la personne que je cherche.

Il regarde la montagne. On distingue encore la couronne de neige, à plus de deux mille mètres d'altitude.

— Est-ce lui aussi qui a dirigé votre ami sur la Montagne sainte ?

Basile manipule calmement les perles de son rosaire.

— Oui, c'est lui. Il m'a dit que vous étiez amis.

Moment de pause. Les grillons prennent le relais, quelques oiseaux chuchotent dans les bois. Basile grimace. L'embarras me noue la gorge. Je continue, intimidé.

— ... Que vous pourriez m'aider... Sans doute pensait-il que vous aviez vu passer celui que je cherche...

Il secoue la tête. Ses yeux gris semblent fouiller ma conscience, y lire comme à livre ouvert :

— Personne ne passe à Stavronikita, jeune homme. On y vient et on y meurt. Sous le regard de Dieu.

Il s'arrête un instant.

— Par conséquent, je n'ai rien à vous dire. Vous partirez demain.

Basile me toise une dernière fois de son regard de chien husky presque féroce par contraste avec son visage extrêmement détendu, comme libéré de toute tension. Et pourtant. Il y a un truc qui cloche. Simandre ne m'a pas envoyé là sans raison. « Laissez la porte ouverte en rentrant, lance en se retournant Basile, qui a déjà atteint la muraille. On fermera derrière vous. Et demandez au frère hôtelier qu'il vous indique votre cellule pour la nuit. » Basile se signe et tourne les talons pour rejoindre la petite porte percée dans la muraille. J'entends le bruit de ses sandales contre les dalles de pierre de la cour.

Nuit d'hypnose

Ma cellule. Le mot n'a pas été choisi par hasard. La petite pièce est propre, avec des murs entièrement nus, à l'exception d'une icône de la Vierge. Je dormirai donc avec une femme, cette nuit. La douche se prend au jet d'eau glacial, dans une petite salle de bains mal isolée, cent mètres au-dessus de la mer. Je songe en frissonnant à la mince cloison de bois qui me sépare de l'océan. Par la fenêtre, on distingue au large les feux des bateaux, pêchant de nuit ou véhiculant des tonnes de pétrole ou de lecteurs DVD vers le reste du monde. Je viens de prendre une volée de siècles dans la figure. Le vent siffle en passant à travers les jointures des fenêtres. Ma peau frissonne à nouveau. J'écourte la douche. La serviette autour des hanches, je regagne la cellule. Une bonne âme a pris soin d'y allumer une lampe à huile qui répand une lumière apaisante dans la petite pièce. Aucun bruit. J'entre dans les draps. Ils sentent la lavande, le vent parfumé des montagnes. Je pense à Faustine et au bagnard vanille-fraise. J'aurais aimé l'avoir, cet enfant. Faustine était encore mieux en mère qu'en fille.

Au milieu de la nuit, un bruit me réveille. Un « toc-

toc » obstiné, comme si l'on cognait à intervalles réguliers un morceau de bois, à coups de bec. Sauf que les coups de bec dessinent une musique. Je me lève, m'approche de la fenêtre. La cour est éclairée par des lampes à huile, suspendues aux poutres. Le vent s'est calmé. La nuit est bourrée d'étoiles. J'attrape ma montre. Trois heures du mat. Le toc-toc persiste. J'enfile mon jean, ferme la porte, traverse le couloir et descends les quatre étages. En bas, je tombe nez à nez avec le pivert de Stavronikita qui va et vient dans la cour. C'est un moine. Un maillet de bois dans la main droite, il frappe selon un rythme musical la planche de bois aux bords arrondis qu'il porte sur l'épaule gauche. Le monastère s'anime, comme si une réunion secrète s'y préparait. Des lueurs prennent vie par les fenêtres des cellules, des ombres se faufilent dans la cour, d'autres s'engouffrent dans l'église. Les yeux embués de sommeil, je les suis. A l'intérieur, les lampes à huile font chavirer les icônes, les saupoudrent d'un halo doré. Les silhouettes noires entrent en silence, se prosternent, genoux pliés, front contre sol, la tête couverte d'un voile du même noir. Un linceul sur des corps vivants. Ils se relèvent, embrassent les icônes, s'installent dans de grands fauteuils de bois ouvragés. Je reconnais la silhouette sèche de Basile. Comment connaît-il Simandre ? Pourquoi sa méfiance à mon égard ? Un carillon perce le silence, gai et cristallin. Aussitôt, les accents du *Kyrie eleison* montent vers la petite coupole qui laisse entrevoir, par ses ouvertures, quelques constellations de lait dans l'encre de la nuit. Les moines se répondent comme dans un dialogue, un écho magique qui me caresse les sens par-delà la fatigue. Un moine s'avance. Il tient une cassolette fumante au bout d'une chaîne, et l'agite devant chaque membre de l'assemblée. Les narines se rassasient de leur ration d'encens. Devant moi, c'est la quatrième dimension. On se prosterne encore au milieu des hymnes qui montent jusqu'à leur Dieu. Le moine à encens fait le tour de la nef, asperge de fumée chacune des icônes, un saint Jean auréolé d'or, un Christ en miséricorde, un guerrier ailé, une Vierge tenant dans ses bras un enfant au visage d'adulte. Des grelots tintent, la fumée envahit la minuscule nef. Une vapeur chaude et parfumée entoure ces hommes d'un autre temps comme un manteau d'odeurs et les dérobe au regard. Je rêve éveillé, hypnotisé par le spectacle. A côté de moi, immobiles sur leur stalle, les Anciens respirent doucement dans leur barbe et ferment les yeux. La lumière tamisée fait danser un saint Michel devant le dragon menaçant ; l'épée de feu au poing, des cohortes d'anges tournoient autour des piliers comme s'ils voulaient s'échapper par la coupole et rejoindre le maître. Pesée des âmes au jour du Jugement, torrents de feu apocalyptiques, agneaux mystiques et jardins du paradis se colorent étrangement sous les flammèches des lampes, fluctuant au gré du vent qui parvient parfois à se faufiler par les ouvertures mal colmatées. La voix du père supérieur se bloque sur une parole « O Kyrie », répétée peut-être dix fois. C'est Basile. Les autres se prosternent. « Eleison. » L'iconostase rayonne de mille feux. Tout en haut, le Pantocrator veille en seigneur à la bonne marche de l'office. Et puis c'est fini. Comme par enchantement. Les anges modernes retombent à terre et cachent leurs ailes sous leur soutane. Les voix s'éteignent, comme les lampes. Les silhouettes embrassent une dernière fois la bouche des Vierges aux yeux d'amande, se signent, toujours à l'envers, et quittent le lieu saint d'un même pas de mort. De morts ressuscités. Une noire procession à la tête basse. Je suis. On ferme la porte derrière moi. Je consulte ma montre. Cinq heures. Deux heures sous hypnose. Déboussolé, fatigué, étranger à moi-même, je regagne ma cellule perchée au-dessus des flots et m'endors.

*

Le carillon de nouveau. Plus le ventre vide qui crie famine. Le soleil traverse la pièce à toute volée. A la fenêtre, c'est l'enchantement. Un grand disque bleu miroite de toutes ses facettes. En bas, les moines sortent de l'église, en troupeau de moutons noirs. Ces types ne s'arrêtent donc jamais. Le cortège s'ébranle vers la trapeza. Je descends. Même cérémonial. Une soupe de fèves. Des olives. Un gâteau de sésame. Une autre vie de saint à célébrer. Je ne comprends rien. Il me semble avoir neuf cents ans. Fin du repas. Pas trace de Basile. Je dois remonter faire mon sac et me tirer d'ici, sans savoir très bien où aller. Je sors de la salle à la suite des moines. Une surprise m'attend au pied des escaliers. Basile me fait signe de le suivre. Les portes du monastère sont grandes ouvertes sur le soleil matinal. La campagne est sublime. Je le suis dans un appentis au pied des murailles, qui sert d'antichambre au monastère. « Café ? » dit-il. J'acquiesce. Encore shooté par ma nuit mystique, je ne réalise pas tout à fait la situation. Basile ouvre une boîte de fer, y plonge une cuillère à soupe, dépose le contenu dans une minuscule casserole, la remplit d'eau aux deux tiers. Le robinet fait un drôle de bruit, comme si l'eau jaillissait des profondeurs de la terre. « Très sucré, le café ? » demande-t-il de sa voix chevrotante. Affirmatif, mon Père. Sous la chaleur du gaz, le liquide monte rapidement dans la casserole, crémeux et doré. Le moine remplit deux petites tasses blanches, qu'il pose sur des sous-tasses, posées elles-mêmes sur un plateau. Une autre forme de rituel. Non seulement Basile tutoie Dieu, mais il sait faire le café. « Ouzo ? » A neuf du mat ? Pourquoi pas ?

Je vais avoir besoin de réconfort pour partir en croisade. Basile remplit un petit verre d'alcool aussi transparent qu'une conscience de saint, prend le plateau à deux mains et se dirige vers la terrasse qui surplombe la surface lisse et apaisée de la mer, sous la haute bénédiction des contreforts du mont Athos, auguste tout là-haut, lance acérée à la pointe blanche.

Assis sur le muret, Basile capte la trajectoire de mon regard.

— Au ve siècle avant Christ, un sculpteur grec a voulu tailler le mont pour en faire une statue gigantesque d'Alexandre le Grand, déclare-t-il.

— C'était lui, Athos ?

— Non.

Il rit en portant la tasse de café brûlant à ses lèvres. Sous le soleil, sa barbe grise semble cousue de fils d'argent. Ce matin, Basile paraît avoir curieusement changé d'avis à mon égard.

— Athos était un géant qui défia Poséidon. Ils se battirent, mais le dieu eut le dessus et emprisonna le rebelle sous cette énorme masse de granit. Voilà qui explique le miracle géologique du mont Athos : une telle masse au milieu des flots, c'est assez inhabituel.

Le café est délicieux. Le sucre coule dans ma gorge comme l'anis dans la chanson de Gainsbourg.

— Et les moines, ils sont arrivés quand ?

— Les textes disent que la Mère de Dieu, qui se rendait à Chypre en compagnie de saint Jean l'Evangéliste, trouva refuge sur le mont à la suite d'une terrible tempête. Impressionnée par le calme et la beauté des lieux, elle demanda alors à son Fils le Christ de lui faire don de la péninsule qui lui avait sauvé la vie. C'est de là que vient l'autre nom de l'Athos, le Jardin de la Mère de Dieu. Christ le donna à sa Mère et souhaita que cette terre soit un havre de paix pour tous ceux qui souhaitent leur salut.

Il marqua une pause, puis enchaîna. Ici, légende et réalité se mêlaient inextricablement.

— Ce furent d'abord des ascètes byzantins, qui avaient fui la civilisation pour s'installer soit dans les rochers de Cappadoce, dans l'actuelle Turquie, soit dans le désert égyptien. Chassés par l'islam, il leur fallut trouver une terre d'accueil. Ce fut l'Athos. Un texte de l'empereur byzantin Basile interdit par la suite formellement l'accès aux bergers, dont les troupeaux appréciaient l'herbe délicieuse du Jardin de Marie. Et puis vint l'empereur Phocas. Pour se dédouaner d'avoir rompu ses vœux monastiques et d'avoir préféré le trône terrestre à celui du ciel, cet empereur mystique donna une partie de son butin à son confesseur, Athanase, qui construisit le premier monastère athonite, celui de la Grande Laure, qui se trouve presque à la pointe de l'Athos.

Il désigna le côté droit d'un geste ample du bras.

Je tenais ma revanche sur sa froideur d'hier. Je saisis la perche.

— Pourquoi me racontez-vous tout ça ? Hier, vous prétendiez n'avoir rien à me dire.

Il regarda la mer. Ses yeux devinrent de petites fentes.

— J'ai été injuste avec vous. Après tout, peut-être ne savez-vous rien. Pourquoi tenez-vous absolument à revoir cette personne ?

Je fixai à mon tour la surface bleu cobalt de la mer Egée.

— J'ai une mission. Quelque chose à lui dire.

Son regard me vrilla le cerveau.

— Précisez.

Le relâchement des muscles de son visage était sidérant. Ce type était un lac inaccessible aux tempêtes. Sa capacité d'écoute semblait sans limites. Sans doute l'habitude d'écouter Dieu, un interlocuteur pour le moins discret.

— Il vient d'avoir un enfant, et cet enfant aurait pu être le mien. Cela me suffit.

Il me regarda plus profondément encore. Dans ses yeux, je voyais une tristesse et une bonté infinies. Je sentais qu'il lisait encore une fois en moi :

— Et il ne le sait pas ?

Je pris une gorgée de café.

— Que l'enfant est né, non. Qu'il aurait pu être le mien, oui.

Je soupirai et plongeai les yeux au sol, pour dérober au regard du moine les larmes qui venaient. Des fourmis transportaient un butin bien plus volumineux que leur corps frêle jusqu'à leur antre souterrain, tout proche. Je sentis une main sur mon épaule. Je résistai aux larmes.

— Restez ici tout le temps qu'il vous plaira.

J'ai tourné mon visage vers le sien.

— Je vous remercie, mais je crois que je vais y aller. Il est vital pour moi de le retrouver.

Il sourit, encore plus mélancoliquement. Sa barbe fine et pointue le faisait ressembler à un vieux sage oriental. D'ailleurs nous étions en Orient. Ses yeux se plissèrent.

— Il y a trop de passions en vous. Vous êtes votre propre ennemi. Sur l'Athos, cela peut vous être fatal.

Le tour que prenait la conversation m'agaçait. Je n'avais pas besoin d'une confession. Et surtout forcée. Je me suis levé, bien décidé à partir. Il avait posé ses mains à plat sur ses genoux et regardait la mer.

— Comment s'appelle votre ami ?

— Octave.

Il marqua une pause.

— L'homme qui vient sur l'Athos a renoncé au monde. Cet enfant ne l'intéresse plus. Vous devez repartir, Gabriel. Et la présence de Simandre là-dedans n'annonce rien de bon.

Je blêmis, interloqué.

— Et pourquoi cela ? Que savez-vous de Simandre ?

— Ce que la chèvre sait du loup, répondit tout net le vieux moine.

J'étais toujours debout devant lui, les mains dans les poches, tremblant de rage. La mer bruissait de toutes ses vagues, l'air était chargé de senteurs plus agréables les unes que les autres, mais tout en moi se rebellait contre ce pseudo-paradis. Les phrases sibyllines de Basile me fouaillaient insupportablement les tripes.

— Asseyez-vous. Vous me cachez la beauté de la Création, dit Basile d'une voix tranchante qui coupait court à toute discussion. (Son débit s'accéléra brutalement.) J'ai connu Simandre à la faculté de théologie, à Paris. Incontestablement brillant. Mais aussi retors, manipulateur, incapable de la moindre humilité, qui est pourtant l'une de nos vertus cardinales. Comment prétendre servir Dieu sans humilité ? Simandre trahit l'orthodoxie, au jour le jour. Son enseignement est une hérésie, son vœu de richesse un blasphème à la face de Notre-Seigneur. Il a choisi une voie que tous nos textes réprouvent, et condamnent fermement, celle de Lucifer, celle du premier des anges. Plutôt premier en Enfer que second au Paradis. Simandre pèche par orgueil. Le premier des péchés, celui qui commande tous les autres. Ouvrez votre cœur à l'orgueil et vous êtes fini. Votre ami s'appelle Octave... Prénom d'orgueilleux. Pas de hasard. Tout est signe sous la pierre. Méfiez-vous, Gabriel, méfiez-vous de l'Athos mais avant tout de vous. Cherchez, mais si celui que vous trouvez se damne, laissez-le se damner sans vous. Nous serons tous jugés.

Pendant son laïus, Basile n'avait pas quitté des yeux un seul instant la mer illimitée, dont l'horizon semblait se confondre avec le ciel. Il se tut. Je restai assis, brutalement abattu, empoignai le verre d'ouzo et le descendis d'un trait. L'alcool traversa mon œsophage et se diffusa dans mes membres en un éclair de seconde. L'atmosphère de Stavronikita commençait à me peser. Ce diable de moine faisait germer la peur en moi. Il faut que je m'accroche pourtant. Une question me démangeait. Je me lançai :

— Pourquoi Simandre m'a-t-il adressé à vous, si vous le haïssez ?

— Je ne hais personne, mon garçon. (Il s'arrêta, puis reprit.) Quand nous étions en doctorat, je travaillais sur saint Grégoire Palamas et les athlètes de la prière. Les ermites, si vous préférez. Il existe à l'extrémité de l'Athos un endroit qu'on appelle le désert. *Eremos*, en grec. C'est de là que vient le mot « ermite ». Une possibilité d'une difficulté inouïe réservée aux saints hommes, mais à laquelle pensent souvent les nouveaux venus, des jeunes fous qui pensent pouvoir s'astreindre à des conditions extrêmement draconiennes sans personne pour les guider. On y devient un ange... ou l'on y meurt. Simandre vous a adressé à moi pour que je vous envoie au désert, ou au contraire pour que je vous en dissuade. Cela fait partie sans doute du jeu de piste qu'il a bâti pour vous. Si vous voulez jouer, apportez-moi une carte, que je vous montre.

Le cœur battant, je suis remonté dans ma cellule, ai attrapé mon sac et la carte qu'il contenait. J'ai rejoint Basile. « C'est là. (Son index tendu désignait l'extrémité de la péninsule.) Voyez, me dit-il, le mont Athos ne se trouve pas au centre de la péninsule, mais à son extrémité sud. A cet endroit, il tombe directement dans la mer, comme une falaise. C'est cet endroit qu'ont choisi les derniers ermites de l'Athos pour y prier Dieu, à flanc de falaise, dans des cabanes de fortune logées entre les roches. Ils renouvellent ainsi le message des Pères stylites du désert égyptien, qui priaient sous le soleil du haut d'une colonne de dix mètres, large d'un mètre, dans une solitude extrême, "pour recevoir la Lumière hypostatique de la Grâce et découvrir en eux un autre ciel", comme dit Nicodème l'Athonite. Les plus extrêmes vont au désert, pour devenir semblables aux Anges. » Basile semblait traversé d'une immense émotion. Sa voix tremblait.

— Vous connaissez le désert ? lui demandai-je.

— J'y ai vécu vingt ans.

Je le regardai. Aucune fatigue, aucune usure ne paraissait pourtant sur ses traits. Pas une crispation d'ennui ou de nervosité sur son visage lisse et hâlé par l'air marin et montagnard, pétri d'indulgence, de noblesse et de bonté. Il semblait fait d'un autre métal que l'ordinaire des hommes.

— Et vous êtes revenu ?

Il sourit, se dressa sur ses jambes, et rajusta d'un geste sa robe noire.

— Dieu m'a rappelé aux hommes pour prendre la tête de ce monastère.

Il semblait triste.

— Vous regrettez ?

— C'était Sa volonté. (Il s'arrêta un court instant.) Allez jusqu'à Kafsocalyvia. C'est la principale skite du désert, un village monastique, si vous préférez. On vous aidera, là-bas. Que Christ vous accompagne dans votre quête, Gabriel. Eflogitê.

Il se signa.

« O Kyrios », ai-je répondu. J'avais retenu les leçons de Karyès. Basile ramassa le plateau et disparut à l'intérieur du monastère. Dire que je ne ressentais pas une certaine peur serait mentir. Mais c'était plus que de la peur. Une bonne dose d'excitation, plutôt. J'avais décidé de jouer. L'enjeu m'échappait encore, mais je finirais bien par le discerner. Je me suis mis en route vers le désert, le palpitant dopé à l'ouzo et à la caféine. Mon sac n'avait jamais été aussi léger et la mer, intensément bleue, n'en finissait pas de scintiller.

Les Argonautes

— Debout, feignasse ! hurle Raph, penché sur le corps de Paul.

Recroquevillé dans un dessus-de-lit jaune pisseux, Paul refuse catégoriquement d'ouvrir les yeux. Il a eu trop de mal à les fermer, à oublier un peu le va-et-vient des voitures grecques sur le macadam de l'avenue Egnatia, le roulis des trains de la gare toute proche, le tintement régulier de la sonnette de l'entrée indiquant qu'une pute se ramenait avec un nouveau client. L'hôtel Argo était un hôtel de passe, mais voilà, il n'était pas cher et les finances des deux loustics étaient au plus bas depuis leur bref séjour sur la Riviera. Le billet pour Salonique n'avait pas été donné non plus, en pleine période électorale. « Allez, on a du taf aujourd'hui », protesta Raph, qui tira les rideaux orange pour permettre à la lumière d'août d'envahir le modeste cagibi où ils avaient passé la nuit. Il entrouvrit la fenêtre : « Ça sent le fauve ici. » Le vacarme automobile reprit de plus belle. Une cacophonie parfumée au gas-oil. Paul se secoua dans la chaleur assommante, se leva et se dirigea vers le lavabo. Il considéra son visage fatigué et pas rasé dans la glace jaunie par endroits tout en baissant l'élastique de son caleçon Coup de cœur pour en sortir un sexe ramolli mais lourd, impatient de soulager une vessie pleine à ras bord de l'alcool ingéré dans l'avion. « T'es dégueulasse, lança Raph. — Fais pas chier », répondit l'apprenti avocat. Le voyage avait été court mais épuisant, farci de conversations insipides avec son voisin de siège, un VRP en prothèses dentaires pressé de retrouver le « quartier pittoresque du vieux Thessalonique ». Là, ils allaient pouvoir trouver un hôtel abordable, leur confia le représentant tout en lorgnant sur la poitrine gonflée de l'hôtesse de l'air blonde. « Bien tanquée, hein ? » commenta-t-il, égrillard. C'est ça, bien tanquée. Ensuite, il y avait eu l'embrouille avec le chauffeur de taxi, quasiment introuvable à deux heures du matin, l'absence de compteur, le chiffre mirobolant qu'il leur avait annoncé, son refus de rendre la monnaie, et sa fuite dans un crissement de pneus au moment où Paul était allé prévenir le veilleur de nuit d'un hôtel miteux, comatant derrière un guichet maculé de crasse, une revue porno ouverte sur les cuisses, un flingue devant lui, et, derrière, au mur, une affiche jaunie de la Tour blanche, gracieusement offerte par l'Office de tourisme local. « Pittoresque. » Tu parles. Ils étaient en plein centre du quartier à putes. Ça besognait dur dans les voitures garées en double file. Une vraie Odyssée urbaine : les Pénélopes décaties racolaient dans la langue d'Homère, en attendant un Ulysse de passage. « Παμε βολτα, αγαπη μου [1] », lança une énorme Aphrodite en ouvrant les pans d'une fourrure blanche. Paul haussa les épaules, peu inspiré par les deux mamelles tombantes. « On va où ? » demanda Raph. Les sacs se faisaient lourds. Ce n'est pas les

1. « On va faire un tour, mon chéri ? »

hôtels qui manquaient mais, bizarrement, aucun ne les tentait vraiment. Paul se décida pour l'enseigne bleue et clignotante d'un certain hôtel Argo. Peut-être à cause du souvenir brûlant des cours d'initiation au grec ancien, quand la divine Mme Arnaud le convoquait à la fin de la journée et qu'elle l'appelait « Mon Jason » en lui mettant sa main baguée de saphir entre les cuisses. Le gardien ronchonna, leur demanda 20 €, et leur fit signer un registre dans lequel ils lurent avec émotion le nom de Gabriel. « Le salaud, il descend vraiment dans de ces quartiers ! » commenta Paul. On lui tapa dans le dos. Il se retourna et reconnut son compagnon de voyage, le VRP qui reboutonnait sa braguette d'un air satisfait. « Bonne nuit, les gars », lança-t-il.

Paul ouvrit le robinet d'eau froide qui trembla avec des bruits de tube digestif et finit par délivrer un filet d'eau capricieux. Il se mouilla le visage. « Y a des douches ici ? — Dégueulasses et grouillantes de cafards », répondit Raph qui venait de rentrer. Paul fit la grimace, mais chercha une serviette dans son sac et se dirigea vers la porte. « Tu sors comme ça ? fit remarquer Raph. — J'pense pas que ça heurte grand monde, ici. » Il se gratta les testicules, encore tout fripés par le manque de sommeil.

Une heure après, ils débouchaient sur la place Aristotélous. Le must du must. Un grand espace vide avec de belles arcades tout autour, surmontées d'appartements classieux et de publicités pour Apple et de grandes compagnies d'assurances, qui s'illuminaient la nuit. Cette semaine, les élections redécorent la ville. La musique résonne, les fanions et les banderoles voltigent au gré du vent du large, et des filles en tee-shirt et patins à roulettes distribuent des œillets blancs et des briquets aux couleurs des partis politiques en campagne. Les deux garçons commandent deux grands cafés et s'assoient à une terrasse. De jeunes types s'ennuient sur leur scooter à l'arrêt, un Nokia dans une main, l'autre se contentant de passer et repasser dans leur chevelure luisante de gel ultrafixant Ephebos. Les deux amis soupirent. « On y va ? » lance Raph.

*

Antinéa ne s'était pas formalisée de leur départ anticipé. Pour le dire autrement, elle s'en foutait. Ça les avait encouragés à partir tout de suite. Thessalonique était une ville en plein boum. Ravagée par les bombardements de la Seconde Guerre mondiale, elle avait été reconstruite à la va-vite dans un esprit très postmoderne, voire apocalyptique, et donc propice à tous les débordements. Avec plusieurs facs ouvertes sur l'Europe, une rangée de bars plus high tech les uns que les autres le long du front de mer, des zones industrielles reconverties en entrepôts pour fêtes débridées, c'était une destination carton et les deux lascars le savaient de source sûre : leur ami César, en tant qu'étudiant Erasmus, y avait passé un séjour tumultueux voici quelques années, dont il n'était d'ailleurs jamais revenu, abandonnant son cursus d'éco pour devenir DJ nomade. Il était marié à un cachet d'ecstasy et projetait de jouer incessamment à Kaboul. L'idée des deux amis était la suivante : atterrir à Thessalonique, rallier le mont Athos, récupérer la brebis égarée avant qu'elle ne mette la main sur ce dégénéré d'Octave et tracer fissa sur Thessa pour y faire une bonne bringue. Mais voilà, comment rejoindre la presqu'île des saints hommes ?

Ils avaient débarqué à l'improviste chez cette bonne vieille Faustine. Puisqu'elle avait envoyé leur ami dans ces hautes sphères, elle ne refuserait pas de leur donner, à eux aussi, les clefs du ciel. Mère sexy à plein temps, elle allaitait quand ils sonnèrent au 8, impasse de la Gaîté. « Jolis seins... euh... jolies mains ! » lança Paul absorbé par le ravissant spectacle du petit qui tétait goulûment les seins généreux de sa maman. « Vous n'avez rien à faire là-bas », avait-elle lâché brutalement. L'inconsciente ! Car, mine de rien, Raph avait bossé. Dans la bibliothèque de feu son père crashé en vol, il avait trouvé un petit livre rouge, intitulé *Un voyage au mont Athos*, Flammarion 1970, puis Grasset 1996, d'un certain François Augiéras mort oublié de tous dans un hospice, en 1971. Une description, notamment, l'avait beaucoup ému, qu'il ne manqua pas de lire à haute voix fort solennellement, après avoir tiré le petit livre format poche de son sac US vintage à une Faustine terrorisée : « Sa robe sentait la crasse et la vieille marmite, sa barbe rêche me grattait le petit trou de l'oreille. Il cessa soudain de me murmurer que j'étais désirable pour épier attentivement l'obscurité. » Suivait une évocation extrêmement lyrique où le jeune pèlerin se « soûlait de volupté », dans une exaltation érotique de la charité chrétienne, avant de laisser le moine « rassembler ses voiles noirs, boucler son ceinturon de cuir, et ajuster quelques plis ». Il continua, le bougre, manquant de tarir le lait de la jeune mère, quand elle visualisa les différents aspects de la volupté monastique présentés par l'ouvrage. C'est le père de son enfant qu'elle voyait devant ce saint homme qui, « de l'autre main, par divers mouvements, aidait la nature à retrouver une verdeur perdue ». Elle se dit alors que deux mousquetaires supplémentaires ne seraient peut-être pas de trop pour s'en aller affronter un Athos si déterminé. Elle finit par cracher le morceau : « Baptiste Simandre », tandis que le petit d'homme imbibé de lait souriait de toute son absence de dents.

Quai de Javel, la jolie Gemma les fit attendre dans un salon rempli d'écrans télé diffusant des clips peu orthodoxes de Marilyn Manson. L'elfe grimaçant, aussi bronzé qu'un Doliprane maquillé de sang, sautillait sur la scène avec des gestes d'épileptique et bénissait son propre vomi avant de l'offrir à ses fans. « La communion à rebours, un rite antéchristique bien connu depuis Gilles de Rais, lança le religieux producteur, sortant de son bureau, à ses deux invités. Que puis-je pour vous, jeunes gens ? » Sa réponse fut simple. Il n'avait jamais reçu de Gabriel, n'avait jamais entendu parler d'un Octave parti méditer sur la Sainte Montagne, qu'il avouait en revanche connaître de fond en comble, mais qui n'était certainement pas pour eux : « Qu'est-ce que deux jeunes gens comme vous iraient faire là-bas ? déclara-t-il, paternel. C'est un cimetière, l'Athos, pour les vieux éléphants comme moi ! Pas une seule femme, les gars ; croyez-moi, vous y mourriez d'ennui ! »

Les deux jeunes gens se regardèrent en chiens de faïence. La bomba latina réapparut, demandant à voir un instant son patron. Le producteur les congédia avec un air de désarroi profond rudement bien joué. « Messieurs, je vais devoir vous laisser... » Gemma, robe chinoise et sandales Hermès, ne leur jeta pas même un regard en pâture.

Il fallut se rabattre sur un vulgaire *Lonely Planet*. A la page 368, un encadré donnait le numéro de téléphone du bureau du mont Athos. C'était au moins ça. Ils appelèrent, et tombèrent sur un répondeur sans message : rien qu'un enregistrement de chant grégorien, qui passait en boucle. Il fallait se décider vite. Il y allait de la virginité de leur ami. « Gare à vos fesses, moines lubriques ! » claironna en fin de journée un Raph sortant victorieux de l'agence Air France, et agitant du bout de la main deux billets.

*

Le bureau du mont Athos est au diable vauvert, au fin fond des faubourgs de Salonique. Le taxi longe le campus universitaire, qui baigne dans une atmosphère décontractée de fin d'année. Le chauffeur, poilu et gras, s'énerve en grec. Il veut son argent et s'en aller. Un quart d'heure qu'ils tournent en rond. Pas trace du fameux bureau. Les deux Français descendent, errent pendant une demi-heure au milieu des vapeurs d'essence et mettent enfin la main sur une porte noire et sculptée, frappée d'une plaque dorée gravée d'un aigle à deux têtes et de caractères byzantins. « Aghion Oros, Montagne sainte », déchiffre Paul, remerciant encore mentalement la fougue pédagogique de Mme Arnaud. Ça a l'air bête comme ça, mais quand on est à Salonique et qu'il faut choper une autorisation pour se rendre là où votre meilleur pote est peut-être en train de se faire gang-banguer par six moines en rut, à la propreté qui plus est douteuse, on est bien content d'avoir pris le grec en initiation au collège.

Raph pousse la porte. Ils pénètrent dans un petit bureau qui ne paie pas de mine, pile au moment où l'employé se décide à fermer. Pas une ombre de soutane, mais une chemise à carreaux, un pantalon beige et des chaussures bateau. Moins de trente ans. « Hello, it's here, the office of the Holy Mountain ? » déclame Paul comme si de rien n'était. Le type dit que c'est fermé. « Oh, it is so bad ! pleurniche le candidat au barreau, we come especially from France ! » Sésame, ouvre-toi. Au mot « France », le visage de l'employé s'éclaire, et pas du tout parce qu'il est un fan de Sardou. Voilà l'histoire. Lui, il n'est que vacataire ici. Personne ne vient jamais, alors il ferme dès qu'il peut. En plus, il doit aller chercher sa copine à l'aéroport, et sa copine, elle vient de Lyon, alors les Français, il les a à la bonne. En trois minutes, l'affaire est pliée. « Normalement on ne peut plus y aller à cette saison, explique le type, mais bon, si vous êtes venus spécialement pour ça. (Il écrit vite.) Si on vous demande, vous direz que vous allez en pèlerinage, OK ? Par contre, il n'y a qu'un seul bus pour Ouranopolis demain matin. Tâchez de ne pas le rater. » Il leur souhaite bonne chance. Dans la rue, plus heureux qu'une pré-ado complexée qui vient de gagner un pass backstage pour aller voir le dernier concert des LS, les deux amis exultent. Ils le tiennent, leur ticket d'entrée. La feuille de papier porte leur nom et leur confession. On leur donnera le visa définitif le lendemain matin au bureau d'Ouranopolis, la « ville du ciel », porte de la sainteté et port d'embarquement pour le mont Athos.

*

« Qu'est-ce qu'on fait, ce soir ? » demande Raph, la bouche pleine de souvlakia. Les yeux happés par le spectacle du soleil bombardant le golfe de Salonique, les deux pèlerins fêtent leur victoire sur la terrasse d'une vieille taverne un peu cracra basée sur les murailles de la vieille ville. Ils dominent la mégapole trimillénaire d'une bonne centaine de mètres. Au loin, les supertankers glissent sur les flots pollués de la mer Egée. Paul entrecoupe ses feuilles de vigne de rasades de Mythos, la bière locale. « Mythos, elle va vous en raconter de bonnes, propose Paul tout haut. Tu crois que je ferai un bon concepteur-rédacteur ? » Raph hausse les épaules : « Dis-moi plutôt ce qu'on fait de notre nuit. » La ville les ennuie. Un air irrespirable, plombé par la chaleur, une mer gorgée de mercure et d'hydrocarbures, interdiction formelle de se baigner dans le golfe, des artères tracées au cordeau drainant des bus bondés et des voitures aux couleurs criardes, et les mêmes enseignes que partout ailleurs dans le monde. Zara, Kookaï, Diesel, H&M ou Lacoste. Raph se souvient d'une campagne pour la marque au crocodile : pour sa nouvelle signature, « Lacoste, deviens ce que tu es », son concepteur-rédacteur avait pompé une citation de Nietzsche dans *Ainsi parla Zarathoustra* et facturé 3 000 €. Leur séjour chez les saints hommes leur redonnerait peut-être le sens des réalités. Ils partaient le lendemain à six heures du matin, par le seul bus à destination de la « ville du ciel ». Il leur restait une bonne partie de la journée et la nuit à écluser.

Vers 18 h 30, Raph eut une super idée et Paul se laissa faire. Ils remontèrent la rue Vassilissis Olgas jusqu'au numéro 95. Sur l'interphone, il pressa la touche marquée ERASMUS. On leur ouvrit instantanément. Un ascenseur graffité et valétudinaire les mena dans un abominable râle d'agonie jusqu'au troisième étage. Dans une cuisine aux relents de bouffe étudiante, une assemblé bruyante descendait des bières et papotait dans toutes les langues, les yeux scotchés sur un match de foot. Les filles émettaient des commentaires alcoolisés sur les cuisses des footeux. « Bienvenue à Babel », murmura Paul, à part soi. Ce vieux salopard de César n'avait pas dû s'emmerder. Raph demanda s'il y avait des Français. Une rousse un peu ronde lui répondit avec un accent anglais que Mélusine, alias « Mel », était sous la douche. C'est idiot, songea Paul, qui avait de la culture, cette manie des diminutifs. Mélusine, c'était bien plus joli que Mel. Entre la descendante des Lusignan, mi-femme, mi-poisson, et une dénomination qui rappelait la plus moche des Spice Girls, il n'y avait pas à balancer. Ils attendirent donc que « Mel » sorte de la douche et poireautèrent devant le match de foot. L'arbitre siffla un penalty pour le tacle sévère d'un joueur turc dans la surface de réparation, transformé en pleine lucarne par l'avant-centre chevelu du Panathinaïkos. Dix minutes après, la rousse un peu ronde alla frapper à la porte de la mystérieuse « Mel », qui ouvrit, le peignoir tout juste fermé sur son corps élancé. Car « Mel » cartonnait. Raph ne savait plus trop quoi dire et son idée de départ lui paraissait maintenant par trop désinvolte. La jeune fille regarda l'Anglaise puis toisa les deux pirates.

— Yes ?

Raph s'avança :

— Excuse-moi. On est français. On veut pas te déranger longtemps, mais on est un peu paumés dans cette ville et on voudrait savoir où on peut sortir ce soir.

C'était tellement con. La fille les regarda en souriant. Une toison de cheveux bruns et ondulés, encore mouillés, forcément puisqu'elle sortait de la douche, un visage mat avec taches de soleil au-dessus du nez, et deux yeux très bleus au milieu. La bouche joliment dessinée, haute de taille, l'effet peignoir en sus. Sensuelle et peut-être pas sans suite. Raph ne savait que dire.

— Et vous êtes venus jusqu'ici pour ça ?

La voix était espiègle. Paul prit le relais.

— En fait, on est là de passage ; on vient d'arriver, et c'est un copain à nous qui nous a donné l'adresse. Il était étudiant ici il y a deux ans.

Elle sourit :

— Et vous ? vous faites quoi à Thessa ?

Un quart d'heure après, les deux errants tenaient salon chez la demoiselle, sirotant un adorable thé à la cannelle. Elle partageait sa chambre avec une Athénienne, absente. C'était une chambre de fille avec deux lits simples, des murs couverts de cartes postales de sa Bretagne natale et de photos de copines, des tentures africaines et des fringues en bordel, une chaîne hi-fi distillant de la bossa nova, un laurier dans un pot en plastique, du jasmin qui grimpait jusqu'au plafond, et des mobiles en fil de fer, avec des figures géométriques en papier coloré qui remuaient doucement sous le flux de la brise arrivant par la fenêtre ouverte. Une chambre imprégnée de l'odeur de sa peau, de son parfum, de thé à la cannelle et de celle d'un bouquet de roses buvant l'eau d'un vase rococo, témoignage d'amour d'un admirateur milanais du troisième étage qui, à cause du refus de Mélusine, irait se réfugier une semaine plus tard entre les cuisses duveteuses de Katia, Slovaque rebelle et nymphomane avec qui il resterait six mois (un record pour elle), avant d'épouser à l'église San Giovanni de Bologne une jeune architecte tout droit sortie de la fac, qui le tromperait au bout d'un an avec un avocat quinquagénaire spécialiste des affaires politiques, qui ne tarderait pas à exploser dans sa voiture en plein centre d'un quartier résidentiel de Rome. Ainsi allait la vie et Paul ne savait rien encore de ce qui l'attendait, tirant voluptueusement sur une cigarette qu'il lui avait taxée, allongé langoureusement sur le lit de l'absente, les bras ballants, les yeux mi-clos. Quant à Raph, il se noyait voluptueusement dans l'iris bleu marine de l'étudiante en socio, et lui racontait toute l'histoire, lyrique comme il savait l'être : Ibiza, Saint-Trop, le clapier à lapins de l'avenue Egnatia, Gabriel, le mont Athos, premières étapes d'une saga estivale qui ne faisait pourtant que commencer.

A la mention du mont Athos, elle s'étonna :

— C'est drôle. J'ai deux copains espagnols qui en reviennent. Je crois que ça s'est pas très bien passé pour eux.

Paul leva un sourcil en accent circonflexe :

— Ah oui, et qu'est-ce qui leur est arrivé ?

Elle répondit, sans le regarder :

— J'sais pas trop. Ils avaient l'air bizarre en revenant. Ils ont dit qu'ils n'y remettraient plus jamais les pieds. Ils ont eu les boules, je crois. J'ai pas voulu insister mais, si vous voulez, je vous les présenterai ;

peut-être qu'ils vous en parleront, à vous, puisque vous y allez.

Elle plongea ses lèvres dans son thé. Raph ne perdit pas une miette du spectacle, et se prit à imaginer délicieusement leur contact suave sur ses propres lèvres comme un captif du désert devant le mirage d'une gourde pleine d'eau fraîche. Elle demanda soudain :

— Mais pourquoi vous voulez le rejoindre ?

Raph était gêné :

— L'idée, c'est d'aller le rechercher. Il ne va pas très bien en ce moment et on pense que c'est dangereux pour lui de rester trop longtemps là-bas.

— Au contraire, lança la donzelle, on y va pour se recueillir, non ? Ça lui fera peut-être du bien ?

Paul reprit le flambeau :

— On a peur qu'il se fasse violer.

Elle rit. Un rire clair comme une brassée de coquelicots frémissant sous le zéphyr :

— C'est un peu cliché, non, le coup des moines homos ?

Ils écoutaient le dernier album de ce nul de Doc Gynéco, qui se payait le luxe de faire dire des âneries à Chiara Mastroianni à propos du show-biz et de la Porte de la Chapelle. Mélusine se pencha en avant pour atteindre son paquet de Kool au menthol. Le peignoir s'entrouvrit légèrement pour laisser Raphaël entr'apercevoir des splendeurs très convoitables. Une photo punaisée au mur révélait son corps de rêve sillonnant une mer déchaînée par au moins force 22, cambré sur une planche de funboard. Prêt à tout sauf à perdre la main auprès de la jolie Bretonne, il embraya :

— Il est très sensible. Et aussi très influençable, et on veut être près de lui au cas où il ferait des bêtises...

— Vous avez peut-être raison. C'est drôle, cet endroit, c'est à quoi... deux cents kilomètres d'ici ? Et rien ne filtre. Comme si ça n'existait pas. Tout ce que je sais, moi, c'est que c'est interdit aux femmes. Hélas... Ça m'aurait épatée d'y faire un tour... Vous me raconterez ?

Raph acquiesça joyeusement de la tête. Elle avait déjà envie de les revoir. Paul s'étira.

— On va peut-être te laisser t'habiller. On se retrouve plus tard ?

— Appelez-moi vers neuf heures. On peut dire que vous tombez bien. Ce soir, c'est le grand soir.

De retour chez eux, dans l'escalier qui les menait à leur cagibi à 20 € la nuit, une Ghanéenne rose bonbon leur sourit en réajustant son soutif 150 bonnet E. Paul se plongea dans la sieste qu'il avait commencée sur le lit de la Grecque. Sous la douche, Raph sentit que le Tahiti parfum vanille des îles infusait dans toutes les couches de son épiderme. Anticipant les défis de la nuit, il se lava attentivement.

« Les plus extrêmes vont au désert »

La dernière fois que j'avais vu des anges, c'était dans une pub pour une marque de fringues. Paradoxalement, c'est un photographe obsédé sexuel qui les avait shootés, faisant de ces êtres asexués des simulacres de porno-stars, fessus, hanchus, huilés et très membrés. Rien à voir avec les anges d'ici, qui poussaient sur les murs des églises en cachant leur absence totale de sexualité sous leurs six ailes flamboyantes parsemées d'yeux grands ouverts. Une absence de sexualité qui me contamine, on dirait, car depuis que je suis arrivé sur l'Athos, je ne bande plus. Pas même au réveil. Rien de cette érection automatique du matin, quand le corps, détendu pendant la nuit, retrouve pour ainsi dire ses droits procréateurs. Non, rien de rien. Je ne bande plus, je ne pense plus. Je marche. Je marche avec une seule idée en tête, retrouver ce salopard d'Octave. Me retrouver face à face avec celui qui a désertifié ma vie dans ce désert soi-disant peuplé d'anges. Au milieu des senteurs montagnardes et iodées, dans cette végétation folle au parfum d'éden, je me répète les paroles de Basile : « Les plus extrêmes vont au désert. » Ça motive. Je marche à coups de musique aussi, une perfusion sonore provenant des piles Energizer de mon Minidisc Sony.

Après avoir serpenté pendant trois heures le long d'une mer plus qu'accueillante, j'arrive au bord d'un monastère ouvert sur une pelouse sauvage qui descend jusqu'à la mer. Une pancarte en caractères byzantins m'apprend que je suis à Iviron. Je commence à déchiffrer le byzantin. Bon signe. Je suis en phase avec le milieu. Protégée par les traditionnelles murailles, une vaste cour aux pierres mangées de mauvaises herbes accueille une énorme fontaine avec un toit en coupoles comme les kiosques du jardin du Topkapi. Je m'approche pour y prendre de l'eau. L'intérieur de la coupole est tapissé de fresques. Un jugement dernier, dirait-on. Des christs en gloire et des morts plus maigres qu'une cover-girl anorexique se lèvent et marchent. Des diables en bas, des anges en haut. Un monde parfaitement organisé et codifié, fait pour qu'on s'y reconnaisse en un coup d'œil. Je me passe de l'eau sur le visage, me masse les tempes, couvertes de sueur. J'en remplis une gourde. L'eau doit être bénite. Le monastère paraît désert et pourtant, je perçois des chants. Je m'approche de l'église, colle mes yeux aux vitraux multicolores. Rien. Des habits noirs pendent aux patères sous une galerie en ogive. Je traverse la cour. Les mauvaises herbes s'insinuent dans les interstices des dalles. Je m'approche d'un bâtiment de plusieurs étages. Un escalier me conduit à une galerie de bois peint en bleu et vert. Au bout, une porte à laquelle je frappe. Elle s'ouvre en grinçant sur un étrange vieux bonhomme à lunettes, en soutane rapiécée, qui m'accueille avec un grand sourire et une odeur de fauve appuyée. « Welcome », dit-il d'une voix bondissante. A l'intérieur, un bruit du diable. Il semble qu'on ait ajouté la capacité vocale d'une Céline Dion au Zénith à la violence d'un

Joey Starr en pleine session de BOSS sur Skyrock. Deux énormes enceintes Elipson Prestige, flambant neuves, crachent un chant byzantin avec toute la puissance de leurs 2 × 120 watts. Le moine a l'air tout content, frétille sur place dans une sorte de moonwalk. Il me désigne un banc de bois avant de s'éloigner en grognant chaleureusement. Je suis mort, et poser mon sac à terre un moment me paraît une bonne idée. Sous les bras et dans le dos, d'énormes plaques de sueur collent le coton de mon tee-shirt contre ma peau moite. Une douche serait la bienvenue, mais vu l'odeur du moine, inutile de demander la permission de lui emprunter son Tahiti Douche parfum vanille des îles. Il revient en se dandinant avec un petit plateau, qu'il pose devant moi, sur une table basse couverte d'un napperon un peu jauni avec une croix au milieu et les lettres NIKA entre les branches d'une croix en X. Des loukoums. « Cappuccino ? » Je ne rêve pas : il a bien dit « cappuccino ». Je souris et acquiesce du menton. Il sautille vers une petite cuisine, trois marches plus bas. Comme je veux le suivre dans son antre, il se retourne et me désigne le banc où j'étais assis. « You stay there, dit-il, and you wait. » Qu'on imagine un Méditerranéen parlant l'anglais, et l'on se fera une très bonne idée de la prononciation chantante et très « roulée » de mon hôte. Deux minutes après, un véritable cappuccino fumant trône devant mes lèvres ouvertes, impatientes de plonger dans l'écume crémeuse. Mon moine me dévore de ses doubles foyers. La barbe est ronde et blanche, le visage rouge et le nez totalement explosé, bourgeonnant de veinules dilatées au bord des narines. Je comprends immédiatement la raison de cette modification morphologique quand il me propose en frappant dans ses mains : « Vodka ? » L'ouzo semble passé de mode à Iviron. « Very good vodka », lance-t-il en exhibant fièrement une bouteille d'Absolut de son freezer Siemens. Incroyable. Le frère hôtelier d'Iviron est mieux équipé qu'un bobo de l'île Saint-Germain. Je descends deux petites doses de vodka dans le fracas terrible des chants grégoriens distillés par la chaîne hi-fi avant de refuser poliment un troisième petit verre. Le moine s'en jette une demi-douzaine. « I feel so alone here », gémit-il en me fixant de ses yeux ronds comme des billes. Je le sens prêt à me faire des confidences, mais je préfère en rester là lorsqu'il me confesse son passé de boursicoteur à Wall Street, son chalet de Gstaad et ses fêtes avec Orlando. « You know him, Orlando ? » Je n'en crois pas mes yeux. Ça change du père Basile. Un de ces fameux desperados dont m'a parlé Iacobos ? Je picore avidement les friandises enrobées de sucre glace et lui demande s'il a vu passer un jeune Français. « Young ? Nobody young, here, except you ! » Et il se marre, le con. « Everybody dead... » lance-t-il dans un rire de fou. Iviron est un vieux monastère que j'ai soudain un immense plaisir à quitter, les mains pleines de petites icônes plastifiées dont l'ex-trader des années 60 me fait cadeau en se lamentant sur ma décision d'aller au désert. « Crazy people, there, dangerous... » Je remercie et me tire sans chercher à demander des précisions.

*

Changement de décor sur ce qui devrait être le chemin de la Grande Laure. Je marche depuis plusieurs heures et la chaleur commence à se faire épouvantable. Trois heures à ma montre. Au bord d'une plage accueillante, une petite boîte aux lettres sur pied, surmontée d'une croix. A vingt mètres de moi, un moine en robe s'y affaire avec des gestes empressés. Je le hèle. Il se retourne et disparaît dans les fourrés, apeuré. La boîte n'abrite qu'une lampe à huile de verre rouge se consumant devant l'icône d'un cavalier entouré d'une auréole dorée. Je regarde autour de moi. La nature règne en despote. Rien que des massifs touffus d'arbres et le pépiement des oiseaux quand j'éteins le walkman et que je me mets à respirer à fond l'air chargé d'iode qui arrive de la mer. Une solitude cuisante. Je me remets en route, en essayant de ne penser ni à la chaleur ni à la faim. L'alcool et la caféine du golden boy repenti d'Iviron me speedent dangereusement, jouant à la formule 1 dans mes veines dilatées par les quarante degrés de l'endroit. Au-dessus, l'éternelle masse crénelée du mont Athos. Un paternel tout blanc de sagesse qui veille sans broncher sur sa progéniture ensoutanée de noir. On dit que la vue est magnifique de là-haut, qu'on voit du golfe de Salonique au Bosphore. Sous cette chaleur, l'ascension doit être une tuerie. Deux heures après, j'atteins la Grande Laure. *Megistis Lavra* : est un énorme monastère conçu comme un village, entouré de serres, de bâtiments de ferme et bien calé sur ses remparts. Dans l'archondariki du premier monastère de l'Athos, pas d'Absolut, mais seulement la mauvaise humeur d'un moine qui me fout à la porte sans autre choix. Je retourne à mon sentier muletier. Bientôt le soir tombe, et mon moral aussi. J'aperçois en contrebas une petite forteresse ouverte sur un énorme et magistral porche de pierre et de sculptures. J'ai trop soif, et mal aux jambes. A Prodromou, où ne vivent que de pauvres Roumains oubliés du reste du monde, on jeûne. On me donne tout de même quelques olives noires, un oignon cru et un lit de fer dans un dortoir spartiate et froid. Je m'y écroule après un office donné dans une pièce aménagée en chapelle car l'église est en travaux. Un jeune prêtre roumain les supervise. Juchés sur des échafaudages sommaires, une armée de jeunes hommes sans âge, enfants éternels dans leur robe asexuée, dessinent le ventre vide, des journées entières, des vierges d'or et des anges graciles du bout de leur pinceau, en essayant d'imiter les anciens maîtres. Fou, mais guère plus, finalement, que d'aller au bureau tous les jours dix heures par jour, d'enchaîner les club-sandwiches devant un écran muet et de vider toutes les quatre heures un plein gobelet de café arraché à coups de centimes d'euro à une machine insipide. Ici au moins, les visages sont apaisés et ne portent pas les stigmates du stress.

Ma nuit est calme et sereine, sans rêve. Un peu comme si j'avais dormi dans un camp de réfugiés transylvaniens. Le lendemain me voit partir de bonne heure après un dernier salut à Mattéi le peintre. La soutane couverte d'un tablier taché de couleurs éclatantes, il se dresse devant la face de son Seigneur qu'il soigne à coups de pinceaux dorés tous les jours que Dieu fait, dès que le soleil pointe le bout de son nez. Un travail de titan, mais l'église sera belle quand elle sera terminée. Il est fier de la vie qu'il mène, sans compromis, sans péché. Il n'a pas souvenir d'avoir entendu parler d'un jeune Français. Je m'enfonce dans le désert...

*

Le sentier grimpe maintenant très dur. Escarpé, de la folie. La végétation se fait rare et les pierres coupantes sous les semelles. J'ai cru me tordre la cheville un moment, me suis rattrapé à une branche. Des pierres ont roulé et dégringolé trois cents mètres plus bas, pour s'écraser avec un bruit clair dans la mer bleue et frangée d'écume, qui hypnotise comme un miroir magique. Ma douleur à l'aine s'est réveillée. Le souvenir cuisant d'un match de foot sanglant contre un conglomérat de Portugais, d'Espagnols et de Sénégalais du Neuf-Trois, autoproclamés le « Reste du monde ». Un avant-centre black avec des cuisses comme des pylônes de télésiège capable de sortir un amorti de la poitrine dos au but et une reprise de volée instantanée tout en extension. C'est sur ce coup-là que je me suis déchiré, le corps partant à droite, dans un superbe plongeon, la main droite tendue et ouverte en direction du ballon, le réflexe rapide mais un peu trop pour les muscles mal échauffés. Résultat : un bon claquage, les adducteurs en miettes, et la première place du championnat corpo d'Ile-de-France définitivement compromise. Tout ça est tellement loin. Je crois bien que Faustine était venue me voir, ce jour-là, fière de son gardien de but héroïque. Je m'arrête trois secondes pour me masser le muscle. Faut que ça tienne. Au-dessus de ma tête écrasée de soleil, quelques mouettes, supersoniques non polluants, piaillent en traversant le ciel.

*

La marche est de plus en plus ardue, sans autres garde-fous que la mer et le ciel, qui se confondent sans frontière perceptible à l'œil nu. Un monde intermédiaire. Pas vraiment sur la terre, et peut-être déjà dans le ciel. Je continue à grimper. La végétation retrouve peu à peu ses droits sur l'homme. Une petite forêt m'offre un peu d'ombre. Un peu d'eau bénite tirée de ma gourde sur mon visage. Je me sens en apesanteur. Délivré de tout. Bientôt face à lui. Courage.

Je m'arrête encore, pose mon sac, étourdi. Pas tant la vodka que l'immensité qui déroule à perte de vue son tapis uniformément bleu. A deux heures d'une métropole européenne, le désert s'offre dans un silence total. Une légère brume sourd de la mer et gravit la falaise. Un goût de bout du monde. Une terre fragmentée en une pluie de pierres coupantes que le soleil blanchit à force de cogner. Le rien. Le rien qui éblouit. Le rien qui vous renvoie plus bas que terre. Je déplie la carte. L'anse de Kafsocalyvia se trouve à huit kilomètres au sud. Deux heures de marche à un bon rythme.

La chaleur et le ventre vide commencent à faire mauvais ménage. Pas une goutte d'ombre, le soleil au zénith, et c'est tout.

Est-ce que vais crever ? C'est peut-être ça le but vers lequel on m'envoie. Une belle mort. Simandre a flairé le loser, le type qui rate sa vie, et a voulu lui offrir une belle mort. Octave est peut-être mort lui-même, bouffé par les sternes et les cormorans tout en bas, l'abdomen ouvert par la pointe d'un rocher tranchant. On va se rejoindre dans la mort, nous qui nous étions souvent rassemblés dans la baise et l'ennui, dans la nostalgie facile et ridicule des grandes époques où on vivait avec panache. Comme la plupart de nos contemporains, on était à la fois inadaptés et inutiles. Les souvenirs défilent, les réveils au piano où je lui jouais du Chopin pour qu'il se bouge enfin et débarrasse mon appart de la fille qu'il avait ramenée et qu'il m'avait forcé à baiser avec lui. La fille ne comprenait pas, rigolait comme une conne, demandait un café. Octave sortait alors un cutter et rigolait comme un fou en la menaçant. Elle prenait peur, se tirait avec ses fringues, encore à demi nue. Il était content de sa blague, prêchait le retour à la barbarie, m'entraînait gaiement sur la mauvaise pente. Qu'est-ce qu'on pouvait faire d'autre ? Passer nos diplômes chaque année comme des grands ? On le faisait. Travailler pour payer nos études ? On le faisait. Mais on se foutait bien d'avoir un métier. Il me racontait qu'au rythme où un type lambda travaillait, rentrant chez lui le soir trop vanné pour faire quoi que ce soit, il ne vivait même pas le quart de sa vie. Cinq semaines de vacances par an, qu'il passait à se reposer, ou à partir en voyage si c'était un mec qui se bougeait le cul. Mais du coup, pourquoi revenait-il ? Pour se repayer des vacances, alors qu'il aurait pu se tirer pour la vie entière ? Tout ça, c'était que des conneries ; on allait de fête en fête, il me bouffait la tête avec ses lectures d'aventurier. Conrad, Monfreid, et tous les autres déglingos l'avaient intoxiqué. Il nous restait pourtant quelque chose à faire. Aimer. J'avais rencontré Faustine ; lui, personne. Enfin si, tout le monde. Mais on ne peut pas aimer tout le monde.

Je me suis allongé sur les pierres brûlantes. Un apprenti fakir sur sa planche à clous. J'avale une gorgée d'eau pour tenter de remonter la pente. Comme je suis, là, je ne réponds plus de rien. L'eau d'Iviron a un goût bizarre. Celui de l'eau bénite ? J'en sais rien, je ne suis pas baptisé. A moins que le moine trader m'ait mis un truc dedans.

C'est l'enfer. Je crois que j'ai des hallus. Faire gaffe à ma cuisse, aussi. Surtout, ne pas forcer.

Il y a eu Faustine, donc. La belle Faustine aux jambes bronzées, à la fente humide que j'allais lécher entre deux rochers dans une île du Morbihan. La maison de famille. On avait invité Octave. Pas question qu'il la touche, celle-là. Elle était à moi, c'en était fini de nos petites baises en famille du temps de la fac. Alors il allait se finir avec les insulaires, des nanas déglinguées pour cause d'unions consanguines consommées depuis des générations. De vraies tarées dont les pères se tiraient dessus au fusil de chasse tous les 14 juillet et les 15 août, quand les taux d'alcoolémie franchissaient la barre de ce que leur sang fraternel et appauvri pouvait supporter. Octave pouvait aller au diable. Je restais des nuits entières chevillé au ventre de ma Faustine, un second cordon ombilical qui nous faisait mourir de plaisir. On restait pendant des heures à se regarder au fond des yeux pour être sûrs qu'on ressentait la même chose au même moment. On jouissait comme des fous, dans une générosité inouïe. Peut-être que ça le foutait en rogne, ce con. Peut-être. C'est pour ça qu'il avait déconné. Et elle, alors ? Pourquoi m'avait-elle fait ça ? C'était tellement facile... T'inquiète, je suis là, on va s'expliquer. C'est pas pour rien que je suis venu sur cette putain d'île aux moines.

*

Encore allongé sur ce foutu plateau. Mon cerveau vomit toute la merde qu'il a emmagasinée depuis des lustres. C'est peut-être ça l'effet désert, la purification, le chemin de la sainteté. Faustine et ma langue d'amoureux qui défronce sa petite fente au goût salé dans les ruines d'un château du Tarn pour un week-end cathare. Les cathares, les « purs », en grec. Nom de Dieu. Les pauvres purs que nous étions. L'ombre d'Octave planait déjà. Un samedi soir en Normandie, dans ses terres. Une vieille ferme à moitié démolie par les bombardements de 44, qu'on n'avait jamais réparée parce qu'on voulait que les cicatrices se voient bien. Il n'avait pas invité Faustine. A cette époque, je pensais qu'il ne l'aimait pas beaucoup. Je m'étais baladé dans le soir qui tombe, avec les aboiements des chiens tout autour et le coassement des grenouilles dans les mares pleines à craquer de têtards voraces. Le retour et le spectacle d'Octave, au fond du vieux canapé de velours défoncé, chialant comme un môme devant les films en super-8 qu'il se projetait à même le mur, et où on le voyait, lui, à quatre ans, courant à poil, blond et bronzé, sur le sable de la plage d'en bas. Cette nostalgie de l'enfance qu'il trimballait et qui le travaillait au corps depuis tant d'années. Il se les passait en boucles dépressives, ces films tournés par son père mort. Il s'était suicidé. L'exploitation familiale battait de l'aile. La mère avait tout vendu, sauf la maison, avant de devenir à moitié folle.

Lève-toi, mon gars. Lève-toi. Je me sens vidé. Mes muscles brûlent. Le soleil tourne ou alors c'est ma tête, pleine à exploser. Le vent du large secoue un peu cette frange de souvenirs lourds comme une couche d'hydrocarbures. Je suis tout au bord de la falaise. De là-haut, peut-être cent mètres, l'écume mousseuse se fracasse contre les rochers dans des éjaculations d'une violence folle. Et si tout s'arrêtait là ? Quand je regarde ma vie, je vois un champ de ruines. Un jeu de massacre. Hiroshima avec tous ses détails, la peau des habitants qui se décolle en live des visages énucléés, atomisés. J'ai tout raté, sans panache. Henri de Monfreid peut aller se branler en mer Rouge. Si ça se trouve, Octave n'est même pas sur l'Athos. Il se roule peut-être des pétards à Goa. De toute façon, Octave en moine, désolé, j'y crois pas. On me la fait pas, les gars. Devant moi, la mer, la mère, la matrice, illimitée, illuminée, m'ouvre les bras. J'ai tellement de conneries dans ma tête que je pourrais en équiper des générations et des générations de gamins. Avant même que la télé ne s'en charge. Tant mieux, d'ailleurs ; l'intelligence n'amène que des maux. Ayons des œillères, aveuglons-nous. Soyons décérébrés, ça vaudra mieux pour tout le monde. Je branche mon walkman. Vas-y, remue-moi les neurones, fais battre mon cœur, je ne sais même plus s'il existe. Le vent s'est levé. Comme dans les tubes littéraires de F.-R. de Chateaubriand. Lâche l'affaire, Gabe, lâche l'affaire. La mer t'ouvre les bras. Rien qu'un geste, finalement, et tu t'en iras rejoindre les flots bleus et ces rochers qui t'ouvriront les tripes comme un bistouri géant. J'augmente le volume de la musique. Vas-y, envoie tout au diable. On t'a assez fait de mal comme ça.

Alors c'est vrai ce qu'on dit, que le film de votre vie passe en accéléré sur l'écran de votre cervelle quand vous allez clamser ? Dans ma jeunesse, j'ai toujours voulu être un ange. Mais je savais que si j'en devenais un il serait forcément déchu. Alors le plan est parfait et ma position idéale pour le crash après l'envol. Je ne veux plus être *cool*. Je veux plus consommer comme les autres. Je laisse derrière moi 893 €, un DEA de cinéma expérimental, des litres d'alcool, de fumée, de sang, de sueur et de sperme, et un seul amour. Un vrai de vrai, qu'on m'a enlevé par traîtrise et lâcheté. J'ai décidé que le mauvais film allait s'arrêter là. Le vent plaque mon tee-shirt contre mon torse musclé à coups de pompes et d'abdos depuis qu'une fille m'a dit quand j'avais dix-sept ans que je n'avais pas assez de pectoraux. Le vent de la mer Egée offre une résistance à mon corps. En m'avançant dans le vide, j'ai l'impression qu'il me retient encore. Mes larmes coulent le long de mon visage et donnent un goût de sel à mes lèvres. Fallait vraiment être con comme ce salopard de Voltaire pour sortir : « Le paradis est où je vis. » Je vais tomber par terre et ce sera la faute à Voltaire. Où je vis, c'est l'enfer. Affreusement banal, comme le malheur d'être un médiocre. L'écume en bas jaillit comme un sperme en fusion pour ma nouvelle naissance. Le volume est à 10. Le maxi. Parce que le vent a tendance à couvrir les accords de guitare et la voix exténuée du chanteur. J'ai tout raté et je crois pas en Dieu. C'est dire comme je suis mal barré. Alors je vous tire mon chapeau, et puis ma révérence. Ciao, les mecs, ciao, Faustine, et va te faire foutre, Octave. Cette fois-ci je saute, et j'ai pas envie de contrôler ma descente. Bisous.

Les nuits chaudes de Salonique (1)

A une heure du matin, un taxi les jette à la périphérie de la ville. Un ancien entrepôt reconverti en club tendance : Le Rouge. Des cerbères blacks en cuir forcément rouge, fin prêts pour un match de catch, embrassent Mélusine sur les deux joues. Les bises claquent sur la peau mate avec un bruit sec. Quelques mots en grec et des rires gutturaux. Ils passent sous un porche fait de néons, rouges aussi. L'antre de la débauche nocturne est monumental, entièrement tapissé de rideaux rouges éclairés par en dessous de spots rouges, parsemés de tables basses et laquées, rouges, de banquettes, rouges. Partout, une ambiance de labo photo, étouffante et aveuglante. Ils peinent à trouver une place. Les gens sont assis sur des lambeaux de moquette. Etalés, ils boivent et fument. Mélusine retrouve des amis. « Ça tombe bien, c'est Jesus et Mario, les Espagnols dont je vous ai parlé, ceux qui reviennent du pays des fous de Dieu. » Elle n'a pas le temps de les présenter. Les Espagnols ont déjà disparu sur la piste, à la recherche d'un plaisir immédiat. « Vous inquiétez pas, ils vont revenir. » Paul émet une remarque :

— Ils s'appellent Jesus et Mario, et ça s'est mal

passé pour eux chez les saints ? Qu'est-ce qui nous attend, nous ? ironise Paul.

Raph tempère :

— Tranquille ! T'as le nom d'un évangéliste, et moi d'un ange. On a tout bon de ce côté-là.

Mélusine ne relève pas :

— C'est pas plus mal si vous pouvez choper quelques infos.

— Comme savoir dans quel monastère vaut mieux pas traîner. Je veux garder ma virginité pour l'homme que j'aime... raille Paul.

— Tu dis trop de conneries, Paulo.

Raph se laisse hypnotiser par les dents de Mélusine, aussi blanches que le plumage d'une mouette sauvage du Morbihan. Oscillant sur de hauts talons rouges, une serveuse aux mèches rouges s'approche : RED IS BEAUTIFUL est-il écrit en noir sur son mini-tee-shirt rouge qui laisse voir son nombril orné d'un grenat. Mélusine commande un bloody mary ; Raph, une vodka tonic. La serveuse murmure un « ??? » de ses lèvres colorées au rouge à lèvres. Ça veut dire non. « Seulement des alcools rouges », explique Mélusine. Il opte pour une vodka orange sanguine. Ça a l'air de convenir. La serveuse s'éloigne. Sur le dos du tee-shirt : I LOVE SNUFF-MOVIES.

— Et pourquoi du rouge ? demande Raph, en graphiste préoccupé par le sens des couleurs.

— Parce que ça excite ! jubile la Bretonne qui plonge ses lèvres dans son bloody mary. Raph avale sa salive. Il commence à avoir bien envie de laisser tomber les hommes à soutane.

Au-dessus de leurs têtes s'étalent des photographies. Un catapultage de sujets inattendus sans autre lien que la tonalité rouge des sujets, du flanc de taureau frappé à mort par l'acier d'une banderille à cocarde écarlate, dégoulinant de sang poisseux, jusqu'au hiératique défilé de cardinaux en plein conclave. La boîte est pleine à craquer.

— Visiblement, moins vous laissez le choix aux gens, plus ils adorent, commente pour lui-même Paul qui, manquant d'objectif, manque du coup d'enthousiasme. Pourvu que ça ne recommence pas comme à Saint-Trop, gémit-il en matant les murs d'écrans qui diffusent des clips en noir et rouge.

Il songe à Gabriel, qu'on est peut-être en train d'endoctriner. Raph, très épris mais solidaire quand même, s'approche de son ami et pose un verre devant lui :

— Ça va pas ?

— Si si, mais faudra pas rentrer trop trop tard. On part tôt demain matin.

— Je sais bien. Mais on en profite quand même un peu, non ? C'est notre dernière soirée : dès demain on est chez les moines. C'est pas là-bas qu'on retrouvera ça.

— Ah bon ?

Raph lui pose la main sur l'épaule.

— Pas d'ironie, je te prie. Bois ça, ça va te décrisper.

— Merci. C'est juste que je pensais à Gabe.

Raph lui pose l'autre main sur l'épaule et le regarde au fond des yeux :

— T'inquiète, demain on est là-bas. En deux jours c'est plié.

— On sait même pas où aller.

— C'est ridiculement petit. Une vingtaine de monastères. On aura vite fait le tour.

Paul jette un coup d'œil sur le verre qui pétille, vaguement rouge.

— C'est quoi, ce truc ?

— Vodka-redbull. Taurine, caféine, vitamine. Ça va te réveiller.

— M'ouais. J'ai pas envie de trop traîner, ce soir. Faut pas qu'on rate le bus.

Raph hausse les épaules et disparaît.

— Va te faire foutre, murmure Paul, qui porte le verre à ses lèvres.

A partir de là, rien n'est plus pareil. Raph a disparu. Paul le cherche des yeux et ne le trouve pas dans la foule compacte qui bouge avec le rythme. Son pouls s'accélère peu à peu. Autour tout est rouge. Le sang monte à la tête. Dopés par les basses électroniques, les corps se déchaînent sur les centaines de mètres carrés de l'entrepôt. Les étoffes rouges des serveuses esquissent des mouvements de cape autour de sa tête, l'aveuglent, font affluer le sang dans ses yeux. House-trip-hop-rock-fusion-dub-rap. « C'est l'une des dernières soirées de l'année, leur a confié Mélusine. La fin des exams. La semaine prochaine, c'est les résultats. Re-fête, et tout le monde rentre au pays rejoindre papa-maman. Dans dix jours, Thessa est vide. »

Déjà deux heures et demie. Le DJ crève le plafond, les tympans et les inhibitions. Ce soir, la jeunesse européenne fout le camp en beauté. Sur les tables rouges, les bouteilles vidées s'entassent, vacillent, roulent sur le sol de béton rouge. Les langues rouges se cherchent sur les banquettes rouges. Les bustes survoltés et gonflés des filles se cambrent et offrent à la lumière enveloppante des spots rouges des ventres perlés de sueur et des culs brûlants. « Saloperie de truc », se dit Paul en se tâtant la poitrine. Il repose son verre sur la table. Ce n'est plus un cœur qu'il a, mais la batterie complète d'un groupe de hardcore. C'est le deuxième cocktail taurin qu'il s'enfile. Trop tard pour y penser, maintenant. Il se lève et se dirige vers la piste. Pas trace de Raph. Il est au milieu maintenant, en plein épicentre sonore, dans l'œil du cyclone. Il regarde les filles qui tourbillonnent, leurs seins gonflés comme des gros fruits prêts à éclater, cheveux courts cheveux longs, les bras couverts de bracelets, et les mecs en phase avec le rythme, mordus jusqu'au sang par les vibrations électroniques. Un brun à lunettes gesticule comme sous électrochoc, les yeux égarés. Il s'écroule, la bave aux lèvres. Paul jaillit et le réceptionne. Aidé par deux types, il le pose sur une banquette. Un autre s'approche, les cheveux fixés en piquants de hérisson à grand renfort de brillantine, un débardeur lamé argent sur le torse. « Forget it ! » dit-il, en poussant du coude le Français. A côté de lui, un rire électrique jaillit. Une grande blonde en robe noire à bretelles, des serpents dans les cheveux, se contorsionne. Paul cherche des mains la banquette, s'y écroule de tout son poids, prend sa tête dans ses mains. « On déconne, là, Raph ; on déconne salement », murmure-t-il. On lui passe un joint. Il refuse de la tête, sent de mauvaises ondes autour de lui. La lumière d'un stroboscope puissant éclabousse un millième de seconde un tableau rouge et or accroché dans un angle. Il a cru voir un ange, un glaive de feu dans le poing droit. Une sorte d'icône. C'est un signe. Il pense à Gabriel, tout seul là-bas, et commence à s'énerver, à se dire qu'ils auraient mieux fait de dormir bien sagement à leur hôtel. Il ne sait pas pourquoi, mais se sent fiévreux, consulte, paniqué, le cadran de sa montre. « Trois heures, putain. » Ça tourne dans sa tête, pulse dans ses veines. Son cœur vire à l'accélérateur de particules. Il visualise très bien le truc, les globules gorgés de taurine qui se pulvérisent sur les parois de ses veines dilatées. « Cette taurine, quelle connerie ! » Exaspéré, il se lève, implore son cerveau de le mener vers les chiottes. Marche d'un pas électrique vers la piste, avise du regard les deux Espagnols, appuyés contre un pilier, en pleine discussion avec deux filles pas mal du tout. Paul s'avance. Maintenant ou jamais. Il doit leur parler et savoir ce qui s'est passé là-bas. C'est drôle, il a l'impression que c'est complètement décisif, qu'ils vont se retrouver dans la merde s'il ne leur demande pas ce qu'il s'est passé, qu'un truc vraiment chiant va leur arriver. Presque une question de vie ou de mort. Alors il tape sur l'épaule du premier. L'autre le dévisage avec de grands yeux. « It's you who come back from Mount Athos ? » On n'entend rien, forcément. Alors Paul rassemble ses souvenirs, et gueule : « Eres tu que vienes del Monte Athos ? » L'autre hausse les épaules, fait signe qu'il ne comprend rien, qu'il est désolé. Il répète : « Athos ! » et fait un geste pour évoquer une barbe, et une soutane. L'autre roule des grands yeux : « Locos ! Crazy ! » Paul braille. Le rythme s'amplifie et martèle ses tympans. Les filles ondulent de la croupe, négligemment, mécontentes d'être interrompues. Le second Espagnol dévisage Paul et ouvre la bouche pour crier : « Don't go there ! » La musique est trop forte. Paul sent son sang pulser dans ses oreilles. Le premier Espagnol fait un signe de la main, le pouce à l'envers : « Very bad place ! — No te oigo ! » répond Paul. La plus grande des deux filles prend la tête de l'Espagnol entre ses mains et lui roule une énorme pelle de sa bouche écarlate. Paul recule, lâche l'affaire. Il vient d'être zappé. Merde ! Maintenant il flippe tout seul. Il fait une chaleur à crever ; et pas trace de ce con de Raph. Paul sent qu'il a raté un truc fondamental. Il a envie de pisser ou de vomir, il ne sait pas, traverse la salle, arrive à un escalier, qu'il descend. Dans les chiottes, blindées de monde, des types s'échangent les cachets de rigueur. Les grandes glaces sont couvertes d'une buée malsaine. Une fille et un mec sortent d'un réduit puant l'urine et le foutre. Le mec sourit comme à la montée des marches, à Cannes, pousse devant lui son trophée de seize ans à peine. Paul tourne la tête, s'approche d'un urinoir de métal chromé et se vide la vessie avec un frisson de plaisir. Il constate la pâleur de son visage dans le miroir qui le dévisage. La sueur court sur son front et ses tempes, ses yeux sont injectés de sang. Le red bull, maintenant c'est lui. Ses pieds pataugent dans deux centimètres de pisse. A côté de lui, un blond secoue sa queue en rythme, une clope entre les lèvres, et le mate de ses yeux plissés par la fumée. Il lui sourit. « Enculé de pédé », murmure Paul qui perd les pédales. Il sent qu'il n'est pas comme d'habitude, vaguement instable. Ici, la techno fait un magma sonore, seules les basses pénètrent les battants de métal. Ça pue l'étuve et l'urine. Son sexe est un nerf à vif, pissant l'électricité en courant continu. Il termine, se rhabille et passe ses mains sous le filet d'eau qui jaillit d'un robinet en forme de pénis. Des coups violents résonnent contre la porte d'une cabine. On crie. Paul actionne la poignée. « Fuck you ! » dit une voix de l'intérieur en rabattant brutalement la porte. Il a le temps d'apercevoir le cul blanc d'une fille, les mains appuyées sur la cuvette, la petite culotte recroquevillée sur ses chevilles comme un fœtus avorté, et un type derrière. Paul sent qu'il a envie de vomir. Lui qui se moquait du pauvre Gabe, le soir où il avait invité la poupée siliconée ! Il doit payer ça en ce moment. Il faut qu'il trouve une cabine libre. Maintenant. Justement un type émerge. Il le bouscule et s'enferme. Là, il se courbe en deux et crache ses tripes avec douleur. Sa bile le brûle, lui incendie l'œsophage. Il se redresse. Appuie de toutes ses forces sur la chasse d'eau, sort du tombeau. Dehors, il boit un peu d'eau au robinet, considère avec dégoût le pénis sculpté, s'essuie la bouche d'un revers de la main, et pousse la porte à battants. Côté filles, on fait la queue. Les regards fusent et les croupes rebondissent. La plupart ne portent qu'un haut de maillot. Paul s'apprête à remonter les escaliers. Une fille en robe rouge lui bloque le passage. Ils se croisent et se regardent. Blonde, cheveux courts en bataille. Des yeux gris qui le frappent, des épaules athlétiques. Son pouls s'accélère encore, ses pores se dilatent un peu plus. Il s'arrête pour la laisser passer, la fille le bouscule quand même au passage. Il croit l'entendre rire mais n'est plus sûr de rien. Retour dans la tourmente. « Faut que je trouve Raph. Faut qu'on se casse. » On lui barre le passage. Sanglé dans une paire de cuissardes de latex écarlate et un justaucorps de résille, un type le regarde en souriant, la bouche peinte, les cheveux longs et noirs, les yeux noyés d'excitants. « Do you want me ? » Il agite sa langue, obscène. Paul le repousse violemment. L'autre glisse sur ses talons et s'écroule au sol en hurlant d'une voix suraiguë. Paul presse l'allure, regarde de tous les côtés. Il aperçoit enfin Raphaël, renversé sur une banquette et penché sur Mélusine, une main dans ses cheveux comme dans la pub Suchard « Il faut bien s'essuyer les mains quelque part », pour laquelle son ami a reçu un Lion d'or. Il sent l'agressivité monter en lui, le saisit par le bras et hurle :

— T'étais où, putain ?

Raph sourit de toutes ses dents, la mine éclaboussée d'excitation, des flammes dans les yeux.

— T'étais où, merde !

A côté, Mélusine, dont le décolleté laisse voir une croix d'or, rajuste la bretelle de son Wonderbra et se lève. Raph arbore un sourire extatique, trop long pour être naturel.

— T'as pris quoi ?

Il le secoue. Raph se libère, énervé.

— Lâche-moi, bordel. Je suis où je veux et je prends ce que je veux, d'accord ?

— Raph, on se casse demain de bonne heure. On doit retrouver Gabe !

— Je m'amuse, OK ?

Raph s'empare d'un verre et le porte à ses lèvres. Paul ironise :

— T'es sûr que c'est le bon groupe sanguin, au moins ?

La voix de Raph est de plus en plus traînante :

— Fais pas chier, Paul....

Paul s'énerve. La taurine ventile à plein pot dans son organisme :

— Fais gaffe, Raph. Y a qu'un départ demain matin !

L'autre secoue la tête :

— Relax ! On n'est pas à demain !

Paul lève la tête. Il sent qu'ils n'auraient pas dû venir ici. Il sent d'autres trucs aussi. Que Gabe est tout seul. Qu'il y a Octave au bout. Que c'est pas bon, pas du tout bon pour Gabe, ça. Qu'ils ont déconné quelque part. Qu'ils ne sont pas prêts. Qu'ils n'ont pas pris ça assez au sérieux. Il laisse tomber Raph, lève la tête, aperçoit la fille de l'escalier qui traverse le champ des plantes humaines courbées par le vent déréglé du rythme, main dans la main avec Mélusine. Sa robe rouge sans bretelles expose une bonne partie de son corps dénudé aux flammes des néons. « Je vous présente Katia », dit Mélusine, qui se plante devant eux. Paul se retourne. Katia sourit. Des dents aiguës, les yeux gris sont plus froids que jamais. Trois heures et demie du matin. Ça va trop vite pour lui. Le bus de la compagnie KTL part à six heures trente pour Ouranopolis. Raph se lève. Paul a le temps de lui dire : « Je t'en supplie, sois à l'heure demain pour le bus. — Mon bus, c'est celui-là, répond Raphaël en désignant Mélusine du menton. Et c'est maintenant que je le prends. » Sur le mur, une nouvelle gerbe de lumière stroboscopique fait frémir l'ange au glaive de feu qu'il a aperçu tout à l'heure. « J'ai un mauvais feeling », se dit Paul. La taurine pulse comme une folle dans ses veines.

*

95, Vassilissis Olgas. Cinq heures du matin. Les deux lits simples ont été rapprochés. Le corps long et brun de Mélusine repose sur le ventre. Jolie ligne de hanche. Courbe des reins à croquer. Trois grains de beauté en forme de triangle équilatéral sur l'omoplate gauche. Raph enfile son jean, sa paire d'Adidas, son tee-shirt lourd de sueur. Deux capotes jonchent le sol. Il a les lèvres barbouillées de cyprine, la bouche pleine de l'odeur de son corps sucré. Avec la dernière éjaculation, Raph a retrouvé ses esprits. Gros mal de tête. Elle a promis de l'attendre. En Bretagne, ils feront du laser, un petit bateau à voile ultrarapide qu'elle maîtrise à la perfection. Il pose ses lèvres brûlantes dans le creux du cou de la sirène bretonne, cherche les lèvres humides, écrasées comme un fruit mûr contre le drap frais. Dehors, le ciel est noir, bien trop pollué pour accueillir des étoiles.

*

Derrière Le Rouge, Katia contre la tôle, torse nu. La robe rouge à terre comme une flaque de sang. Après une autre vodka-redbull, Paul s'est résigné à se laisser absorber. Au diable le reste. Elle le veut comme ça, sentir le froid de la tôle sur sa peau nue. Deux seins ronds qu'il prend à pleines mains. Les dents qui grincent. Les mains sur la tôle, elle danse sous le ciel sombre, remue ses fesses charnues soulignées par l'élastique du Calvin Klein. Les réverbères se prennent pour des étoiles. Les basses passent à travers la tôle. Le DJ joue *Kool Rock Bass* des Lo-Fidelity Allstars. Paul a l'oreille pour ça. L'endroit est désert. Un passage étroit entre deux entrepôts, envahi d'herbe folle gorgée de rosée. Katia se penche davantage, cambre ses fesses de nageuse, que peu à peu Paul, en automate, met à nu. Le string noir glisse sur les hémisphères musclés. Paul perd le contrôle. Le sexe de Katia est mouillé comme les tables tachées d'alcool du Rouge. Paul ne contrôle plus rien, n'entend même plus la musique. Seul son sang dans ses tempes et les basses qui martèlent la tôle. Katia l'entraîne, elle est plus forte que lui. Il se coule dans son rythme à elle. Elle dit : « Come on », agressivement. Tend son cul davantage. L'engueule, presque. En avant et en arrière, l'esprit de Paul chavire et quitte Salonique. Dans un éclair, Paul voit Dieu, avant de s'évanouir, de plaisir d'abord, et de fatigue ensuite, la gueule dans l'herbe gorgée de rosée. Il ne la reverra jamais.

Anachorète anonyme

Face à la mer sur un banc de bois. Une microterrasse de quatre mètres carrés me sépare de la chute. Si je lève la tête, je vois le rempart de la falaise. Je stationne à mi-chemin, dans le ciel, maintenu à la vie par cette terrasse d'herbe brûlée où pousse un olivier penché vers la mer qui a l'air de plonger ses racines dans la roche elle-même. Une canne à pêche aussi, pour attraper quelques protéines animales les jours de fête, et quand la mer le permet. Le thé me fait du bien. Il calme un peu ma faim.

J'avais marché vers le vide. On m'avait saisi par le col comme un vulgaire chaton, et balancé par terre. La silhouette me dominait de toute sa hauteur. Dans le contre-jour, je ne voyais que la forte stature, les mèches de cheveux qui volaient dans le vent et les pans d'un habit comme les ailes d'un ange ou l'imperméable d'un marshall dans l'Ouest américain au moment du duel. Sauf que pour moi le duel était perdu. Je plissais les yeux pour éviter la réverbération du soleil sur les pierres et distinguer mon sauveur. Il a pris mon sac sur son épaule sans un mot. On a longé la falaise pendant un petit quart d'heure avant de suivre un sentier qui descendait vers la mer, entrecoupé de petites marches de pierre. Ensuite, le sentier s'est disloqué entre les crevasses. Le moine allait un train d'enfer, le sac à dos à l'épaule comme s'il se fût agi d'un oreiller de plume. Mon vieux vertige m'a repris. Cinquante mètres plus bas, la mer, mauve et bouillonnante, rongeait la pierre et mugissait en pénétrant les failles de la falaise. Je me suis arrêté, des fourmis atroces grouillaient dans les fibres de mes muscles, je tremblais comme une feuille sur le point de se décrocher de sa branche par un vent d'automne un peu trop fort pour elle. Le moine s'est retourné. J'ai vu ses yeux me cracher dessus et j'ai eu honte de mon vertige. J'ai repris la descente, par paliers successifs, pratiquement en rappel, en m'aidant de cordes fixées à des pitons de métal solidement arrimés dans le mur de pierre. Comme il le faisait, lui. J'avais peur que tout cela ne lâche. A trente mètres de la mer, nous avons atteint un toit de tôle – la vue dantesque a manqué de me faire vaciller. Une échelle de bois, à côté d'une citerne rouillée qui récupérait l'eau de pluie par un système de gouttières, nous a menés à la fameuse terrasse. J'ai respiré à fond.

Il n'avait pas de nom. Traça dans la terre quatre lettres quand je le lui demandai : A,N,O,N. Comme Anonyme. Les yeux bleus délavés comme les jeans des années 80. Les cheveux et la barbe encore sombres, mais emmêlés par l'iode et le vent. J'attendais l'odeur animale quasi suffocante d'un prisonnier du Moyen Age qu'on aurait laissé mariner dans son jus au fond d'une oubliette. Mais rien de ça. Le type sentait la peau de bébé. J'étais en présence d'un des derniers ermites d'Occident et j'avais la honte de ma vie. Le suicide est le péché le plus grave puisqu'on s'arroge les droits de Dieu de défaire ce qu'Il a fait. Et même si je n'aimais pas le mot, c'est bien ça que j'avais fait, une putain de TS. On pouvait l'excuser par le changement brutal, la faim ou le soleil, mais l'acte restait, et je savais pas quoi dire à Anon. Demander mon chemin ? Expliquer ce que je faisais ici ? Le royaume d'Anon était minuscule mais c'était déjà beaucoup d'être parvenu à organiser les moyens de sa survie dans cet environnement inhumain. La cabane se prolongeait dans une caverne sentant l'église, embaumant l'encens et la cire, avec une paillasse, une petite table de bois, des crucifix brillants accrochés au mur par des clous rouillés, des icônes vieillies et patinées par l'air salin qui filtrait par les interstices des planches de bois. Quelques bougies, posées dans des niches pratiquées à même la roche, maintenues debout par leur propre cire. Il y avait aussi un réchaud à gaz, une casserole. Des cageots d'oignons et d'autres légumes, une planche servant d'autel, recouverte d'un napperon jauni où reposaient une coupe de vermeil patiné et un broc de terre noir. Dans un coin, près de la porte, quelques outils pour cultiver. Autour de la maison quelques cultures en terrasses, un exploit étant donné le vent qui venait en permanence de la mer et le soleil qui devait plomber sans clémence et douze heures sur vingt-quatre les pauvres plantes qui essayaient de croître ici. Le soir tomba vite. Anon m'a montré ma couche, une couverture de laine prélevée à sa modeste literie. Il est sorti, a fermé la porte. Je me suis enroulé dans la couverture et me suis écroulé, nerveusement fauché, dans un sommeil que le bruit des vagues moutonnantes et le souffle du vent ne sont pas parvenus à empêcher. Loin de là ; ça faisait même comme une berceuse.

*

Des murmures me réveillent. Je soulève les paupières, une clarté douce envahit mes pupilles encore rétractées. Les lampes rayonnent, les mèches des bougies grésillent dans le vent. Une cassolette fume et répand un puissant encens dans la pièce. La grotte est orange et parfumée. Sur le mur, la Vierge s'est réveillée et prend des tons d'or en fusion. Ses yeux s'ouvrent, des amandes parfaites, et ses lèvres semblent murmurer des paroles d'amour à son amant prosterné devant elle, le front contre les planches de bois, se signant, se prosternant à nouveau, face contre terre, dialoguant avec elle dans une langue que je ne reconnais pas. Des syllabes dures, qui roulent et déchirent le silence nocturne uniquement peuplé jusqu'ici par les sanglots de la mer. Je me frotte les yeux. Le vent, filtrant par les interstices du bois, fait vaciller la lumière des cierges. Il me semble voir la femme bouger, l'entendre respirer. L'ermite s'avance devant elle, colle ses lèvres sur les siennes, se recule comme pour mieux s'émerveiller de sa beauté, se signe en psalmodiant un cantique d'une beauté grave. J'entends sa voix pour la première fois, un murmure qui répond à celui de la mer et du vent. Il s'approche des sources lumineuses, souffle sur les mèches. L'obscurité revient d'un coup. Anon ouvre la porte et disparaît dans la nuit. Je me débarrasse délicatement de ma couverture, les membres ankylosés par la dureté du sol et l'humidité, et me dresse sans bruit. J'entrouvre la porte, à pas feutrés, passe la tête par l'ouverture. Le parfum de l'air marin vient couvrir celui de l'huile et de l'encens. Dans le ciel d'encre brillent une myriade de têtes d'épingles lumineuses. On aperçoit la Voie lactée, étendue de tout son long comme une femme rassasiée d'amour. Le flux et le reflux des vagues qui battent le pied des rochers, vingt mètres plus bas, équivalent au silence. Assis sur le petit muret qui surplombe le vide, tourné vers la mer, Anon a la tête baissée et les mains posées sur les cuisses. Le vent m'empêche d'entendre. Soudain celui-ci se tait. Je tends l'oreille. Rien. Je décide de rester. Le cadran de ma montre affiche quatre heures. Trois quarts d'heure après, je lâche prise. Anon n'a pas bougé d'un pouce, la tête toujours inclinée vers son nombril. Je rentre.

*

J'ouvre les yeux alors que le soleil frappe déjà de plein fouet le minuscule royaume de l'ermite. Dehors, à flanc de falaise, au-dessus du vide, il bêche ses quatre mètres carrés de terre. M'apercevant, il pose son outil et, tenant d'une main les pans de sa robe noire, me rejoint en parcourant un réseau de planches et de chaînes qu'il a fixées sur la roche. Cet homme vit dans le ciel. Il me regarde en souriant et entre dans sa cabane, puis ressort, une casserole à la main. Prélève de l'eau de pluie provenant de la citerne et rentre de nouveau. Au fond de sa cabane, il actionne le gaz, craque une allumette, et pose la casserole sur le feu. Dans un cageot, il prélève de longues herbes vertes dont il ôte les feuilles avec le couteau qu'il porte toujours à la ceinture. Je m'approche pour l'aider mais, d'un geste de la main, il m'ordonne de rester à ma place. Une odeur de légume se répand bientôt dans la pièce. Je regarde le soleil braquer des rayons encore plus puissants sur la surface miroitante de la mer. Anonyme revient avec une assiette ébréchée pleine d'un bouillon verdâtre qui fume dans l'atmosphère. Je remercie, prends l'assiette dans mes mains, la pose sur le banc de bois et lui demande ce que c'est, par des gestes. Il comprend, rentre dans l'habitation et revient avec une poignée d'orties. Mon petit déjeuner consiste donc en une soupe d'orties. L'eau bouillante les a débarrassées de leur agressivité. La saveur est proche de celle des épinards, du cresson, relevée par des épices. Le breuvage est délicieux. Je remercie encore mon hôte, qui sourit en retour, prend l'assiette, rentre dans l'habitation et me fait signe de tendre ma main. Il m'y dépose une poignée d'olives. J'en goûte une. Savoureuse. Il tend son bras vers la droite et me désigne l'olivier accroché à la falaise, et balayé par les embruns irisés de soleil. Des olives de mer, pour ainsi dire.

Anonyme est allé chercher mon sac. Me fait comprendre qu'il est temps de partir. Il gravit l'échelle, aussi alerte qu'hier. Je le suis. En bas, la mer est toujours menaçante. L'ascension commence. Il prend appui sur les chaînes et les cordes qui tissent tout un réseau autour de sa maison. Il a pris de l'avance. D'en bas, le vent qui souffle dans les plis de sa soutane lui donne encore davantage l'air d'un ange noir, se mouvant sans effort dans les escaliers du ciel. Arrivé en haut, par le petit sentier pratiqué entre les roches, Anon pose mon sac à dos à mes pieds. Il me regarde tranquillement, trace un signe de croix au-dessus de mon front. « Kafsocalyvia », dit-il alors d'une voix très douce. J'entends pour la première fois la voix de cet homme qui n'a que des interlocuteurs divins et fait l'amour à la Vierge. A peine ai-je eu le temps de sourire qu'il disparaît dans le dédale des crevasses. Je reprends ma route, émerveillé, dans un état délicieux d'apesanteur. Une heure après, un temps qui me paraît n'avoir duré que trente secondes tant mon corps paraît se mouvoir avec légèreté, je m'approche de la falaise. Le tube de Lexomil est au fond de ma poche. Je le sors, ôte la capsule de caoutchouc et balance les pilules blanches à la mer. Je les regarde dégringoler dans un nuage de confettis. Les poissons s'en tireront avec un bon petit pionçage reposant, et moi je retrouve ma liberté d'homme. Tu ne perds rien pour attendre, Octave.

Bain de soleil à Ouranopolis

Huit heures trente du matin. Le car de la compagnie grecque KTL stoppe d'un coup sec sur la place centrale du petit village d'Ouranopolis. Quatre pèlerins en descendent, émerveillés par le soleil qui fait scintiller l'eau de si bon matin. Et puis deux bonnes douzaines de moines, les doigts emmêlés dans les perles de leur komboschini, chapelet de laine à neuf nœuds, un pour chaque catégorie d'anges selon les canons orthodoxes. Blottis l'un contre l'autre, la bouche ouverte, Paul et Raph font encore de beaux rêves. Les délices d'une nuque blonde, le tracé d'un string noir sur une peau de pêche, le parfum épicé d'une aisselle, le galbe brioché d'un sein rond. Plongé mentalement entre les cuisses salées de la naïade bretonne, Raph se voit déjà voguant vers Belle-Ile-en-Mer, accroché à la planche à voile de la Belle tel un rémora sur l'abdomen d'un requin-marteau. Une poigne virile les secoue brutalement. Les deux compères ouvrent les yeux. « Ouranopolis ! » braille le conducteur, un type à forte pilosité et à l'haleine chargée.

Après un détour vers le bureau du mont Athos où,

en échange de la feuille donnée à Salonique, on leur a remis le parchemin frappé du sceau de l'aigle bicéphale qui leur servira de visa, ils se dirigent d'une démarche approximative et vacillante vers l'auberge Arsana. En grec, le « port ». Pas très étonnant d'ailleurs, car le navire qui doit les emmener dans l'île des saints hommes les attend à deux pas, ancré dans la minuscule rade. Un vieux rafiot à deux étages, battant pavillon grec. Le *Halkidiki*, lit-on sur la coque. Sur le quai, deux 4 × 4 et leurs occupants attendent tranquillement l'embarquement. Deux véhicules kaki pourvus d'une sirène, de vitres fumées, et aux portières bardées d'une étrange décalcomanie avec une grande croix. Assis sur le capot, deux types en treillis, le flingue à la ceinture, fument des cigarettes odorantes derrière leurs Ray-Ban. La police athonite, appointée par la Sainte Epistasie, collège de moines représentant auprès du gouvernement grec la Sainte Communauté orthodoxe de l'Aghion Oros, la « Montagne sainte ». Une présence purement formelle. Paul le saura assez tôt. Pour le moment la mer Egée brille de tous ses feux et les deux compères enchaînent les « helleniko kaffe » avec le marc au fond, les yeux absorbés par l'horizon, ce qui ne manque pas de réactiver leur rêverie. Autour d'eux, les moines babillent déjà, échangeant des propos sur les dernières visites qu'ils ont reçues de la Vierge. Pendant ce temps, trois pèlerins grecs ont profité de l'heure qu'il reste avant le départ pour aller admirer la tour byzantine d'Ouranopolis, anciennement prévue pour résister aux pirates et aujourd'hui reconvertie en musée (lampes à huile du Ve siècle après J.-C., fragments architectoniques en marbre provenant de la basilique paléochrétienne de Nikiti, trésor de monnaies frappées à l'effigie de Léon VI le Sage provenant de Néa Syllata, offrandes funéraires originaires de Palaiokastron et d'Iérissos – Xe siècle après J.-C. – , croix de Sykia du XIIe, saint suaire brodé d'or d'Ormylia – XIVe –, fresques du XVIIe découpées sur un mur ancien d'Aghia Triada, icônes postbyzantines – XVIe-XIXe – convoyées d'Asie Mineure dans des camions siglés « convoi exceptionnel »). Malheureusement pour les deux compères, le quatrième pèlerin, un Français, ne s'est pas senti considérablement motivé pour la visite et a préféré s'installer à leur table, alors que la terrasse comporte au bas mot une demi-douzaine de tables libres, couvertes qui plus est de merveilleuses nappes de papier à carreaux rouges et blancs. Paul et Raphaël voient leur vue imprenable sur les splendeurs de l'Egée immédiatement polluée par un K-Way bleu surmonté d'un crâne dégarni et de verres à double foyer.

« Vous allez sur le mont Athos ? » Paul quitte brusquement les hanches de Katia qu'il tenait à deux mains, pendant que celle-ci remuait férocement le bassin, et considère l'intrus avec agacement.

— Pardon ?

Raph interrompt lui aussi sa rêverie et lève le nez du sexe caressant de Mélusine.

— Vous allez sur l'Athos ?

Paul soupire longuement.

— Bah oui, vous voudriez qu'on aille où ?

Le septuagénaire sourit pour s'excuser.

— Oh, la Chalcidique, c'est très joli. Il paraît que la campagne est très belle, au-dessus d'Ouranopolis.

— Et là on partirait en excursion, c'est ça ?

Le type est de plus en plus gêné.

— Je disais juste ça pour engager la conversation.

Raph s'en mêle. Il a flairé le pigeon.

— Les balades, c'est pas trop notre truc. C'est la plage qui nous intéresse.

Le pèlerin s'étonne :

— C'est pour la plage que vous allez sur le mont Athos ?

Raph opine du bonnet.

— Bah ouais. Il paraît que c'est sauvage, comme coin ; alors comme on est adeptes du naturisme, c'est parfait !

Le vieux s'étrangle.

— Mais c'est interdit de se baigner, là-bas ! L'eau est sacrée !

— C'est pas bien grave, reprend Paul, immédiatement décoléré, nous, c'est juste pour bronzer tranquilles, avec personne pour nous regarder. C'est pas qu'on est pudiques, mais quand même, toutes ces plages naturistes où les gens exposent, indécemment, leurs attributs gorgés de cholestérol nous dégoûtent absolument. Vous n'êtes pas de notre avis ?

Le vieux n'en croit pas ses oreilles. De la main, Paul commande trois cafés. Il a très envie de s'amuser.

— Vous savez quand même que c'est un lieu sacré, dédié au silence et à la chasteté ?

— Ah bon ? s'écrie Raph. Mais c'est pas du tout ce que nous a dit Maryvonne, notre copine de Nouvelles Frontières !

— Elle vous a dit quoi ?

— Que c'était un genre d'Ibiza des débuts ! Un endroit sauvage idéal pour vivre en accord avec la nature, comme des Robinsons, ou des hippies, si vous préférez...

— Mais pas du tout ! C'est un lieu de pèlerinage ! Comme le tombeau du Christ à Jérusalem, ou le monastère Sainte-Catherine-du-Sinaï !

— Attendez, coupa Paul, vous êtes en train de nous dire qu'on s'est fait arnaquer ?

Le petit vieux s'essuie la bouche et reprend, au bord de l'arrêt cardiaque :

— C'est un lieu de prière. C'est là que la Vierge est arrivée après son naufrage. Elle a demandé à ce qu'on lui consacre la péninsule, et depuis des moines se sont installés, ont fondé des monastères, qui contiennent les reliques les plus magnifiques du monde chrétien...

Raph joue l'énervement :

— Il faut tout de suite qu'on appelle l'agence ! Et les filles qui doivent nous rejoindre, en plus !

Le vieux s'emballe. Pulsations cardiaques à 120 par minute.

— Mais c'est interdit aux femmes ! Vous ne pouvez pas inviter des amies !

— Interdit aux femmes ? Mais c'est pas possible ! Comment ils font, les mecs, sur cette île ?

Le vieux est scandalisé. Son cœur s'emballe. Le docteur Laloutre lui a pourtant déconseillé ce pèlerinage tardif. Le mont Sinaï, c'était suffisant : Mitterrand en pleine méditation transcendantale dans l'ancienne chapelle du Prophète Elie, un souvenir impérissable. Mais voilà, Monsieur Marcel avait toujours rêvé de poser un jour les pieds dans le Jardin de la Mère de Dieu.

— Mais ce sont des moines. Ils pratiquent la chasteté !

Paul souligne son œil gauche de l'index :

— Mon œil ! Les moines et la chasteté, vieille légende ! Et les affaires de pédophilie, alors ?

Le petit vieux n'en peut plus. Il demande, à bout de souffle :

— Et on vous a donné le diamonitirion ?

Les deux complices fouillent dans leur sac, et brandissent fièrement, et de concert, le parchemin qu'on leur a délivré.

— C'est ça ?

Ils sifflent leur café d'un trait. Le vieux n'en revient pas. Il a dormi à Ouranopolis pour ne pas manquer le bateau. Il est allé à Lourdes, à Jérusalem, à Bethléem, à Constantinople, sur le mont Sinaï. C'est un globe-trotter du sacré, Monsieur Marcel. Comme son fils, sauf que son fils c'est les pays chauds, les tropiques, Cuba, où il est allé une dizaine de fois. Bien sûr, il ne sait pas, Monsieur Marcel, que si son fils, célibataire et VRP en aspirateurs Rowenta, aime tant l'île du lézard vert, c'est pour ses autochtones aux croupes bien rebondies et aux scrupules limités ; il ne sait pas, Monsieur Marcel, que son fils réalise là-bas de merveilleux pornos amateurs dont il est lui-même le héros, en échange de quelques langoustes et d'un tour de bagnole, louée cinquante dollars par jour chez Havanauto, agence fondée par un ancien mao des années 70 happé par l'idéologie castriste et les yeux d'une fille de Barbudo. Il l'ignore, Monsieur Marcel, que fifils se tape de la mineure cubaine à s'en faire exploser les couilles ; lui, c'est le sacré qui le botte, Athos, la Byzance éternelle, c'est la pierre angulaire de sa vie de chrétien, presque un avant-goût du paradis, il tient absolument à ça, Monsieur Marcel, entrer dans la mort le cul bénit. Et ne voilà-t-il pas que des sales gamins pourris gâtés viennent entamer la pureté de son séjour, souiller le jardin de la bonne Vierge ! Ah ! Il la connaissait bien, cette génération foutue, sans valeur aucune : ses petits-fils avaient leur âge, et ça ne pensait qu'à ça, aux boîtes de nuit, au sexe ! Des hippies, tous ! Tout allait à vau-l'eau en ce bas monde. Monsieur Marcel les remercia pour le café et s'en alla, déçu et brisé. Pendant ce temps, à Palavas-les-Flots, sa fille Sylvie, honnête secrétaire de mairie à Bréauté-Beuzeville (76), dormait avec son bedonnant Jean-Mi dans le mobil-home qu'ils avaient loué pour quinze jours. Jessica, la petite dernière, quinze ans et demi mais déjà des seins comme maman, surnommée naguère « la laitière », avait passé la nuit au Palacio, le night-club du camping, et se faisait tirer derrière une dune par Jojo, le moniteur de jet-ski. « Une génération foutue, vous dis-je ! » Monsieur Marcel se signa et gagna le bateau qui somnolait encore au bout de son ancre.

Un coup de corne dans la lumière bleutée du matin. Les deux 4 × 4 embarquent par la plate-forme avant. Les Français montrent leur diamonitirion à un vague officier dépenaillé et centenaire, puis grimpent jusqu'au sommet du bateau. La vue est magnifique, et le soleil caresse agréablement leur peau fatiguée. Le café leur infuse une douce excitation dans les veines. Ils sourient. « Tout compte fait, c'est plutôt le bon plan, non ? » lance Paul, enthousiaste. Raph acquiesce de la tête. « J'ai quand même bien hâte de retrouver Thessalonique une fois qu'on aura mis la main sur Gabe », ajoute-t-il. Paul le console : « Tu l'as dit hier, c'est l'affaire de deux jours, pas plus. »

Le *Halkidiki* trace un beau sillon d'écume dans la mer bleue. Au-dessus de leur tête, le pavillon grec claque sous le vent. Paul déplie *L'Equipe* de la veille, acheté à Salonique ; Raph se plonge dans le *Lonely Planet*. « On aurait quand même dû acheter une carte, tu crois pas ? » Paul hausse les épaules, plongé dans les pronostics des transferts pour la saison 2002-2003 du championnat de D1. Raph lève la tête. Autour d'eux, rien que des hommes en noir, barbus comme des ogres, une tête de mort gravée sur la boucle d'argent de leur gros ceinturon. Un vieux à l'odeur authentique s'approche et lui propose des crucifix en bois d'olivier. Raph décline l'offre, mais l'autre s'accroche. Il insiste, le tire par la manche. Raph fouille dans sa poche et lui file vingt centimes d'euro. L'autre s'énerve et marmonne dans sa barbe avant de disparaître en se dandinant sur ses vieilles pattes. « Il vient de te maudire sur quinze générations », commente Paul.

Le trajet se poursuit sans encombre. Raph se lève pour aller chercher à boire – l'alcool absorbé pendant la nuit l'a passablement déshydraté. Il y a un bar au niveau du deuxième pont. Il se faufile entre les moines, endormis sur les banquettes ou en pleine discussion sur la double nature de Jésus. Il croise Monsieur Marcel, qui l'évite en se replongeant dans son livre. Raph commande un thé et remonte.

— C'est flippant, dit-il en se rasseyant.

— Quoi ?

— Avec tous ces vieux en noir, on se croirait embarqué pour la mort.

Paul lève les yeux de la page 12 de *L'Equipe* et répond en réajustant sur son nez ses lunettes de soleil :

— On s'en fout, on mourra bronzés, c'est toujours ça de gagné.

Il ne croyait pas si bien dire.

Pope-stop et crise de nerfs

Le bateau vient de ralentir. Devant eux, une côte magnifique défile. Des collines, une végétation luxuriante, et au bord de l'eau, protégée comme une citadelle, une ville en miniature, avec des remparts percés de petites fenêtres peintes, flanquées de balcons de bois. Sur les toits d'ardoise, des coupoles vertes, rehaussées d'immenses croix d'or ouvragé qui s'élancent vers le ciel et se reflètent dans l'eau calme et translucide, au bord d'une plage de sable blond et de minuscules galets blancs éblouissants.

Raph reste sans voix.

— Si c'est ça les monastères, je veux bien être chaste toute ma vie, commente Paul.

Le bateau stoppe au bout d'un débarcadère de pierre. Quelques moines attendent, debout à côté de leurs mules chargées de colis. La plate-forme bascule et l'un des deux 4 × 4 débarque. On descend des jerricans et des colis, que les moines réceptionnent. D'autres montent à bord avec leur mule, le bateau s'ébranle et reprend sa route.

Paul bouquine sous le soleil tout en suivant d'un œil

attentif chacun des arrêts du bateau. Chaque fois, une vue inoubliable sur des monastères féeriques, ou de petites criques sauvages abritées par des rochers cristallins. Il imagine Katia nue et allongée sur ses rochers, les cheveux mouillés et salés, lui lisant le premier tome de *La Crucifixion en rose* de son accent slovaque, en faisant, du bout de ses ongles de pieds grenat, des ronds gracieux dans l'eau extra-bleue. Il ferme les yeux. Adossé au bastingage, Raphaël bavarde avec un type petit et quasi chauve, en civil. Chemise blanche, pantalon beige et chaussures de montagne. Quarante balais au jugé. Ils fument des Marlboro en examinant une carte étalée sur la banquette de skaï. Le bateau ralentit son allure. On arrive sur une plage munie d'un débarcadère de pierre. Au bout, deux petites maisons, un champ d'oliviers, un verger et des vignes. Le plateau métallique descend et s'écrase sur le débarcadère. Raph rapplique :

— Prends ton sac, on descend là.

Il obtempère. Sur le pont, ils s'écartent pour laisser passer un 4 × 4 Niva orange. Au volant, un moine à la barbe rousse et à l'œil crevé.

— Ça doit être Jaromir, murmure Raph.

— Tu m'expliques ?

— Je viens d'inaugurer le pope-stop, lance-t-il triomphalement. Ils nous emmènent dans leur monastère.

— Attends, t'as vu la gueule du mec ?

Le petit chauve se penche à la fenêtre :

— Go up !

Ils sautent à l'arrière du véhicule. Jaromir enclenche la seconde et traverse le débarcadère. Il s'arrête un instant pour saluer le moine d'une carrure impressionnante qui habite la petite maison au milieu des oliviers et souhaite la bienvenue aux deux jeunes en leur écrasant les mains dans ses énormes battoirs. Son œil crevé lui fait plisser les yeux, ce qui donne l'impression qu'il cligne de l'œil d'un air complice.

— Et c'est quel monastère ?

— Hilandar. Jaromir, c'est le supérieur. Et le petit, un ancien prof de français qui travaille à l'hôtellerie du monastère en attendant de devenir novice. Ils sont serbes.

Paul ricane :

— Tu les as prévenus qu'on était français ? On a quand même bombardé leur pays avec l'OTAN y a pas très longtemps.

— T'inquiète.

La jeep roule à tombeau ouvert sur la route défoncée. C'est elle qui semble avoir essuyé le pilonnage de l'OTAN. Père Jaromir, qui fut il y a dix ans le *Protos* de la Montagne sainte, en gros le président du Conseil monastique de la République panorthodoxe du mont Athos, qui siège tous les ans à Karyès, évite les ornières, pied au plancher, et braque à fond dans les virages serrés. Siméon, l'ex-prof, se cramponne à la portière. Les perles du chapelet en bois d'olivier tournicotent autour du rétroviseur. Derrière, au milieu des couvertures, des bidons d'essence et du matériel électrique rapportés du continent, les deux Sherlock Holmes débutants sautent et sursautent, ballottés par les mouvements brusques de l'engin dont les suspensions ont rendu l'âme depuis des lustres, malgré la sainteté de l'endroit. Tout autour, des oliviers sauvages, des rochers couverts de mousse, des cours d'eau, du maquis, et le soleil qui tape contre la carlingue. « C'est bourré de serpents, de geckos et de scorpions, explique Siméon en criant pour couvrir le bruit du moteur. Le père Panteleimon, que vous avez vu en bas, a dû en massacrer plus d'un avant d'aménager son ermitage. Et maintenant, il fabrique son propre brandy ! » Une demi-heure à bringuebaler dans la caisse plombée de chaleur. Et puis le paysage s'adoucit. Le sentier rugueux fait place à une petite route de terre bordée de cyprès, puis un chemin pavé de pierres rondes et usées. « Hilandar », tonne le père Jaromir, en roulant le *r* et en aspirant le *h*, ce qui donne au mot une consonance orientale.

« Hallucinant ! » lance Raph, un peu abasourdi. A travers le pare-brise, une forteresse de pierres grises, percée de meurtrières, couverte de toits d'ardoise reflétant le soleil, apparaît dans un virage. Vingt mètres de haut au jugé, et un donjon véritable défiant les plus hauts des cyprès. Tout autour, des vergers, des plantations couvertes de toiles de plastique qui réverbèrent le soleil. La voiture franchit, en ralentissant à peine, le porche monumental, décoré d'une mosaïque représentant un guerrier ailé en armure d'or. Un couloir obscur, puis une seconde porte bardée de fer, couronnée cette fois-ci d'une vierge stoïque, s'ouvre sur une vaste cour pavée et mangée par la mousse, occupée en grande partie par une église imposante, un immense cyprès qui doit cumuler les siècles, et une fontaine protégée par une coupole. Tout autour, des murailles percées de fenêtres vitrées flanquées de balcons de bois coloré. Beaucoup d'ombre dans la cour, ce qui n'est pas fait pour déplaire aux deux amis qui viennent de cuire sous la tôle de la voiture.

Jaromir arrête la jeep d'un grand coup de frein à main et saute à terre. Secoue la poussière qui couvre sa soutane ouverte jusqu'au sternum sur une grosse croix d'argent, se gratte la tignasse, et donne une grande claque dans le dos de Paul qui émerge du véhicule et manque de s'écraser les dents sur les pavés. Siméon sort leurs sacs, leur demande de le suivre. Ils s'engagent dans un vaste escalier de bois. A chaque étage, une grande terrasse bordée de balustrades. Au troisième, une porte à deux battants donne sur une pièce peinte en bleu ciel. Une table ronde couverte d'un napperon de dentelle, une lampe à huile, un grand cahier à reliure de cuir. Siméon leur demande leur diamonitirion, note leur numéro d'enregistrement, puis leur nom, et leur demande de signer. « Vous savez que le diamonitirion n'est valable que trois jours », leur annonce-t-il de son débit placide. Paul répond que ça suffira. Raphaël n'écoute pas, consulte les pages du registre pour déceler une trace du passage d'Octave ou de Gabriel. En revanche, aux alentours des années 70, il repère le nom de François Augiéras, le fameux explorateur de l'Athos qui se donnait par charité chrétienne à tous les moines de la sainte presqu'île. Il frémit un instant et se tourne vers Siméon qui le regarde en souriant. Raph se rembrunit et ferme le registre, impatienté, avant de suivre Paul devant une porte peinte également en bleu ciel que Siméon leur ouvre d'un tour de clef. C'est une pièce de dimensions confortables, agrémentée d'un balcon de bois donnant sur la cour. Trois lits de fer, des lithographies au mur, un peu jaunies, montrant des processions.

— Vous désirez un café ?

Paul acquiesce, au grand dam de Raph, qui aimerait bien que Siméon leur lâche un peu la grappe. L'apprenti moine lui revient de moins en moins. Il s'assoit sur un lit.

— Bon, maintenant tu m'expliques ce qu'on fout là, Raph ?

Raph se gratte le menton avant de répondre.

— Dans le bateau, le type m'a demandé ce qu'on faisait sur l'Athos. Je lui ai expliqué qu'on cherchait un ami qui cherchait lui-même un ami.

— Il a trouvé ça limpide, non ?

— ... Il m'a conseillé d'aller voir dans un monastère qui s'appelle Esphigménou, à une demi-journée de marche de Hilandar, parce qu'ils manquent d'effectifs et ne sont par conséquent pas très regardants sur le recrutement.

— Et là, il t'a dit que ça tombait bien parce que justement il habitait à Hilandar et qu'il pouvait t'héberger, c'est ça ?

— T'as tout compris.

— Donc on est là parce que t'as tapé dans l'œil du type, c'est ça ?

A ce moment-là Siméon entre, un plateau dans les mains, qu'il dépose sur une petite table basse, toute simple. « Merci », lance Paul. Il y a là deux cafés fumants, deux verres de « brandy yougoslave », précise Siméon, et des loukoums. Il reste trente secondes, mais s'aperçoit qu'il dérange et s'éclipse. « Nous dînerons après l'office, vers six heures, leur dit-il avec un grand sourire. A tout à l'heure. »

— Je te préviens, si ce mec me touche... !

— T'auras qu'à appeler Jaromir ! rigole Paul, qui s'allonge sur le lit et déplie *L'Equipe*.

— T'es con.

— Calme-toi, dit Paul en calant derrière lui un oreiller de plume, ce qui fait grincer le matelas millénaire. Après tout, je trouve ça délire, on se croirait au Moyen Age !

— C'est pas ma faute si ce bouquin m'a traumatisé.

Paul se redresse pour le dévisager.

— Tu l'as pas pris avec toi quand même ?

Raph ne répond pas.

— Tu l'as pris avec toi ? (Il rigole.) Fais gaffe, s'il te voit avec, ça va lui donner des idées.

Ils ne tardent pas à fermer l'œil.

En fin d'après-midi, le toc-toc de la simandre les réveilla. Raph pensa, comme Gabriel quelques jours avant, au célèbre dessin animé Woody Woodpecker. Il se leva, ouvrit la porte-fenêtre qui donnait sur le balcon, se pencha et aperçut un type en noir qui arpentait la cour, une planche taillée sur l'épaule, un maillet dans la main droite, jouant avec des mouvements rapides. Les hautes murailles faisaient une extraordinaire caisse de résonance pour les coups portés sur l'essence résineuse particulièrement vibrante. « C'est pour chasser le Malin », fit une voix au-dessus de lui. C'était Siméon, à la terrasse du quatrième étage. « La simandre a des vertus purificatrices, et avertit aussi les moines que l'office va commencer. » Un carillon limpide retentit. Paul se tourna dans son sommeil.

— Fait chier, les cloches, bougonna-t-il.

— Bouge-toi, c'est l'heure de la messe, lui lança Raph avec un grand coup d'oreiller sur la tête.

— M'en fous. J'suis naze.

Ils n'avaient pas fermé l'œil de la nuit. Le voyage en bus, la croisière en bateau, le mini-Paris-Dakar au milieu des vieilles barbes, plus le décalage, même pas horaire, mais séculaire, ça faisait très mal.

— Mieux vaut descendre, lança Raph, on est en territoire serbe et j'ai pas envie de me faire nettoyer ethniquement.

Les deux incroyants apprendraient plus tard que lorsque Milosevic avait lancé son thème de la Grande Serbie orthodoxe et que son hélico privé s'était posé aux portes de Hilandar où il comptait entamer son pèlerinage, les moines s'étaient cloîtrés dans leur cellule, le boycottant par le silence et l'absence. Ils n'étaient redescendus qu'après le départ du purificateur et avaient procédé eux aussi à une purification méticuleuse, à l'eau bénite et à l'encens, des endroits où il avait posé les pieds, les mains, et peut-être le derrière. Certains étaient allés jusqu'à jeûner plusieurs jours en guise de mortification.

L'église était toute rouge, soutenue par de robustes piliers ornés d'anges, enveloppés dans leurs appendices emplumés comme dans un manteau. Ils suivirent les moines qui entraient dans la nef en rabattant leur voile sur leur calotte noire. On leur donna un cierge, qu'ils devaient allumer en se transmettant la flamme, de droite à gauche. Les chants fusèrent vers la coupole où, là encore, un Christ sévère veillait au grain. L'encens, libéré par Jaromir, qui, paupières closes, faisait le tour de la nef en agitant au bout de sa grosse paluche le réceptacle fumant et tintinnabulant, fit tousser Paul. Manque de pot, il y était allergique. « T'aurais pu le siffler avant ! » l'engueula Raph. Il voulut sortir, mais, menacé par l'œil réprobateur d'un homme voilé charpenté comme Golgoth 13, il s'abstint.

Le soir tombait. Deux heures déjà qu'ils y étaient. Chants, embrassades d'icônes, présentation des reliques, grandes métanies (prosternation complète, genoux à terre), projection d'encens et nouvelle crise de toux de Paul. Sous les minuscules points lumineux des cierges, dans un tonnerre d'hymnes chantés en slavon, un énorme crucifix d'or s'éleva dans les airs, jusque sous la coupole. Les deux Français se frottèrent les yeux d'étonnement. Epuisés, baignés de larmes à cause de l'encens, ils n'avaient pas vu les poulies qui permettaient au Crucifié de voler dans les airs. Les moines levèrent les bras, se signèrent et entonnèrent un chant d'une tristesse infinie qui déprima les deux novices. Paul reconnut Jaromir, en larmes, et se souvint que, trois ou quatre heures avant, ce dernier sillonnait en jurant les pentes défoncées du mont Athos au volant de son 4 × 4 orange.

Quelques heures après, le supplice lumineux s'arrêta enfin. Les moines sortirent en se signant. Epuisés par l'interminable son et lumière auquel ils n'avaient absolument rien compris, effondrés au fond des fauteuils de bois sculpté qui leur avaient détruit le coccyx, les deux Français émergèrent d'un coma profond mais heureusement fécond en rêveries compensatoires. Raph barrait dans le golfe du Morbihan sous les ordres d'une Mélusine aux cheveux salés, et Paul, en costume de dompteur, faisait sauter dans un cerceau de feu une Katia en string panthère. Le sourire de Siméon qui les réveilla de la main avec une douceur inouïe se substitua atrocement à ces visions enchanteresses. Paul soupira et se dressa sur ses jambes. Siméon ferma l'église derrière eux. Dehors, la nuit occupait le terrain depuis belle lurette.

L'ambiance était silencieuse dans le réfectoire. Pour l'atteindre, ils traversèrent un long couloir aux murs couverts de fresques. C'était vraisemblablement l'Apocalypse : des femmes-sauterelles à queue de scorpion, des diables poilus munis de fourches plongeaient de pauvres types grisâtres dans des ruisseaux de feu, sous le regard d'anges aux glaives menaçants. Mais la véritable apocalypse les attendait dans leur assiette. Siméon les fit s'asseoir à l'extrémité de la pièce, devant un oignon, une poignée d'olives et une tasse de thé. « J'espère que c'est l'entrée », murmura Raphaël. Manque de pot, c'était à la fois l'entrée, le plat de résistance, le fromage, le dessert, et même le digestif. L'oignon fut un peu dur sous la dent, mais ils avaient faim. Le pain aidait à faire passer le picotement. On ne traîna pas. Ils n'eurent pas le temps de toucher aux olives, car déjà les moines se levaient. Siméon les rejoignit dans la cour.

— Aujourd'hui, c'est Saint-Sava, leur dit-il.

— Non, ça va pas, répondit Paul.

— Pardon ?

— Rien. Une mauvaise blague.

— Je disais qu'aujourd'hui c'est Saint-Sava, le fondateur de notre monastère au XIIIe siècle. Un jeune prince qui avait refusé le trône pour suivre jusqu'ici des moines de l'Athos, de passage à la cour de son père.

— OK, dit Paul qui voulait rentrer se coucher.

Raph, un œil attentif sur le moine colle-aux-basques, se tenait prudemment à distance.

— Il réussit même à convaincre son père le roi de devenir moine. Quand il mourut, les Turcs volèrent son saint corps pour le brûler, parce que la relique donnait aux fidèles le pouvoir de résister aux envahisseurs. La flamme qui s'éleva du bûcher fut visible jusqu'au Danube.

— Et c'est pour ça qu'on ne mangeait pas ce soir, c'est ça ?

Siméon resta grave.

— Oui, tous les ans, en son honneur, nous donnons une messe et faisons chère maigre.

— C'est bien notre veine de vous avoir rencontrés aujourd'hui, ironisa Paul.

— Vous venez tout à l'heure ? C'est l'office de nuit. Dans deux heures.

Raph questionna sa montre : il était dix heures du soir. « Ils sont tarés », pensa-t-il.

— Ecoutez, répondit calmement Paul, on est vraiment très contents d'avoir fêté cet anniversaire avec vous, mais je pense qu'on va prier saint Sava dans notre chambre.

— Comme vous voudrez. Je vous réveillerai pour les matines.

Siméon les salua et s'éclipsa. Les deux pèlerins en herbe gagnèrent péniblement leur cellule, où ils s'effondrèrent pour un sommeil sans rêve, après deux ou trois pulvérisations de Ventoline dans les bronches rétractées de Paul. « Saloperie d'encens ! » jura-t-il en se glissant sous une vieille couverture. Leur ventre cria famine à plusieurs reprises, mais ils ne l'entendirent pas.

Quelques heures après, on frappa à leur porte. Paul leva une paupière. Un formidable effort. L'aube venait à peine de se lever. Il jura et, surexcité, sauta d'un bond vers la porte, qu'il ouvrit en hurlant :

— Vous pouvez pas nous foutre un peu la paix, bordel !

Le pauvre Siméon se décomposa. Paul resta un moment devant lui, embarrassé dans son caleçon bleu orné de petites colombes blanches, puis ferma la porte et regagna son lit. C'est Raph qui le réveilla. Il était déjà habillé.

— Je viens de croiser Siméon. Il n'a pas l'air content du tout. Qu'est-ce qui s'est passé ?

— Ce con est venu frapper à notre porte à cinq heures du mat.

— Tu l'as rabroué ?

Paul s'assit et acquiesça.

— Il vient de me signifier qu'on devait partir sur-le-champ.

Il regarda le cadran de sa montre. Dix heures.

— Et tu lui as demandé la direction du monastère où on doit aller ? Figue... quelque chose...

— Esphigménou. Non, j'ai pas demandé. Ma cote a chuté d'au moins 500 %. Sûrement depuis ton esclandre... Il va falloir se débrouiller avec la minicarte du *Lonely Planet*.

La carte mesurait deux centimètres sur un et demi.

— On est très mal barrés, conclut Paul.

La faim lui dévorait le ventre.

Kafsocalyvia

Une vipère jaillit en sifflant de sous une pierre. Je prends peur et recule, manquant une nouvelle fois de me briser la cheville et de tomber à l'eau. Le chemin, des kilomètres de pierres coupantes pulvérisées par le temps, le vent et le soleil, est glissant, friable, casse-gueule à souhait. Des heures de marche avec la mer à gauche, les flancs de l'Athos à droite. A la première chute, ne comptez pas sur la Sainte Montagne pour vous retenir. Il faut plusieurs demi-journées pour en atteindre le sommet ; il ne faut qu'une demi-seconde à la mer pour vous absorber et vous noyer, à moins que les caprices de la gravité ne vous contraignent à vous écraser contre les rochers et à vous y déchiqueter. Dans ce cas, ce n'est pas l'eau salée qui envahira vos poumons, mais le bec des cormorans et autres mouettes affamés. Comme moi, qui suis en outre perdu. Aucune indication. Plusieurs fois, le chemin m'a mené dans une impasse terminée par la falaise abrupte. Dans les roches tout autour, ouvertes sur la mer, des trous, des failles et des crevasses propices à offrir à un ermite motivé un séjour de rêve.

Et soudain, au milieu de la sécheresse, un bosquet

d'arbustes odorants. Ça doit être ça. Une falaise aux pentes douces en forme de croissant plongeant vers une anse où s'engouffre la mer. Une parenthèse de verdure au milieu d'un univers complètement minéral. Le dôme d'une église, des habitations de pierre posées sur plusieurs étages, en terrasses, jusqu'à ce que l'abrupt de la falaise ne le permette plus. C'est donc dans ce petit paradis qu'Octave est venu s'installer. Je descends par un sentier ponctué de marches de pierres quand l'inclinaison devient trop forte. J'atteins bientôt l'église, toute rouge, posée sur une placette de dalles blanches. A côté, une maison. Deux étages et des balcons de bois tournés vers la pente. Je frappe à la porte. J'attends. Elle s'ouvre. Un homme de cinquante ans, barbe et chevelure poivre et sel, le teint très clair et le regard gris argent, apparaît dans l'encadrement et me fait signe d'entrer. Une table de toile cirée et un coin cuisine, où s'affaire un vieil homme, penché au-dessus d'une marmite. Il me désigne une place. Je m'assois, n'ose ouvrir la bouche. Il pose une poignée d'olives devant moi et s'assoit en face, sans un mot. Le vieux s'approche et incline sa casserole pour me servir un bouillon orange. Ce n'est pas encore aujourd'hui que je vais faire une orgie de protéines. L'autre s'assoit en face et trempe des morceaux de pain dur dans son bouillon. Le plus vieux, voûté en arceau de croquet, ne mange pas. Il se contente d'un verre d'eau. Trois minutes après, mon vis-à-vis s'essuie la bouche d'un revers de manche et me fait comprendre que je dois le suivre. Je termine mon bouillon d'un trait et cache les olives dans la poche de mon treillis. J'ai encore une sacrée faim. Nous traversons la pièce et débouchons sur une terrasse surplombant la skite de Kafsocalyvia. Je tends machinalement mon diamonitirion à mon hôte. Il le regarde distraitement puis son visage s'illumine. « Vous êtes français ? »

*

Père Maximos, qui a fait ses études au lycée français d'Athènes entre 1959 et 1964, soulève la petite tasse de faïence et la porte à ses lèvres. Il plisse les yeux à cause de la fumée et la repose lentement sur sa soustasse, qu'il tient dans l'autre main. Sous le balcon, la montagne descend jusqu'à la mer, abrupte. Je viens de lui expliquer la raison de ma visite.

— Il y a un bien un Français ici.

— Vous connaissez son nom ?

Il hoche la tête négativement.

— Personne ne porte son vrai nom ici. Cela ne vous renseignerait pas. Mais il a sensiblement votre âge.

Je ressens soudain une joie immense. Mon cœur bat à nouveau. Simandre n'est pas un si mauvais bougre.

— Il est arrivé il y a quelques mois. Il vit en face, sur cet îlot, Aghios Christophoros. (Maximos me désigne du doigt une masse de rochers battue par les flots, à un mille de la côte.) Dans la grotte de saint Athanase, où un grand nombre d'ermites l'ont précédé. (Le regard de Maximos m'interroge.) Vous voudriez qu'on y aille ?

— Je suis venu pour lui parler.

Maximos reprend une gorgée de café en regardant le large.

— Je vais de temps en temps y déposer de la nourriture. Rien n'y pousse, il y a trop de vent. Nous irons demain si vous voulez bien. Aujourd'hui, la mer est trop forte.

La journée va être longue.

— Vous lui avez parlé ?

— Non. Il est venu un matin, s'est arrêté un moment ici pour demander comment rejoindre la grotte et s'en est allé.

— Comment s'est-il rendu là-bas ?

— Je suppose qu'un moine l'y a conduit en bateau. C'est le seul moyen pour s'y rendre. Et d'ailleurs pour repartir... Mais comme le bateau doit rester à Kafsocalyvia, on n'en repart pas, en fait.

Une volée de questions se pressaient sur mes lèvres.

— C'est comment là-bas ?

Maximos prit un air grave.

— « Crucifiés au monde, ils ont renoncé à la vie, et s'efforcent de prendre la nature des puissances incorporelles en partageant leur impassibilité... » (Ses yeux s'envahirent de lumière.) Isaac le Syrien, reprit-il, un ermite des premiers temps de la chrétienté, qui exprime parfaitement ce qu'un homme vient chercher ici. Une mise à mort de ses passions, un deuil de soi-même débouchant sur une résurrection. Mort, mais plus vivant que les vivants, sous la face de Dieu.

J'avais du mal à comprendre. Pourtant Maximos parlait d'une voix intelligible et calme. Il reprit :

— Le seul problème, c'est qu'on ne doit pas lutter seul, mais guidé par son père spirituel. Et votre ami est parti seul.

— Qu'est-ce qu'il risque ?

— Le néant. La chute. L'orgueil nous fait présumer de nos forces.

Il s'arrêta, me consulta d'un regard attentif. J'imaginais des choses atroces et brûlais de sauter dans le bateau, avec ou sans la permission de la mer et de Maximos. Qu'allais-je faire jusqu'au lendemain ?

— Peut-être voulez-vous vous reposer après votre long voyage ?

— Non. Je me sens bien. On ne peut vraiment pas partir maintenant ?

— La mer est trop grosse, jeune homme. Patientez. Cela fait six mois qu'il patiente, lui. Un autre café, peut-être ? Quoique cela risque sans doute de vous énerver, non ?

Son visage avait pris un air espiègle. J'acquiesçai en souriant. Va pour le café. Il se leva. Je restai seul devant la mer moutonneuse du cap de l'Athos. J'avais atteint l'extrémité du Jardin de la Mère de Dieu.

— Vous vivez depuis combien de temps ici ? demandai-je à Maximos qui revenait avec une tasse fumante.

Il sourit dans sa barbe élégante, très digne.

— Le temps n'existe plus ici. Il s'est dilué pour toujours dans l'œuvre qui est mienne : servir Dieu. Je vais vous montrer.

J'ai terminé d'un trait le breuvage à l'arôme puissant, et nous avons quitté la maison par un sentier qui traversait un lac d'arbustes et aboutissait sur une terrasse surplombant le vide. Une petite chapelle s'y élevait. Maximos en poussa la porte. La pièce dégageait une forte odeur de peinture et de résine. Des pots métalliques étaient posés à même le sol, ou sur des planches en équilibre sur des tréteaux, couverts d'esquisses au crayon, qui étaient aussi punaisées sur les murs. Un système d'échafaudages en miniature courait sur toute la longueur de la chapelle, pour permettre à l'ermite d'atteindre le plafond voûté.

— Une chapelle complète, murmura Maximos. (Sa voix avait chuté de plusieurs tons.) Voilà ce qu'est le temps pour moi, Gabriel. Quand elle sera entièrement peinte, cela voudra dire que le temps est venu de rejoindre le royaume du Seigneur.

Maximos peint en priant. Un murmure en continu qui s'estompe et se confond avec sa respiration, au milieu de saints barbus et décharnés, de madones aux yeux d'amande et de miel, de guerriers dorés pourfendant des serpents tétanisés sous la morsure de la lance, de scènes de supplice où des êtres minuscules et grisâtres se tordent dans les plis de flammes ciselées comme une dentelle, ou s'empalent sur des glaives immenses, dans un ballet de diables ricanants et poseurs. Les corps couverts de peaux de bête d'ascètes abîmés dans la contemplation contrastent avec les torses bardés d'armures des saints tueurs, l'épée droite au poing. La peau nue et le métal imputrescible, côte à côte. La douceur et la violence, la souffrance et la puissance. La puissance par la souffrance. Toute l'alchimie byzantine s'exprimait là, dans ce saint Sébastien extatique auquel Maximos apposait une dernière touche, trempant son pinceau dans un pot de peinture dorée, destinée au penne des flèches. Les couleurs brûlent les yeux. Le saint reste stoïque sous la morsure de l'acier qui pénètre sa chair. C'est une peinture sans personnalité, conformément aux canons byzantins. « Jamais à la gloire du peintre, m'explique Maximos, seulement à la gloire de Dieu. » Ce jour-là, Maximos peindra jusqu'au coucher du soleil. A son rythme. C'est le privilège des skites par rapport aux monastères. La liberté du temps. Je sors de la chapelle alors que la mer fait boire la tasse aux rayons du soleil.

J'ai couru vers la mer, pour être au plus près de ce qui m'attendait le lendemain. En bas, entre deux rochers, une plate-forme de pierre, avec une digue et une vieille barque attachée à un treuil rouillé et rongé par le sel. Et en face, le fameux îlot, ramassé sur lui-même comme une carapace de tortue surgissant de la mer qui clapotait furieusement devant mes pieds. Le silence était parfait. Rien d'autre que le bruit des vagues. Rien d'humain. Je comprenais Octave d'un seul coup. C'est peut-être cela que j'étais venu chercher. Me laver le corps dans un silence parfait. Me nettoyer l'âme au Kärcher. Jeter par-dessus bord tout ce qui encombrait et qu'on nous foute une paix royale. Disparaître enfin. Me mettre en stand-by pour des siècles. Un endroit où l'essentiel serait à portée de regard. Ne plus penser au boulot, à l'ambition, à baiser des nanas et à pleurer le matin sur l'oreiller pour le temps et l'amour à jamais perdus. Casser tout rêve en le dénonçant immédiatement comme une chimère. Ne pas vouloir être une star de la télé et refuser la fausse bataille qu'on nous imposait. Ne plus avoir comme unique alternative la cocaïne ou les cocktails vodka-tonic pour supporter la vie et tenir. Ne plus courir après les prétendus honneurs, être reconnu par cent personnes, être invité dans « les fêtes qui comptent ». Ne plus se laisser emmerder par tous les cons qui voulaient notre place, si petite fût-elle, envoyer se faire foutre tous ceux qui voulaient nous la mettre en douceur. En finir avec le monde d'une tout autre façon que la mort : ramasser son être entier en une seule boule chaude sous les côtes, et entrer dès maintenant au paradis. Je le détestais moins soudainement. Il pouvait être fier de ce qu'il avait fait. Il avait dit merde au monde qui n'était plus un monde mais un enfer. Il avait fait un gigantesque bras d'honneur aux faux plaisirs. Il les avait niqués sur toute la ligne. On verrait demain. J'étais peut-être venu là pour prendre une bonne leçon.

*

J'ai regagné le kyriakou, l'église principale, au son des cloches. Elle n'était éclairée que de quelques bougies. Au centre, Maximos et le vieux Théophile, cassé en deux par l'âge, étaient penchés sur un énorme livre posé sur un lutrin de bois et chantaient dans le silence, uniquement ponctué par le vent qui jaillissait d'entre les vitraux cassés, qui laissaient en outre passer la clarté des étoiles. Je me suis installé dans une stalle, face à eux, à côté d'une peinture éclairée par un cierge qui représentait une échelle gravie par des moines. Des diables essayaient de les faire trébucher. Certains tombaient dans la gueule d'un dragon à la queue interminable enroulée dans de multiples nœuds. De l'autre côté, des anges les aidaient à rétablir l'équilibre. Tout en haut, au centre d'une sphère lumineuse, un archange tendait la main. Maximos entama un chant byzantin. Le vieux Théophile chanta les chœurs avec un timbre au bord de l'extinction. Une voix de mourant dans cette église qui survivait comme un vieux bateau trimballé sur les flots tumultueux du monde. Un chat miaula dehors, il y eut des bruits de bataille, des feulements rauques. Maximos ralluma une mèche qu'un courant d'air avait éteinte, récita quelques paroles en grec, puis se prosterna plusieurs fois. Théophile se contenta d'une inclination respectueuse. Son vieux dos ne lui permettait plus les gestes de sa jeunesse ascétique. Avec son voile, il ressemblait à une vieille chauve-souris aux ailes cassées. Une chauve-souris humaine qui chanterait des hymnes byzantins. Mes paupières se sont fermées.

Encore pour toi, ce rêve. Tu es partie depuis une semaine. Te « ressourcer », comme tu dis, chez tes parents, dans le Morbihan. « La petite mer », ça veut dire. Petite mer, petite mort. Faustine est cette grande fille aux jambes bronzées qui vient de la petite mer, aux seins comme deux bulles d'amour qui viennent de la petite mer, à la bouche rageuse et sensuelle qui vient de la petite mer, au dos parsemé de grains de beauté, aux hanches qui percent sous la peau quand elle replie ses jambes sous elle pour que je lui fasse l'amour plus à fond, Faustine vient de la petite mer, est retournée dans la petite mer pour au moins dix jours, et moi j'en meurs de cette petite mer où je l'avais tant baisée, tant aimée. Je repense à l'autre con qui parle de dépeuplement quand un seul être vous manque. C'est pourtant ce qu'on a dit de mieux depuis pas mal de temps. C'est fou ce que les belles choses s'abîment avec le temps. Tu es partie et j'en crève. Tout me manque. On ne s'aime plus, on le sent bien et pourtant on s'aime encore. Je sens qu'on va se perdre bientôt. Je te perds déjà. Repartir pour des aventures pourries. Je me sens abandonné, amputé, répandant mon sang sur un asphalte plombé de soleil, la cervelle ouverte en deux. Une pensée pour ta bouche qui murmure des choses incongrues, la nuit, une pensée pour ta tête chérie posée sur ma poitrine, une envie que ta bouche me prenne et ne me lâche plus, le souvenir du mal au cœur qui monte en moi quand je regarde les photos de toi, radieuse, prises par un autre au large de la Corse, une Méditerranée où tu es belle. Tu offres tes seins pleins comme deux tourteaux, tes cuisses ciselées par le maillot de bain à imprimé postmoderne à l'objectif de ce connard qui te fixe ainsi pour l'éternité ou presque. Les photos sont une belle saloperie qui rend le passé tangible. Brûlons les photographes et les entrepôts d'appareils photo. Boycottons Canon, Nikon, Olympus, Leica et tous les autres. Et Octave, il a pris des photos de toi ?

O Kyrie eleison. Une main amicale se pose sur mon front. J'ouvre les yeux. Maximos me sourit. « Je vous regardais tout à l'heure, vous observiez l'échelle de Climaque. (Il me montre la fresque de gauche.) C'est une métaphore chère aux moines de l'Athos : les degrés de la perfection spirituelle. Les démons essaient de faire trébucher le moine dans sa progression et les anges le soutiennent. Mais ce n'est qu'une métaphore, car : “L'échelle de ce royaume est cachée au-dedans, de ton âme”, dit Isaac le Syrien. Souvenez-vous-en, Gabriel. » Il sort. Je me lève péniblement et suis des yeux la lumière de sa lampe à huile qui tangue dans la nuit chargée d'étoiles. Maximos m'indique l'endroit où je vais dormir, et me souhaite une bonne nuit. Mon sac à dos est déjà dans la pièce. A tâtons, je trouve le lit et les couvertures. Je m'y enroule, tout habillé. Il n'y a pas eu de repas ce soir. Les anges ne mangent pas, c'est bien connu.

Hernan Kobalt, performeur

— On se baigne ? lança Paul.

La mer était décidément trop belle. Il crut même voir la silhouette gracieuse d'un dauphin apparaître et disparaître dans l'eau cristalline. Et la plage, nom de Dieu... Un petit croissant d'or parsemé de galets blancs luisant sous le soleil au zénith. Tout autour, en arc de cercle, des bosquets d'oliviers, de pins, odorants comme une chambre de fille, descendaient jusqu'à la crique enchanteresse. Paul fermait les yeux de plaisir. Il se sentait divinement bien, malgré la faim qui le tiraillait et qui allait, s'il continuait à ce rythme, le faire ressembler peu à peu aux martyrs décharnés qu'il avait eu l'occasion d'admirer pendant les quatre heures d'office à Hilandar. Il quitta le sentier et descendit sur la plage, où il posa son sac et s'étira.

— Alors, t'en dis quoi ?

Raph était perplexe. Une main en visière pour se protéger les pupilles de la réverbération solaire, il constatait lui aussi avec émerveillement la forte tonalité paradisiaque de l'endroit.

— Sublime, mais tu te souviens de ce qu'a dit le

pèlerin à Ouranopolis ? Baignade interdite ! En plus, on n'a pas de maillot.

— Ce type, il était défoncé à l'eau bénite. Et puis, si l'eau est sacrée, c'est tant mieux parce que j'ai l'âme un peu chargée, ces temps-ci. Remarque aussi que, depuis notre nuit de noces à Thessa, on s'est pas encore lavés. Si t'as envie d'attraper des saloperies...

Sous le regard vénérable du mont Athos calotté de blanc, il se débarrassa de sa chemise de lin et desserra la boucle de son ceinturon. Le jean ne tarda pas à glisser sur le sable. Son caleçon bleu à colombes blanches flamboyait sous le soleil. Raph le chambra :

— Il te manque plus que le rameau d'olivier !

— Tu veux le voir, mon rameau d'olivier ?

Il enleva le bas d'un coup sec et courut, nu comme Adam avant la pomme, jusqu'à l'eau où il s'engouffra tête la première. Il ne réapparut qu'une poignée de secondes plus tard, en s'ébrouant comme un jeune chien, et hurla :

— Elle est super-bonne, la garce !

Raph le regardait avec envie. Il jeta un coup d'œil alentour. Personne et pas un bruit. Seuls quelques oiseaux qui pépiaient de joie, et une colonie de cigales qui frottaient bucoliquement leurs ailes les unes contre les autres. Au loin, Paul faisait la planche, les doigts de pied en éventail. Après un rapide tour d'horizon supplémentaire, Raph se dit que c'était trop con de se priver et se débarrassa de ses frusques. Il s'avança prudemment. La fraîcheur lui picotait la plante des pieds. Depuis que sa première petite amie s'est englué les ailes dans les eaux pétroleuses du Havre, au début des années 90, Raph craint l'élément liquide. Un bête bain de minuit sous l'éclairage bleuté de la digue nord, après un concert de la formation punk-rock du lycée. La vidange accidentelle d'un pétrolier avait créé une brume tenace depuis le début de l'après-midi. Caroline avait longuement flotté avant que quelqu'un ose aller la récupérer. Lui-même. Les cheveux faisaient un éventail mouvant autour de la jolie noyée. Les secouristes du port n'étaient arrivés qu'au bout d'une demi-heure. La tête sous une couverture, assis sur les galets mazoutés, Raph avait pleuré à chaudes larmes. Les yeux révulsés de la jeune Normande, peau bleue et pointes des seins durcies sous le haut du bikini rouge, l'avaient empêché de dormir pendant des mois. Il y avait beaucoup de cadavres aimés dans les placards du passé de Raphaël.

Paul est déjà remonté. Il s'essuie le corps avec une grande serviette et s'étend de tout son long sur les galets chauffés par le soleil. C'est qu'on est furieusement bien, sur le mont Athos ! Tout compte fait, en croyant déconner avec le pèlerin, ils n'étaient pas si loin de la vérité. Sauf qu'il restait à mettre la main sur Gabriel et que, pour l'instant, ça n'avançait pas trop de ce côté-là. Un hurlement guttural interrompt net ses réflexions. Il sursaute et pivote sur sa hanche. Du sentier en surplomb, à dix mètres d'eux, un vieillard en soutane gesticule sur sa mule et agite un lourd bâton en hurlant. Paul s'empare de la serviette et des sacs à dos, et fonce vers les buissons. Brusquement arraché par les cris à ses souvenirs adolescents, Raphaël reste bêtement debout, l'eau à la taille, comme un Christ attendant d'être baptisé au Jourdain, les mains en cache-sexe sur son bas-ventre. Le type se prépare à descendre sur la plage. Raph prend son courage et sa virilité à deux mains, et lance ses longues jambes hors de l'eau. Il court, ramasse d'un geste vif et précis ses fringues et plonge dans les fourrés où l'attend son ami. Le moine atteint la plage, descend de sa mule, et s'approche du bosquet en braillant et en distribuant de furieux coups de bâton dans les buissons. A plat ventre dans les fougères, Raph sent des épines lui griffer sans ménagement les fesses. Il retient sa respiration pour ne pas crier. Grimpé en haut d'un olivier, Paul aperçoit la trogne du moine. Une barbe inégale lui dévore les joues comme une gale, l'œil est mauvais et le souffle rauque. Le moine jure encore un truc ou deux – Paul croit entendre le mot « policia » – et remonte, courroucé, sur sa mule fatiguée, qu'il gratifie d'un coup de bâton sur la croupe pour la forcer à reprendre la direction du sentier côtier. Paul descend de son arbre ; Raph se relève et se frotte le postérieur. Paul l'interroge :

— Il a dit quoi ? « Policia », c'est ça ?

Il songe aux types à Ray-Ban qu'il a vus à l'embarcadère, assis sur le capot de leur jeep.

— Je sais pas ; mais on n'a pas trop intérêt à s'attarder. Faudrait peut-être qu'on songe à trouver Esphigménou et Gabriel.

Ils se rhabillent en vitesse et remontent en direction du sentier, prudemment. Au moment où ils vont déboucher du bosquet, un nouveau cri les surprend. Ils sursautent et se planquent derrière un rocher.

— Maintenant, caralho !

Abasourdi, Paul ose tout de même un regard. « Qu'est-ce que c'est que ce bordel ? Viens voir. » Raph tend le cou : à environ une dizaine de mètres, sur un plateau herbu, deux types en combinaison orange se livrent à une activité plutôt déconcertante. Du moins l'un des types, car l'autre est immobile. Une petite caméra DV au poing, il filme son comparse en pleine action. C'est un colosse aux cheveux ras et grisonnants, le menton orné d'une barbichette façon blaireau de rasage, les yeux entourés de lunettes rétro, à monture noire et rectangulaire, qui esquisse quelques mouvements de tai-chi avant de ramasser une feuille de papier alu d'au moins cinq mètres carrés et de la tendre devant lui, en direction du soleil. Le voilà soudain qui se rue sur un cyprès avec sa feuille argentée et qui l'emballe aussi sec, avec de grands mouvements nerveux, fixant le papier sur l'arbre à l'aide d'épingles de plastique multicolores qu'il tire de la poche latérale de sa combinaison. Sa performance réalisée, il recule et pivote vers la caméra, qu'il salue majestueusement. « Appareil », dit-il sèchement à son assistant à la manière d'un chirurgien réclamant un bistouri. L'autre s'exécute, pose la caméra et lui tend un Polaroïd. L'habile praticien arme l'appareil et mitraille aussitôt le vénérable arbuste déguisé par ses soins en drag queen de mardi gras. Les deux amis émergent de leur cachette et se dirigent vers l'exposition *in situ*. L'assistant, un gamin de vingt ans, s'est assis sur une pierre, la tête entre les mains.

— Salut, dit Paul.

— Salut.

L'emballeur de cyprès continue à mitrailler fiévreusement, insensible à la présence des deux intrus.

— Qu'est-ce que vous faites ? demande Raph.

— Le maestro crée. Je l'assiste, répond ironiquement le jeune homme, avant de lâcher un gros soupir déprimé.

A ce moment-là arrive le maestro, l'appareil autour du cou, un bon paquet de Polas à la main, la combinaison grande ouverte sur un bide épanoui. On dirait qu'il est enceint. « Messieurs, bom dia, et bienvenue ! » Il leur tend la main droite, qui ne tarde pas à absorber les leurs dans une poigne vigoureuse. De l'autre, il lisse sa barbichette argentée.

— Hernan Kobalt, performeur international, contaminateur-inséminateur d'hyperréel et chef de file des sold'arts, syndicat du crime artistique organisé, collectif d'artistes polydimensionnels mercenaires de leur propre cause, prêts à intervenir par tous les biais de la création dans ce monde ultra-contemporain où l'hypermatérialisme dépasse les bornes. Oui, je le dis, faire irruption avec l'art, au mauvais moment, qui est pour nous toujours le bon. Voici Chri-Chri, mon disciple et stagiaire, filho da puta !

Il rayonne d'enthousiasme.

— Salut. Paul et Raph, dit Raph.

— Tellement minimaliste. Vous me plaisez, vous, chupa mo los ! On boit un coup !

L'artiste conceptuel se dirige vers une tente métallisée en forme de soucoupe volante, ou de crème renversée, et revient avec une bouteille, qu'il exhibe triomphalement.

— Vinho verde, caralho !

— C'est-à-dire qu'on est pressés, lance Raphaël.

Paul le pince.

— Mais non, on a bien le temps de trinquer trois minutes avec un grand artiste comme Hernan Kobalt, n'est-ce pas, maestro ?

Raph murmure :

— Paul, on est pressés !

Il s'approche de Raph et lui glisse à l'oreille :

— Ils doivent avoir un truc à bouffer ! J'ai vachement faim !

Au rythme d'un oignon par jour, Paul ne tient pas.

Ils s'assoient à l'ombre d'un grand rocher. Le soleil agressif de midi transforme le cyprès en torche éblouissante.

— D'ailleurs, vous n'avez pas un petit truc à grignoter ?

— Mais bien sûr, puta ! Tu pouvais pas le dire avant ?

Paul adresse un clin d'œil à son ami. L'artiste se lève et se dirige vers son igloo métallisé. Il roule les *r* d'une terrible façon.

— Alors, toi, t'es vraiment son assistant ? continue Paul.

— Tu parles ! Juste un étudiant de troisième année à l'Académie royale des beaux-arts de Bruxelles, qui a eu le malheur d'accepter de rédiger un mémoire sur Kobalt. Résultat, je passe mon été chez les tarés, et en combinaison orange... Et tout ça pour dépanner une copine qui ne voulait plus du sujet, et qui en ce moment passe un séjour de rêve au bord de la piscine du designer Stark, dans sa propriété des Baléares... Quel con, je vous jure. Et avec une mer pareille, tu peux même pas te baigner !

— Et pourquoi au juste ?

— La mer est sacrée car la Vierge y a fait naufrage. Désormais, ils se servent de la mer pour les baptêmes, par immersion totale...

Kobalt revenait, une glacière à la main et un gros pain sous le bras. La collation, à base de charcuterie portugaise, de pain athonite, de beignets de morue et d'un délicieux vinho verde, fut savoureuse. Les deux amis, entièrement consacrés au soin de leur estomac, n'écoutèrent que d'une oreille distraite les concepts révolutionnaires de Kobalt. Le petit Christian tenait toujours sa tête entre ses mains.

— Voyez-vous, on a mis au jour sur ce site, il y a quelques années, des traces d'anthroposacrifice lié au culte du soleil. Du cannibalisme rituel, si vous préférez, remontant au néolithique supérieur. Saint Athanase, l'un des premiers ascètes du mont Athos, reçut des anges la mission de construire le premier monastère de l'Athos, celui de la Grande Laure. Mais les démons défaisaient la nuit ce qu'il faisait le jour. Il perdit confiance dans les pouvoirs divins. Alors, la Mère de Dieu, dont c'est ici le Jardin, lui apparut et lui dit de ramasser un morceau de bois mort et de le planter, à l'envers, dans le roc même. Et l'arbre poussa ! Ces cyprès que vous avez devant vous sont les rejetons de ce cyprès mystique et mythique ! Et que fait Hernan Kobalt ?

— Il emballe le cyprès, répondit Raph.

— Oui, j'emballe, j'emballe, filho da puta ! Et je fais revenir ces cyprès sacrés des siècles et des siècles en arrière, caralho ! Car en le rendant si brillant, si réfléchisseur des rayons du soleil, j'en refais l'objet païen de départ, celui du temps des anthroposacrifices liés au culte solaire...

— Pas mal, commenta le jeune homme, tandis que l'étudiant, toujours assis sur sa pierre, soupirait.

— Mais en même temps, continuait Kobalt, hurlant d'excitation, en même temps je le modernise, car qu'est-ce que le papier d'aluminium, sinon une production ultramoderne ? Je pouvais très bien prendre de la feuille d'or ?

— C'est plus cher... remarqua Paul.

— Fi de l'argent, valeur d'échange caduque ! Le frrric ! Toujourrrs le frrric ! L'aluminium modernise cet arbre mystique, l'industrialise !

Le maestro se tenait par la barbichette.

— Je souille cette relique en la reléguant au rang d'objet quasi industriel ; par là je suggère la menace que fait peser le postmodernisme industriel et global sur tout ce que notre terre produit, en couvrant cet arbre d'un emballage vulgaire sur lequel, bientôt, un prix sera mis. Je fais de cet arbre sacré un bien marchand, prêt à être consommé, dévoré...

— Comme du poisson en papillote ?

— Vai ver se a tu a madre esta a fazer iscas a traz la porta[1] !

Il inspira brutalement, remplit son énorme cage thoracique de l'air gorgé d'essences aromatiques.

— Maintenant, au travail ! Il nous reste les deux autres cyprès à faire ! Une mise en scène de la contamination industrielle du symbole trinitaire !

1. « Va voir si ta mère prépare des beignets de morue derrière la porte ! » En gros, « Va te faire foutre ! »

L'étudiant se leva de mauvaise grâce. Le maestro contemplait son arbre artistique en se grattant un testicule.

— Une relique, braillait-il, une relique enchâssée dans l'or industriel, foda se !

Christian avait fait coulisser la fermeture Eclair de sa combinaison jusqu'aux reins ; des gouttes de sueur perlaient sur son torse las. Il se tourna vers eux.

— Et vous, vous faites quoi, ici ?

— On cherche un ami...

— ... Qui en cherche un autre, ajouta Raph.

Le petit jeune écarquilla les yeux, déjà lessivés par le soleil.

— C'est un jeu de piste ou quoi ?

Paul sourit. Il était d'excellente humeur ; il avait bien mangé et bien bu, la peau du ventre bien tendue, merci petit Jésus. Fêter saint Sava, une fois ça va, se dit-il, satisfait de son jeu de mots.

— On peut voir ça comme ça.

— Et il sait que vous êtes à sa recherche ?

— Aucun ne sait qu'il est recherché par l'autre, ou par les autres.

— Si ça vous amuse, tant mieux, commenta le disciple d'un ton de zombie sous anxiolytiques. Moi, je suis obligé de rester, sinon je me tirerais d'ici en vitesse. Mais il y va de ma licence, alors faut que je tienne jusqu'au sommet.

— Kobalt veut emballer le sommet ? demanda Paul en ricanant.

— Il veut faire une installation là-haut... (Il souffla.) Vous allez où, maintenant ?

— A Esphigménou, répondit Raph.

— On en revient. Un peu space, les mecs, là-bas.

Paul et Raph se consultèrent du regard.

— T'as pas aperçu un jeune Français ?

— J'ai pas fait gaffe.

Un juron interrompit net leur conversation :

— Puta e vinho verde ! Chri-Chri ! L'aluminium !

L'assistant les salua tristement, l'épaule voûtée et l'œil terne, et se pencha pour se charger d'un rouleau de papier d'aluminium de quatre mètres de long. Ployant sous la charge et la cruauté des rayons du cagnard athonite, il tangua tel un vendeur de tapis ivre mort en direction du génie en transe, qui tournait maintenant sur lui-même à la façon des derviches soufis. Le soleil se réverbérait impeccablement sur la surface placide et scintillante de la mer Egée. Les deux amis se mirent en route vers Esphigménou. « Tiens bon, Gabe ! On arrive ! » se dit Raph.

L'homme qui voulait être un ange

J'ouvre les yeux dans un halo de poussière dorée. Les particules jouent aux électrons autour de ma tête. Mon auréole à moi. Je suis en nage. Ça cogne dur et j'ai mal dormi, malgré la fatigue ; le ventre vide doit y être pour quelque chose. J'ai dormi tout habillé, dans un sommeil bourré de visions de Faustine en état d'orgasme avancé, de réminiscences de sexes ouverts et de rêves dilapidés. Avec Octave qui grimaçait avec des airs de marionnettiste pervers. Sur la terrasse, assis sur le banc de bois, Maximos tend de fines cordes à intervalle régulier, parallèles, sur un cadre métallique.

— Ce sont de futures bougies, dit-il en constatant mon air ahuri.

Il ajoute :

— Vous êtes prêt ?

Il a troqué ses sandales contre des souliers de marche, genre Pataugas. Il se lève et me dit :

— Je vous fais un café ?

Je dois lui faire pitié. A mille lieues de l'ascétisme. Désolé, mon corps ne s'éveille que sous caféine. Je le remercie.

— Vous savez où je peux trouver de l'eau ?

— Il y a une citerne, là-bas.

Derrière un mur, je repère un broc de plastique. Je le remplis au robinet qui pousse sur le cylindre de métal et me débarbouille. La froideur de l'eau me stimule. Avec la caféine, ça va être nickel. Je rejoins la terrasse où je lace mes Gazelles et contemple la mer parfaitement lisse et baignée par un soleil déjà assassin. Maxime m'apporte une tasse et un verre d'ouzo.

— Ça vous fera pas de mal, commente-t-il. On a du chemin à faire, et je ne parle pas seulement de distance.

Il rentre dans la cuisine puis en ressort, un sac en crin de chèvre sur l'épaule, un jerrican rouge dans la main.

Le chemin serpente entre de petites bâtisses en ruine, avant de s'accentuer brutalement en plongeant vers la mer.

— Y a combien de moines ici ?

— Seize. On se retrouve le dimanche, pour communier au kyriakou. Sinon, chacun exécute les offices pour lui-même, ou les moines qui vivent avec lui, comme moi et Théophile.

— Le vieux moine ?

— C'est mon père spirituel.

Maximos se tait. On descend les derniers cent mètres par une flopée de marches taillées dans la pierre. Arrivé au petit port, il se dirige vers la barque remontée sur son treuil et l'actionne. L'embarcation glisse sur ses rails en couinant jusqu'à la surface de l'eau. Maximos saute à bord, mouille au passage le bord de sa soutane, enlève la housse plastifiée d'un Johnson de 15 CV, le bascule et plonge l'hélice dans l'eau. Retroussant sa manche sur une peau qui ne voit jamais le soleil, il se penche, pompe sur la nourrice à essence et tire d'un coup sec la courroie de démarrage. Le moteur se met à ronronner. L'eau bouillonne derrière le bateau. Il me fait signe de monter. Le souffle du moteur nous couvre de bruit. Je saute à bord. La barque s'éloigne rapidement du bord et entame proue en avant le trajet vers l'île d'Aghios Christophoros.

Rêveur, Maximos contemple la skite de Kafsocalyvia, qui de la mer montre sa structure en amphithéâtre naturel, descendant de palier en palier jusqu'à la mer. Les maisons font des taches blanches sur le vert émeraude des bosquets d'oliviers. La croix haubanée du kyriakou scintille dans le soleil mais n'empêche pas la skite de Kafsocalyvia de rapetisser à vue d'œil à mesure que nous entrons dans la pleine mer.

— Vous savez pourquoi on l'appelle Kafsocalyvia ?

Il hurle par-dessus le bruit du moteur. Je fais non de la tête et m'approche de lui.

— *Kafsocalyvia* vient de *Kafsocalyvitis*, « celui qui brûle les maisons ». Un saint qui aurait vécu ici il y a des siècles, saint Maxime, qu'on surnommait ainsi parce qu'il brûlait systématiquement les maisons qu'il habitait. Une façon de montrer à Dieu qu'il ne s'attachait pas aux choses du monde.

Les fous. Le soleil crame les pupilles. Il frappe la surface de l'eau et nous renvoie une luminosité deux fois plus puissante. Une main sur le bras du moteur, Maximos pilote avec assurance et garde le cap tandis que se détache des flots la masse rocailleuse de l'îlot. Nous approchons.

— Vous avez peur ? me demande Maximos, les mains en visière au-dessus des yeux.

— Non, je dis.

— C'est un ami très proche ?

— C'était.

— J'espère que tout se passera bien, l'ascèse l'a peut-être rendu différent.

— Nous verrons.

Le croissant bénit de Kafsocalyvia est loin maintenant derrière le sillage d'écume qui déroule ses bulles et ses remous dans le ronronnement régulier du Johnson. Maximos ralentit l'allure pour éviter les brisants, puis coupe le moteur quand les premiers rochers deviennent accessibles à la main.

— Donnez-moi cette corde.

Maximos se lève en remontant sa soutane sur ses genoux, accroche la corde à un pic de métal rouillé planté dans le rocher. On distingue des marches creusées dans la falaise.

— C'est là-haut.

Son doigt désigne une anfractuosité à cinquante mètres au-dessus de nos têtes.

— On va monter par les marches et contourner cette paroi qui ne permet aucune escalade. Vous pouvez prendre ça ?

Il me montre le jerrican de dix litres. Je me charge et l'ascension commence. Mon cœur prend de la vitesse à cause de la chaleur et, encore une fois, je suis vite distancé par le moine. Leur condition physique me stupéfie. J'ai quand même dix kilos sur les bras. Vu d'ici, le bateau est réduit à une petite tache de vingt centimètres à peine, un modèle réduit au fond d'une bouteille. La faim fait revenir mon vertige. Je m'arrête. Maximos me repère et marque lui aussi une pause. Je reprends la montée et parviens à le rejoindre.

— Ça force le respect, non ?

Il y a un brin d'admiration dans sa voix.

— Il se nourrit de quoi ?

— Eau de pluie, baies, racines. Et ce que je lui apporte.

Il tâte son sac.

— Surtout de l'huile pour les lampes, en fait ; et puis du pain et de l'eau. On dépose le tout dans un panier et on arrête de venir quand le panier reste plein. Alors on s'occupe de la dépouille.

La chaleur maculait mon front d'une sueur au goût de sel. Je voulais qu'on accélère.

— On arrive bientôt ?

— Encore une centaine de marches.

Dix mètres plus haut, un panier d'osier, suspendu à une corde, reposait sur le roc brûlant de chaleur malgré l'heure matinale. L'environnement complètement minéral, plus aveuglant encore à cause de la mer qui bouillonnait tout autour, rendait toute vie quasiment impossible. L'enfer sur deux ou trois cents mètres de long et cinquante de haut.

— Le panier est vide, c'est bon signe. Ça fait un mois que je suis venu.

Je m'indigne :

— Un mois ! Il a le temps de mourir dix fois !

Maximos me foudroie du regard.

— Ne dites pas de bêtise. Un ascète n'est pas un prisonnier. Il choisit de venir ici. Il doit se débrouiller. Nil l'ascète recommande à l'ermite de regarder les oiseaux : ils ne sèment ni ne moissonnent et, pourtant, Dieu les nourrit.

Le bon sens de la sagesse ascétique. Il se remit en marche. J'enviais soudain à Octave cette solitude. J'aurais parié qu'il finirait décavé aux amphètes dans les chiottes d'un club parisien, piqué jusqu'à l'os dans un squat quelconque ou embrumé au hasch dans un ashram d'Asie, et voilà que je le retrouvais en athlète de l'ascétisme dans une grotte imprenable, auréolé d'une sainteté tout orthodoxe.

Nous arrivons en haut, haletants. Le vent fait battre sur ses jambes la soutane de Maximos. Mon tee-shirt me colle aux omoplates. Je pose le jerrican dont le poids me fait courir des fourmis assoiffées dans les veines. Un sentier descend entre une poignée d'arbustes secs fouettés par le vent jusqu'à une vaste terrasse où Maximos s'arrête. Il se penche et découvre une trappe, sur laquelle il frappe trois coups. Pas d'autre réponse que celles du vent et des mouettes qui piaillent dans les interstices de la falaise. Il frappe encore, puis se résout à l'ouvrir. Sous la trappe, une échelle. Il descend ; je suis. Mon cœur s'étouffe dans son propre sang, ivre d'excitation. Mes pieds se posent dans une vaste pièce couverte de nattes. Une odeur d'encens et d'huile pareille à celle de l'habitation du moine anonyme. Même ameublement sommaire. Le jour filtre à travers le réseau de planches de bois qui ferme la caverne côté mer. Une porte s'y dessine. Maximos la pousse. Elle résiste, puis cède. La lumière explose dans la caverne, révélant un mur tapissé de crânes. « Tous ceux qui l'ont précédé. Un ermite ne quitte sa cellule qu'à sa mort, indique Maximos. Où peut-il être ? » ajoute-t-il. Devant la caverne, une petite terrasse de bois, suspendue dans le vide. Il s'y adosse. Au-dessus de lui les sternes tournoient indéfiniment dans le ciel comme en quête d'une charogne. J'inspecte la pièce. Les crânes ont le front peint d'une croix et de quelques lettres. « Jésus-Christ a vaincu, répond Maximos sans me laisser le temps de formuler ma question. Leur front lisse atteste leur pureté spirituelle. Nous enterrons les corps à même le sol. Au bout de trois ans, on récupère les ossements. Si la chair tient encore à l'os, c'est que l'homme n'était pas complètement pur. On expose alors les restes dans l'église le temps d'une messe de rachat. » Cette rangée de crânes marqués à l'encre noire me pétrifiait. Où était Octave ? « Ils ont tous le même visage, et désormais un corps aussi léger que celui des anges », continue Maximos d'une voix tranquille. A gauche, entre une table miséreuse couverte de rognures de bougies et une paillasse, l'humidité ronge un sac à dos kaki. Mon cœur s'emballe. Je me dresse et me dirige vers le sac. Je l'ouvre. Maximos ne proteste pas, mais me regarde attentivement. Le sac est rempli de fringues à l'odeur de pourri, de serviettes-éponges dans un état atroce. Une lampe électrique m'échappe des mains. Elle tombe et roule sur le sol avec un bruit clair, et laisse échapper une pile ronde absolument rouillée. Sous mes doigts, je sens la couverture d'un livre. Mon pouls s'accélère encore. *La Philocalie*, par Olivier Clément, aux éditions Jean-Claude Lattès. Un livre français. Je l'ouvre, en tourne les pages fiévreusement. Des paragraphes entiers sont soulignés au crayon à papier. Je lis au hasard un passage mis en évidence par une croix dans la marge : « Il est impossible à l'homme éprouvé par les tentations de les traverser sans souffrir », Jean Carpathios, *Exhortations aux moines de l'Inde.* Je soupire. Les pages sont gorgées d'eau, mais le livre est récent. « C'est une œuvre très importante pour l'orthodoxie, murmure Maximos de son balcon. Une initiation au combat spirituel. » Je lève la tête, impatienté, me dresse face à lui. L'énervement me monte à la tête.

Je pose le livre et m'avance, en proie à la panique :

— Où il est ? vous savez ?

Il me semble l'avoir vu blêmir. Il me regarde fixement.

— Je crois que oui.

Je reste interdit.

— Avancez-vous.

Maximos s'est dressé ; il pose ses mains sur mes épaules et me mène jusqu'à la balustrade :

— Regardez par vous-même.

Au début, je ne vois rien d'autre que des rochers arrosés par les vagues et le soleil, cinquante mètres plus bas, et puis mon œil s'habitue et commence à distinguer, là où les flots jouent au bain moussant avec les récifs, une piscine naturelle qui retient une silhouette enveloppée de noir. Elle ondule comme un voilier d'enfant dans un bassin de jardin public.

— L'ange a pris son envol, murmure Maximos avant de se signer lentement. Je suis désolé, Gabriel.

Je ne le regarde pas, rejoins en courant l'échelle de fer que je gravis comme un fou, avant de dévaler la pluie de marches. La piscine naturelle est inaccessible par la terre, une sorte de cap empêche de s'y rendre. Je saute dans la barque, répète les gestes de Maximos, pomper sur la nourrice, tirer d'un coup sec la courroie de démarrage et détacher la corde. Le Johnson rugit et me propulse vers la mer. J'essaie de diriger la frêle embarcation de l'autre côté du cap. Une vague dopée par les courants contraires manque de me mettre à la baille. Je fais machine arrière, m'embrouille, le bateau tourne sur lui-même. On hurle derrière moi. Maximos est debout sur la grève, me fait des signes. Une vague encore plus grosse me précipite contre la barre rocheuse. La coque crisse contre le minéral. Je parviens à maîtriser l'embarcation. Le moteur rugit et me ramène vers Maximos qui saute avec une souplesse incroyable, me jette contre la proue et prend les commandes. Le bateau lui obéit immédiatement et se faufile à travers ce qui ressemble à un chenal. Le moine met sa main en visière pour éviter l'éblouissement. Il maintient le bateau dans le cap, mais les flots le ballottent de gauche à droite. Une barre de rochers nous empêche de continuer. « Vous allez devoir y aller à pied. Sautez ! » hurle le moine. Je prends appui sur la coque et me propulse sur la barre rocheuse qui s'avance en éperon dans la mer, atteins la falaise et progresse contre la paroi, pour accéder à la piscine naturelle. Le corps noir flotte devant moi, ballotté par les vagues qui le cognent contre les rebords. Des mouettes piochent à l'envi dans le cadavre, à trois mètres à peine. Il est hors de portée. J'ôte mes chaussures et mes vêtements et tâte la profondeur avec les pieds. Pas pied. Je saute. Le froid m'électrise. Au moment où je vais atteindre le corps retourné sur le ventre, une vague le recouvre brutalement et me fait boire la tasse. Je crache mes poumons. Le sel me brûle. Je continue à avancer. L'eau joue avec le corps comme avec un morceau de bois flotté. Enfin, j'attrape un bras. L'étoffe est complètement imbibée d'eau. Je tire le corps vers moi pour le ramener au bord, tente de le faire pivoter. Je n'y arrive pas. Il est trop lourd, me glisse des mains. J'essaie de le hisser sur la grève en tirant sur les deux bras. Le contact mou et glacé me fait grincer des dents. Le dos est piqueté de points rouges et des lambeaux de chair affleurent : le bec des oiseaux et les pinces des crabes. Enfin. Le corps est au sec, sur le ventre. Le cœur au bord de l'embolie, terrorisé, je le retourne. Un visage mangé par le sel et les crustacés, violacé par le froid, m'interroge de son regard mort. Les orbites vidées, les traits immobilisés dans une maigreur insoutenable et un rictus de bonheur fatal. L'homme est jeune, l'homme est brun, mais en aucun cas il ne s'agit d'Octave.

En revanche, il me ressemble atrocement. Je détourne les yeux avec horreur.

— Péché d'orgueil, ou folie en Christ, murmure une voix derrière moi.

Je sursaute. Maximos est debout, le vent joue dans les plis de sa robe noire.

— Voilà ce que réservent les démons aux orgueilleux qui partent les affronter sans armes.

Du sel plein la bouche, trempé jusqu'aux os, je le regarde avec des yeux effrayés.

— C'est lui que vous cherchiez ?

Je secoue la tête négativement, incapable d'articuler une parole. Maximos disparaît derrière un grand rocher couvert d'algues.

Ascèse contre Prozac

« Je vais vous faire à manger », propose Maximos. Le vieux Théophile est parti jardiner. Près du kyriakou, les salades sont en train de monter. J'ai entrevu sa silhouette voûtée sur la bêche solide qui fouaille avec difficulté le sol craquant de soleil. Une source venue du mont Athos alimente l'anse de Kafsocalyvia et rend la vie à peu près possible. Une oasis dans le désert. Le trajet en bateau a été silencieux. Avant le départ, il a fallu ensevelir le corps du suicidé. On s'est relayés pour creuser le sable non loin de la piscine d'eau salée. Maximos avait une bêche dans le bateau. A croire qu'il avait prévu le coup. Je me suis absenté pendant qu'il se livrait à une vague cérémonie. Je l'ai regardé tourner le visage du mort vers l'orient, répandre sur le cadavre une poignée d'eau bénite et d'huile sacrée – il en avait apporté pour l'ermite – ainsi qu'un peu d'encens. Il a commencé à réciter une prière. Je l'ai laissé. J'ai fait le tour de l'îlot, un enfer où il me paraissait fou de venir chercher le paradis. Une chaleur extrême, une quasi-absence de végétation, la seule compagnie des mouettes, des cormorans et des insectes. Un monde à part, marginal, dont les lois ne sont plus les mêmes qu'ailleurs. Il en faut, des couilles, ou du désespoir, ou de l'exaltation, ou de la foi. J'ai ressenti un profond désarroi. Où aller à présent ? Rentrer à Thessalonique. Que voulait Simandre ? Je ne comprenais plus rien. J'étais amer et fatigué. Le visage du suicidé m'est revenu en flash-back. Le corps enveloppé de la soutane a dû tournoyer comme une flamme avant de s'écraser sur la surface de l'eau en contrebas, en évitant inconsciemment les rochers. Une torche noire dans le ciel, un ange déchu en piqué au milieu du ciel blanc à force d'être lumineux. Quand je suis revenu de mon excursion, une simple croix de bois dépassait du sable, sans nom ni date.

Maximos fait revenir des oignons dans l'huile d'olive, ajoute des tomates. Il a ouvert une boîte de calamars en conserve, un luxe destiné à me réconforter après ce qu'on a vu. Je ne sais plus que penser de lui. Il n'a visiblement aucune information sur Octave. N'a vu aucun autre Français. Assis sur le banc de bois, je reste hagard au milieu de l'odeur des calamars qui rissolent dans l'huile et me titillent les narines. C'est toujours ça de pris. Ça doit être mon premier repas consistant depuis des lustres. Le temps s'est dilaté. J'ai l'impression d'être là depuis des années. Maximos dépose sur la table un carafon de vin épais et noir comme du sang. Pas un vin de messe. Un bon vin bien corsé au goût de framboise, tiré des vignes du monastère de Ploutopédi dont dépend la skite de Kafsocalyvia. Il me frappe sur l'épaule et me tend un verre. « Buvez. » Le vieux Théophile passe une tête par la porte, attiré par l'odeur. Dit quelque chose en grec qui fait rire Maximos. Je demande pourquoi, un peu frustré d'être tenu à l'écart de la conversation, par le simple fait que je ne connais pas le grec. Maximos, tout en remuant la poêlée à l'aide d'une spatule de bois, m'explique que le vieux moine vient de citer saint Grégoire Palamas, un père grec du

XIVe siècle qui fustigea dans un discours les mauvais moines de l'Athos : « Ils mangent comme des porcs, boivent comme des tonneaux, et quand ils sont ivres, prétendent émettre des oracles. »

— Il trouve qu'on ne devrait pas manger tout ça ?

Maximos me sourit avec bienveillance :

— Pourquoi « on » ? C'est vous qui allez manger, pas nous.

Je réagis :

— Vous cuisinez, et vous n'allez pas manger ?

— Bien sûr que non. Je me nourris des odeurs, comme le peuple de la Lune inventé par votre Cyrano de Bergerac. C'est bien cela ? Mes souvenirs de lycée sont-ils intacts ?

J'acquiesce. Maximos rit de bon cœur.

— Je plaisante, mais ça vous gêne que nous ne mangions pas ?

Je souris, embarrassé.

— Non, mais pourquoi toutes ces mortifications ?

Maximos cesse brusquement de remuer les calamars et me fixe fermement.

— Mortifications, comme vous y allez ! Nous ne sommes pas « masochistes », comme vous dites dans le monde. La veille, le jeûne et la chasteté donnent à l'intelligence une acuité particulière. C'est pour l'amour de Dieu que nous cherchons à transformer notre corps, afin que le transperce la lumière divine. L'ascèse nettoie le regard, l'ouvre à la beauté de la Création. Ne croyez-vous pas que c'est dans le monde qu'on se mortifie, avec toutes ces ambitions, ces esclavages volontaires qui vous frustrent, et qui lorsqu'ils ne sont pas contentés vous rendent aussi pitoyables que des enfants privés de leur hochet ? Mangez, avant que ça ne refroidisse !

Il dépose l'assiette fumante et parfumée devant moi. Du coup, j'ai presque honte d'y toucher, exigeant des explications, mais Maximos a déjà disparu. Seul, je ne me fais pas prier pour boulotter l'excellente cuisine, conscient qu'un tel déjeuner a dû grever pour un ou deux mois les réserves des deux moines.

Je le retrouve une bonne heure après. Il sort de l'église en se signant. « Une messe pour le jeune homme », murmure-t-il, sans paraître s'émouvoir davantage. La mort semble pour ces hommes une notion très relative.

— Alors, dit-il en me regardant d'un air infiniment bon, vous allez faire quoi, maintenant ?

— Je ne sais pas. Retourner sur le continent, je suppose. Je ne crois pas que je retrouverai celui que je cherche.

Maximos me considère attentivement. Ses yeux se plissent.

— Mais qu'est-ce qu'il fait sur l'Athos, exactement ?

— Je l'ignore.

— Il ne vous a pas dit où il était ? Dans un monastère, ou dans une skite ?

— Il ne sait pas que je suis là.

J'ai cru le voir sourire.

— Ça vous amuse ?

— Bah... C'est-à-dire qu'on ne retrouve pas quelqu'un comme ça sur l'Athos... C'est comme, comment dites-vous en français ? Chercher une aiguille dans...

— ... une meule de foin.

— Merci.

Il paraît gêné. Je fais un geste résigné de la tête, et m'apprête à tourner les talons, dégoûté et un peu las. Maximos me retient par la manche.

— Attendez, Gabriel ! Je ne demande qu'à vous aider. Il doit bien y avoir une solution. Réfléchissons. Il y a une chose que je ne comprends pas. Vous venez sur la Sainte Montagne pour retrouver un ami sans savoir où il est ? Je ne vous ai jamais demandé cela car il faut respecter les raisons de chacun, mais, pardonnez-moi, vous êtes bien sûr qu'il est ici ?

Je regarde le sol, soudain gêné. Ma situation est pitoyable.

— Quelqu'un qui le connaît m'a d'abord envoyé à Stavronikita.

— Tiens donc ! Voir Basile ?

— Exactement.

Maximos se tait. Je lève la tête et le considère attentivement. Il a l'air de vouloir dire quelque chose, mais se retient, bizarrement, comme si la proposition lui paraissait folle. Je l'encourage.

— Vous savez quelque chose ?

Maximos marque une nouvelle pause.

— L'homme qui vous a envoyé à Stavronikita... c'est un moine ?

— Non, il est docteur en théologie, et producteur de films aussi. Basile et lui ont fait des études ensemble... Mais ils ne s'aiment pas beaucoup, à ce que j'ai cru comprendre...

Il caresse nerveusement sa barbe, semble chercher très loin dans sa mémoire.

— Baptiste Simandre ?

Il vient de lâcher le nom comme ça, en m'interrogeant des yeux. Je suis scié.

— Répondez-moi, c'est Simandre ?

Maximos paraît impressionné.

— Oui.

Il fait un signe de croix au-dessus de ma tête.

— Vous êtes entre de vilaines mains, Gabriel.

Tout le monde ici connaît-il Simandre ? Un frisson me traverse l'échine. Tout est trop bien rodé. Je m'énerve.

— Ça veut dire quoi, tout ça ? Comment le connaissez-vous, d'abord ?

Il me répond calmement.

— Je l'ai connu à New York, à l'Institut orthodoxe. Ce n'était pas vraiment un ami, même s'il était très brillant, et profondément habité par le message des Pères. Il a toujours eu des projets pour l'Athos. Et pourtant, il a choisi une autre voie, à ce qu'on dit. Votre ami est parti sur ses conseils ?

— Je crois, oui.

Mon sang bourdonne à mes oreilles. J'ai la désagréable impression d'être le héros d'un mauvais jeu vidéo interactif.

— Ecoutez, lance Maximos d'une voix posée en ne me quittant pas des yeux. Vous allez me faire le plaisir de rester avec nous ce soir. Vous avez eu assez d'épreuves pour aujourd'hui. Et demain, vous prendrez le bateau pour Ploutopédi, sur la côte ouest, juste au- dessus de Stavronikita. C'est un monastère opulent et très confortable, qui n'a d'ailleurs plus grand-chose à voir avec la Sainte Montagne, mais qui vous reposera. Là, vous ferez le point. Vous verrez si vous voulez retourner à la civilisation ou si vous voulez vous enfoncer davantage dans l'Athos. Et retrouver votre ami. S'il est ici... A Ploutopédi, vous demanderez Hilarion. Lui aussi connaît Simandre. Il pourra sans doute vous aider.

— Décidément, Simandre est un héros national, ici.

— Hilarion est français, comme Basile et comme Simandre. Moi-même, je suis un peu français. Comme dans toutes les diasporas, tout le monde se connaît... Et comme il se trouve que nous avons fait nos études ensemble, cela rend les choses nettement moins coïncidantes. Vous savez, Basile, Hilarion, Simandre et moi-même avons fait des études théologiquement poussées. Nous aurions pu accéder à des fonctions prestigieuses dans la hiérarchie orthodoxe, mais nous étions persuadés que notre voie était ici même, dans la plus grande humilité sous le regard de Dieu... Simandre n'avait visiblement pas les mêmes aspirations. Il a encore certains liens avec l'Athos, mais je ne sais pas très bien lesquels. Hilarion vous renseignera davantage. Maintenant, si vous voulez bien, je dois me consacrer à mon travail.

Il s'esquiva. Je restai deux bonnes heures à réfléchir, très tendu par les perspectives qui s'offraient à moi. Je ne savais plus très bien au fond si j'étais venu là de mon propre chef, ou bel et bien manipulé. Après avoir fumé quelques cigarettes sur le balcon, je décidai de descendre à la chapelle retrouver Maximos, dont la présence me rassurait.

*

Devant ses fresques colorées, l'ermite et peintre Maximos de Kafsocalyvia me parlait de la femme, et d'une fresque d'Iviron — là où sévissait le moine Absolut — qui représentait les deux voies d'accès à la vérité. Un ermite dans sa grotte, et un couple de lièvres. « Pour rassembler tout son être dans son cœur, l'amour vrai pour une femme est à l'égal de la voie ascétique », commentait-il. Je ne voulais pas penser à la femme. Le souvenir de Faustine me torturait encore, et l'ombre d'Octave la recouvrait aussitôt d'une façon obscène. Je changeai de sujet.

— Pourquoi le jeune moine d'Aghios Christophoros a-t-il échoué ?

— « Le chien qui lèche une scie boit son propre sang, dont l'agréable saveur lui voile le mal qu'il s'occasionne », répondit le peintre concentré sur un ermite couvert de feuilles. C'est encore d'Isaac le Syrien. On ne part pas seul au désert, surtout quand on manque d'expérience dans le monachisme. Car on ne part pas au désert pour trouver la tranquillité, mais le combat. Au monastère, on combat au milieu du « rang serré des frères » ; au désert, on est seul. Et la solitude, croyez-moi, pèse sur l'esprit, exaspère les nerfs, qui finissent par crisser comme des cordes trop sèches. Le corps se rebelle, l'âme se dessèche et l'homme veut mourir. On appelle ça l'akêdia, le désespoir suicidaire.

Le visage extatique et figé du suicidé, mangé par les crabes et les mouettes, me revint dans un flash. Moi aussi, le désert avait bien failli m'avoir.

— Contre qui combat-on ?

— Contre ses propres passions, répondit tranquillement l'ermite en frottant un pinceau contre sa palette. Contre ce qui fait souffrir les hommes. La convoitise, les désirs éphémères, l'orgueil. Ce que sur l'Athos on appelle les démons, nos démons, qu'il s'agit de soumettre pour purifier son cœur.

— Mais on gagne quoi ?

Ma question m'apparut soudainement bêtement prosaïque.

— Le but de celui qui part au désert est de gagner l'impassibilité, c'est-à-dire l'« absence de souffrance ». Avez-vous bien regardé notre habit ?

Il posa son pinceau, se leva et me montra le voile qu'il ajoutait à sa toque de feutre pour prier. Sur les côtés, le tissu s'épanouissait en deux morceaux symétriques, de part et d'autre, comme deux petites manches.

— Ces deux extrémités figurent des ailes symboliques. Celles de l'ange. D'où notre chasteté, notre jeûne. Car ce n'est pas pour des raisons morales que les anges sont chastes. Etre chaste, c'est avoir domestiqué les besoins du corps, et le but de l'ascèse, c'est de dépasser le corps, de s'affranchir de ses besoins, car c'est du corps que vient la douleur. Le corps doit être soumis au cœur, qui doit se décanter comme une eau calme pour recevoir la lumière.

Maximos reprit son pinceau et attaqua le visage du saint. Les vitraux ne laissaient plus passer qu'une lumière orangée. Le soir allait tomber. Les expressions de Maximos étaient pleines de poésie mais celle-ci me laissait froid. J'y voyais une rêverie un peu vaine, peu pragmatique, en fait. J'ai ajouté :

— L'ascèse n'est donc qu'une démarche contemplative ?

Il s'arrêta de peindre.

— Cela n'a rien d'abstrait, Gabriel. Souvenez-vous de l'échelle que vous regardiez dans l'église. Elle vous offre une « méthode », en grec un chemin. Gravir cette échelle, c'est descendre au fond de son cœur pour y détruire, petit à petit, l'orgueil et les faux désirs qui inspirent l'insatisfaction et l'angoisse. Enlever la rouille de l'épée pour permettre à la lumière de l'acier d'éclater. Par la respiration de la prière.

— Une respiration ?

Maximos marqua une pause pour terminer le contour noir de l'œil du martyr.

— Selon la Genèse, nous avons été créés par le souffle de Dieu. En prononçant le nom de Dieu, dans une synchronisation parfaite du rythme respiratoire et des battements du cœur, nous faisons descendre ce souffle dans notre cœur et nous unissons à Dieu.

Au fond, c'est une forme de yoga, me suis-je dit. Mais Maximos continuait à dérouler pour moi les arcanes de l'ascèse athonite.

— Nous répétons la même phrase, indéfiniment, pour faire descendre l'humilité au fond de nous. O Κνριε, Ιεσον Χριστε, ελεσον με τον αμαρτϖλον. « Seigneur Jésus-Christ, aie pitié de moi. »

Je pensai aux mantras de l'hindouisme. Au moine anonyme que j'avais vu assis face à la mer, la tête penchée sur sa poitrine, concentré dans une prière muette. Il aurait pu se trouver au bord du Gange ou sur une montagne du Tibet. Comme je m'en étais aperçu, nous n'étions plus en Occident, ni même dans le présent, mais dans la Byzance des premiers siècles, par où toutes les écoles de pensée avaient un jour transité. Maximos peignait comme les sages tibétains réalisent leurs mandalas. Un art impersonnel, simple support à l'élévation de l'esprit. Le discours de Maximos valait tous les Prozac. Installé à Paris, à Londres ou à New York, un type comme lui ruinerait infailliblement les barons de la drogue et les labos pharmaceutiques. En descendant au fond de son cœur, chacun pouvait y dissiper les vaines gloires et les illusions qui l'étouffaient, pour voir le monde comme un océan limpide, d'un regard nettoyé. En Occident, nous avions remplacé l'être par l'avoir, et nous en crevions, suffoquant dans le vide. Je laissai Maximos à son grand œuvre et remontai vers la maison.

*

Le soir, je me couchai de bonne heure. Je parcourus les pages de la *Philocalie* que j'avais finalement décidé de garder après avoir fait sécher les pages au soleil. Là où il était, mon jumeau suicidé n'en avait plus besoin. Les pages du livre avaient gardé ce parfum de renfermé et d'encens. On y parlait de miracles, de fauves qui s'apaisaient devant un Père particulièrement avancé spirituellement parce que s'exhalait de lui « le parfum d'Adam avant la chute ». On y mentionnait un « trésor caché dans le champ du cœur », des moines transfigurés en feu, des corps défunts répandant une myrrhe parfumée pendant des siècles et des siècles, des ascètes couverts de plaies atroces disparaissant à leur mort, de la grâce qui s'empare des saints comme une ivresse prodigieuse, de cœurs purs comme des saphirs, d'amour de Dieu devenant abîme de lumière, de désirs toujours repoussés vers de plus hauts désirs. Des phrases frappaient mon esprit avec la force d'une explosion :

« L'homme dont la force de passion a été crucifiée et transfigurée rayonne d'une paix paradisiaque » ; des sentences péremptoires et héroïques : « Je sais que je ne mourrai pas, puisque je suis au-dedans de la vie et que j'ai la vie tout entière qui jaillit au-dedans de moi. » Une vraie usine à phantasmes, de la poudre prête à exploser au nez de celui qui ne saurait pas bien la doser, mais aussi une arme formidable pour celui qui saurait la manipuler, en comprendre l'utilité et l'infinie puissance. « Saint Michel ne tue pas le dragon ; il le maîtrise. » Maximos mangeait tout au plus un repas par jour, sans huile, sans protéines animales, sans rien qui soit sorti d'une femelle, lait, beurre, fromage ou œufs, comme le voulait la règle athonite ; il avait l'air de se mettre plus bas que terre quand il parlait d'humilité mais était en fait exactement au-dessus des autres hommes. Je comprenais maintenant pourquoi ces hommes vivaient dans des repaires d'oiseaux, à mi- chemin entre la terre et le ciel. Des anges. Ils n'avaient rien, mais rayonnaient car ils étaient tout, ils étaient Dieu. Avant que je ne remonte, Maximos avait tracé sur une feuille la forme d'un poisson, avec à côté son nom en grec, *ichtus*. Chaque lettre était l'initiale d'un mot. *I, X,* Θ, Y, Σ. Ιεσονς Χριστος Θεον Υιος Σοτερ, « Jésus Christ Fils du Dieu Sauveur ». « Et ce poisson, pour vivre en nous, nager et respirer, avait dit Maximos, exige une âme calme et transparente comme un lac ignorant la tempête. » Il avait souri comme s'il m'avait joué un bon tour. On avait exploré tout ce qu'il y avait à l'extérieur de nous en négligeant ce qu'il y avait à l'intérieur. C'était ça le défi. On connaissait tous les pays, tous les espaces. Le monde était devenu une encyclopédie. Mais on ne se connaissait pas, soi-même. On s'était libérés de la peur de l'extérieur, mais on angoissait intérieurement à en crever. La mort régnait encore ; on n'avait toujours pas réussi à se libérer de l'horreur qu'elle véhiculait. Eux l'avaient fait. La robe noire du moine était une robe de deuil, le souvenir de la passion de Dieu, de sa mort, mais donc aussi de sa résurrection. Une aube s'élevait. Plus de crainte mais un océan de limpidité. L'ailleurs existait, et il était en nous. Cette nuit-là, pour la première fois depuis des années, je dormis dans une sérénité incroyable. Même le souvenir omniprésent de Faustine avait, pour un moment, disparu.

L'orthodoxie ou la mort

Ils avaient perdu une journée. Après la rencontre avec Kobalt, ils avaient dû se planter dans le chemin. De toute façon, sur la microcarte du *Lonely Planet*, aucune route n'était indiquée. Le paysage était devenu accidenté ; on se rapprochait de la montagne. La nuit était tombée très vite. Trop vite. A tâtons dans l'obscurité, ils avaient trouvé une petite maison isolée et avaient frappé. Il n'y avait personne, ils étaient entrés, avaient posé leur sac, et mis la main sur des couvertures, de l'eau et un quignon de pain sec. L'odeur de renfermé était tenace, alors ils avaient pris leurs aises : elle était forcément inhabitée. Ils s'étaient trouvés très débrouillards, s'étaient enroulés dans les couvertures, et le marchand de sable s'était pointé assez vite. Le lendemain, Paul avait ouvert les yeux sur le spectacle d'une bouche édentée qui lui souriait candidement au milieu d'une barbe d'épouvantail. Au réveil, ça faisait tout drôle. Il avait hurlé, ce qui avait réveillé Raph, qui avait hurlé à son tour. C'était juste un ermite gyrovague, dit plus simplement un nomade certes ; à demi nu et squelettique, mais pas méchant pour un sou. Ils étaient bourrés de préjugés. N'empêche qu'ils s'étaient grattés toute la journée. Les couvertures, sans doute.

*

En fin d'après-midi, l'imposant monastère, taillé comme une forteresse d'un autre âge, apparut dans un épais nuage de brume. Un linceul géant comme dans les bons films de série Z. Ils frissonnèrent. La chaleur était tombée d'un coup. Pour un peu, on se serait cru dans les Carpates. Il n'aurait pas été très étonnant, au fond, de voir débouler un comte Dracula un peu raide dans ses vêtements désuets, leur proposant une eau de formol en guise d'apéro. Mais rien. Le silence total. Une pancarte de bois pourri indiquait en caractères grecs qu'on était bien à Esphigménou. Si Paul avait suivi un peu plus intensément ses cours d'initiation au grec, au lieu de lorgner le décolleté plantureux de Mme Arnaud et de rêver à une initiation sexuelle avec cette intellectuelle piquante, il aurait su traduire le mot « esphigménou », à savoir « ceux qui se serrent la ceinture ». Sachant que ce n'était pas à proprement parler l'orgie dans les monastères normaux, celui-ci ne devait pas être un endroit des plus glamour.

La deuxième chose à remarquer, mais qu'ils ne remarquèrent pas à cause de la densité du brouillard, c'était le drapeau noir qui flottait au-dessus du porche d'entrée monumental. Sur ce drapeau noir, on pouvait voir un crâne entre deux tibias, exactement comme dans les films de pirates avec Errol Flynn. Mais cela ne voulait pas forcément dire qu'un Barbe-Rouge local allait incessamment leur trancher de quatre coups de sabre le nez, les oreilles et les couilles et leur fourrer tout ça au fond du gosier. Quoique, car une courte phrase en grec tracée à la peinture blanche sur une grande pancarte noire – ΟΡΘΟΔΟΞΙΑ Η ΘΑΝΑΘΟΣ – indiquait qu'ici, la traduction ne faisait pas de doute, c'était « l'orthodoxie ou la mort ». Devant le monastère, une petite plage de galets, jonchée de bidons d'essence, d'emballages en plastique et de varech séché, accueillait le va-et-vient de flots malades, couverts d'une écume épaisse et savonneuse. L'écologie et les moines, ça avait l'air de faire au moins quinze. Noël Mamère ou Greenpeace devraient y venir voir. L'air était humide et poisseux, empuanti par l'odeur d'essence et de fruits de mer en décomposition. Un bateau à moteur languissait sur une remorque rouillée, un liquide saumâtre coulant goutte à goutte du moteur fatigué. Une digue de pierre partait de la plage, sur laquelle un petit personnage barbu faisait les cent pas, les mains recroquevillées sur un chapelet. Paul s'arrêta, refroidi par un sentiment désagréable. Il se tourna vers Raph.

— On a peut-être le temps de s'en griller une petite, tu crois pas ?

— Je crois, oui, répondit Raph, glacé par la stature imposante du monastère. Il a intérêt à être là, le Gabe, car l'endroit me botte pas des masses, conclut-il à part soi.

Paul sortit de son sac un paquet de Craven.

Ils s'aperçurent qu'ils n'avaient pas touché à une clope depuis leur arrivée. De la même façon, depuis qu'ils avaient posé le pied sur la presqu'île sacrée, l'irrépressible montée de sang qui envahissait, chaque matin, les corps caverneux de tous les hommes de 7 à 77 ans avait elle aussi disparu. Terminés aussi ces songes nocturnes qui leur organisaient des corps à corps torrides avec des Blacks aux airs de tigresses, des Asiatiques au sexe glabre comme des sushis ou des aborigènes touffues comme le bush. Ils se l'avouèrent réciproquement. « Tu crois que ça vient de la baignade d'hier ? Une sanction pour avoir enfreint le règlement divin ? — Impossible. Ça me l'a fait dès le premier jour, répliqua Paul, et on s'était pas encore baignés. »

Le barbu les avait repérés. Il s'approcha. « Merde, jura Paul, on dirait le maître nageur d'hier. » Il reconnaissait son œil mauvais et sa barbe galeuse. Inconsciemment, ils jetèrent leur clope et l'écrasèrent sous la semelle de leurs tennis. Le type les dévisagea. « Hello », lança Raph, un sourire crispé au visage. Le type portait un curieux tablier brodé de rouge. Le même crâne et les mêmes tibias que sur le drapeau, au pied d'une croix qui séparait quatre lettres, I, X, N, K. « Donna Karan ? » se demanda Paul, qui confondait avec DKNY (Donna Karan New York). Le moine tourna les talons sans un mot et franchit le porche du monastère, orné d'une mosaïque où un guerrier d'or pourfendait de sa lance un dragon écaillé.

— Qu'est-ce qu'on fait ? On se tire ?

— C'est embêtant. Imagine que Gabe soit là ?

Un maigrichon au strabisme divergent prit le relais comme par enchantement. Il s'inclina en joignant les mains dans un geste de prière. « Wel-come in-to ze monas-terrry of ze Trrrue Faithhh », siffla-t-il. Il décomposait chaque mot en plusieurs syllabes et roulait les *r* à la grecque. Il portait le même tablier brodé que l'autre ; une barbe peu abondante garnissait son visage creusé. « Please, would you mind enterrring ? My name is Lazaros. » Il se signa en passant sous le porche. Ses pieds semblaient ne pas toucher terre. Il flottait dans la brume comme un fantôme. Paul et Raph avalèrent leur salive en pénétrant dans le monastère. Comme à Hilandar, des murailles percées de fenêtres et flanquées de galeries de bois abritant une cour où trônaient l'église et quelques bâtiments supplémentaires. La différence, c'est que l'odeur d'humidité pourrissait l'atmosphère, même à l'intérieur. Lazare leur fit gravir trois étages. Ils se retrouvèrent sur une galerie de bois qui surplombait la cour, puis dans une vaste pièce contenant des armoires à vitrines, une robuste table et des bancs. « Ha-ve a sit », murmura Lazare qui disparut mais ressuscita trois minutes plus tard avec un plateau portant deux assiettes, deux verres et une carafe d'eau. « Bon appétit. Je reviens tout à l'heure. » (Pour les besoins du récit, les dialogues seront traduits en français. Que le lecteur soucieux de la plus grande exactitude roule les *r* et prenne un ton de robot pour lire les répliques du moine Lazare.) Un carillon sinistre déchira le silence du monastère.

— Fait un peu frisquet, tu trouves pas ? demanda Raph.

— Tu m'étonnes.

Paul piquait de sa fourchette la surface fossilisée de son assiette. Le contenu avait durci à cause du froid ou de l'absence d'appareil de conservation. Il fallait pour manger percer une pellicule figée comme une peau ridée, sur laquelle traînaient deux ou trois cadavres de mouches desséchés. Il repoussa son assiette avec un gémissement de dégoût et se servit un verre d'eau. « Elle a un goût bizarre », dit-il en reposant le verre. Raph, guère plus enthousiasmé par la pitance, s'était levé pour explorer la pièce. Dans les vitrines sévissait un ensemble hétéroclite de crucifix de bois, d'icônes – les sempiternels martyrs, ascètes chenus et squelettiques, Saintes Vierges et tout le saint-frusquin –, mais aussi un ensemble de publications assez déconcertantes. Il y en avait dans toutes les langues, et pour tous les goûts : « Du rock comme hérésie » avec un Jim Morrison se tordant sur un bûcher ; une flopée de pamphlets aux couvertures psychédéliques ou viscéralement austères, contre la franc-maçonnerie — un fond noir, des lettres rouges et les symboles de l'ordre, compas et équerre, sur fond d'étoile satanique – ou le paranormal – des soucoupes volantes gravées 666 survolant les pyramides de Gizeh. Sur un autre ouvrage, de format plus imposant, on pouvait voir un diable aux allures de faune kitsch, pattes velues et cornes fluo, dansant main dans la main au-dessus des flammes avec un Jean-Paul II ricanant, sous le titre *Antichristos Papas*.

— Où est-ce qu'on est tombés ? interrogea un Raph légèrement déboussolé.

— Chez les barges. M'étonnerait qu'Octave ait choisi de s'enterrer là. Il a beau être fondu, là, on est carrément dans la troisième dimension. Vaut mieux pas s'attarder.

— D'accord, mais on peut pas partir sans être sûrs que Gabe n'est pas passé par là. On n'a aucune idée de son parcours !

— N'empêche que je le sens mal, cet endroit.

— Arrête de speeder ! Imagine qu'ils retiennent Gabriel ?

Ils attendirent patiemment. Paul se rongeait les ongles et faisait les cent pas. Lazare revint, toujours flottant dans l'atmosphère. Son visage se défit quand il remarqua que ses deux invités n'avaient pas touché à leur repas.

— La nourriture n'était pas bonne ?

— Excusez-nous, on est un peu barbouillés, fit Raph en se massant l'estomac.

— Je vous ai préparé un café, suivez-moi.

Sur la galerie de bois, un petit guéridon soutient un plateau avec deux tasses. On entend la simandre tamtamer dans la cour. Les deux amis se penchent. Des ombres se faufilent en procession par la porte de l'église, vêtues de leur tablier noir brodé de rouge.

— C'est l'office du soir, précise Lazare.

Il se signe d'un geste rapide.

— C'est quoi, votre tablier ? demande Raphaël, portant la tasse à ses lèvres.

— Le *mégaloschima*, le grand habit angélique, notre linceul, support de méditation et gage de résurrection.

— Et ça représente quoi, toutes ces broderies ?

— Les instruments de la passion de Notre-Seigneur. Le crâne symbolise le « mont du Crâne », le Golgotha, où Il s'est sacrifié pour nous. C'est aussi le crâne d'Adam, que le sang de Notre-Seigneur crucifié a lavé de ses péchés. Et ces lettres signifient « Iesous Christos nika », « Jésus-Christ a vaincu ». Il nous permet de penser continuellement à la destruction de notre corps, et à sa résurrection. Dans les autres monastères, ils ont honte de le porter.

— Pourquoi ? demanda Raph.

Paul commençait à trépigner. Le soir tombait et il n'avait pas envie de rester coincé là.

— Parce que ce sont les suppôts de l'Antéchrist.

Raph leva les sourcils. Il allait parler, mais Paul l'interrompit.

— Bon, si ça ne vous fait rien, on va y aller, peut-être. Raph ?

Raph avala son café et reposa la tasse sur le guéridon.

— OK. Mais dites-moi, mon père, vous n'avez pas par hasard accueilli un jeune Français, de notre âge ?

Lazare soupira et se signa d'un geste las.

— Nous n'accueillons plus personne, hélas. Il y a un complot contre nous. Nous sommes en danger de mort.

— Bon, bah, je crois qu'on est fixés, lança Paul. Bonsoir, mon père. Si vous voulez bien nous excuser, on va se sauver maintenant !

— Mais c'est absolument impossible, répondit placidement Lazare. Le monastère est fermé maintenant. Pour se protéger des démons que les fils de Babylone nous envoient.

Voyant que Paul se décomposait, Raph temporisa.

— Les fils de Babylone ?

— Notre higoumène est un saint martyr. Il vit reclus dans les souterrains du monastère, où il reçoit un peu d'eau de temps en temps. Il a fait vœu d'akimia, c'est-à-dire de ne jamais céder à la tentation du sommeil, et prie dans l'obscurité pour le salut de la vraie foi. Alors ils envoient des démons pour le persécuter. Parfois, quand la nuit tombe à l'extérieur, on entend le bruit de sa lutte contre l'Adversaire, ses cris perçants et ses sanglots de douleur. Active est la puissance du diable, là où est active la puissance de Dieu !

Lazare balbutiait d'émotion. Il se signa et murmura une parole en grec. Son strabisme avait disparu dans la nuit sans étoiles, absorbées par la brume qui continuait à monter de la mer. Seuls subsistaient dans le silence du monastère son drôle d'accent anglais, ses roulements de *r* et sa manie de décomposer les mots. Paul pinça l'épaule de Raph.

— Qu'est-ce qu'il y a ? murmura-t-il en français, pendant que Lazare continuait à parler.

— On se casse, putain !

— Mais il faut qu'on sache de quels fils de Babylone il parle ! Imagine que Gabriel soit tombé entre leurs pattes !

— Tu fais chier, on va être obligés de passer la nuit là !

— De toute façon il fait nuit ; tu veux aller où ? (Changeant de ton, et d'intensité :) Pardonnez-moi, mon père, mais qui sont ces fils de Babylone ?

— Les adorateurs du Veau d'or, les enfants de la Grande Prostituée, répondit le moine d'une voix caverneuse.

— Ça nous avance vachement, grogna Paul en français.

— Les hérétiques de Ploutopédi, le monastère de l'Antéchrist, continua Lazare.

— L'Antéchrist ?

Raph était de plus en plus intrigué. Paul décida d'allumer une cigarette pour se calmer. La roulette du briquet cliqua dans la nuit et la flamme éclaboussa son visage de lumière.

— Un jour un homme magnifique arrivera sur terre et prétendra qu'il est le Fils de l'Homme, le Messie. Il fera des prodiges, nourrira les hommes sept fois par jour, et les gavera jusqu'à assécher la terre. Alors il montrera son vrai visage, et tous les hommes mourront. Sauf nous, car nous serons descendus dans les catacombes !

— Attendez, vous êtes qui, vous ? attaqua Paul.

— Les vrais orthodoxes. Les garants de l'intégrité de la vraie foi.

— Bref, des intégristes, conclut Paul en français.

— L'Antéchrist est arrivé, continua Lazare. (Ses pupilles divergentes, malgré l'obscurité, semblaient jeter des flammes aux alentours.) L'Etat grec veut nous obliger à avoir la carte d'identité européenne.

— Et alors ? demanda Raph, toujours passionné.

— Tu crois pas qu'on en a assez entendu ? murmura Paul, clopant comme un forcené.

Son ami ne répondit pas.

— Dans cette carte il y a une puce reliée à un gigantesque ordinateur portant gravé dans sa mémoire, au plus profond de ses circuits magnétiques, le nombre de la Bête.

Il avait dit, d'une voix d'outre-tombe, « the numberrrr of ze Beast ».

— Elle vient même jusque sur nos côtes faire son commerce infâme, la Bête immonde ! Je l'ai vue polluer le Jardin sacré avec ses bateaux et ses marchands du Temple !

— Je comprends plus rien, avoua Raph à Paul, en français.

— C'est pas trop tôt, répliqua l'autre, de très mauvaise humeur.

Un carillon sonna.

— Je vous montre votre chambre.

Paul attrapa le bras de son ami :

— On reste pas là, Raph !

— Et tu veux qu'on aille où ? Il fait nuit.

Lazare leur ouvrit la porte d'une chambre défraîchie. Il alluma la mèche d'une lampe à huile. Au mur, une photographie jaunie trônait sous un cadre de verre.

« Le miracle de Corinthe, commenta Lazare. L'évêque de Corinthe, que son nom soit béni entre tous les martyrs de la Vraie Foi... (Il se signa lentement en prononçant son nom.) ...officiait au milieu de ses fidèles dans une église de montagne. Les hérétiques les dénoncèrent. La police vint pour interrompre l'office. Alors... (Le moine ménagea une pause, propice à faire naître un suspense des plus hollywoodiens.) ... Alors une grande croix de feu apparut dans le ciel et foudroya les policiers... Dieu est avec nous. » Il se signa une nouvelle fois. Sensible au courant d'air qui s'insinuait par la fenêtre de la pièce, la lumière vacillante de la lampe à huile déformait les traits de son visage. « Je dois aller à l'office, maintenant. Je reviens tout à l'heure. Soyez bénis pour avoir su trouver l'arche de la Très Sainte Orthodoxie. » Il se signa et disparut derrière la porte.

Paul s'emporta :

— Putain, Raph ? Qu'est-ce qui te prend ? Tu veux te faire un nouveau pote ou quoi ? Tu vois pas qu'il est barge ?

Raph calma son ami d'un geste de la main.

— Ecoute, il est trop tard pour partir, de toute façon. J'ai pas l'intention de crapahuter dans la montagne en pleine nuit, et de me refaire le plan de la nuit dernière. Je préfère être sympa avec eux et pas avoir d'emmerdes. N'oublie pas que le type qui nous a surpris à poil dans leur mer sacrée est ici.

Paul ne répliqua pas. Il attrapa une brochure en couleurs et la feuilleta distraitement. On y voyait des photos représentant l'archevêque orthodoxe d'Athènes,

Mgr Christodoulos, aux côtés du pape et d'autres dignitaires catholiques, lors de la visite de mai 2001. « Comment Christodoulos pactise avec l'Antéchrist », lisait-on en dessous. Plus loin, une photo en noir et blanc montrait deux êtres grimaçants, poilus et griffus comme des trolls. La légende disait qu'il s'agissait des corps de deux dignitaires de l'Eglise, après les trois ans traditionnels d'inhumation. « Leur vraie nature s'est montrée », précisait le texte, que Paul ne pouvait pas comprendre. Les illustrations lui suffisaient. Il reposa la brochure et se leva.

— Ecoute, Raph, j'en peux plus. Je me sens pas bien ici. Tirons-nous. Tant pis, on dormira à la belle étoile.

Raph s'était allongé sur le lit. Il soupira.

— Il a dit que les portes étaient fermées.

Paul sortit une lampe torche de son sac à dos et quitta la pièce. Il descendit l'escalier et se retrouva dans la cour. Frôla plusieurs silhouettes voilées et chuchotantes qui le firent frémir. Passant près de l'église, d'où émergeaient des chants puissants, l'odeur d'encens lui donna la nausée. Il rasa les murs, et parvint bon an mal an à gagner le couloir de pierre qui menait au porche et à la porte. Il braqua la lampe sur le système d'ouverture : une lourde chaîne d'acier et un bras de métal fermé par des cadenas de la taille d'une brique. Une vraie prison. Il soupira et regagna la cour, gravit l'escalier de bois et entra dans la chambre. Raph somnolait. Il le secoua, en proie à la panique.

— Raph, Raph ! On est enfermés !

L'autre ouvrit les yeux, puis la bouche :

— Normal, c'est pour que les démons n'entrent pas, il t'a dit.

On frappa. La maigre silhouette se faufila dans la pièce. Le courant d'air fit vaciller la lumière de la lampe à huile.

— Excusez-moi. L'un de mes frères dans le Christ

croit vous avoir vus vous baigner dans la mer cet après-midi. Est-ce vrai ?

Son visage était nettement moins amène que lorsqu'il les briefait un quart d'heure plus tôt sur l'intégrisme orthodoxe. Paul se sentait en plein cauchemar. Son rythme cardiaque s'était accéléré, la sueur perlait sur ses tempes. Il commençait à se maudire d'avoir proposé à Raph de partir pour cette foutue presqu'île. Le jeûne ou la bouffe immangeable, les relents allergogènes d'encens, les offices interminables, ça allait encore, l'incontinence forcée aussi, il en avait connu d'autres. Mais si on venait à les emmerder pour s'être trempés le bout dans la mer, ça commençait à faire un peu beaucoup. Il se dressa sur le lit où il s'était assis en rentrant. Il sortit un couteau suisse de sa poche et déplia soigneusement la lame.

— Et tu vas faire quoi, pauvre allumé ? Nous couper la tête ? Nous excommunier ?

Raph sursauta. Il vit son ami bondir, empoigner le moine par le col de sa soutane, le plaquer contre le mur et lui hurler à la figure :

— Ecoutez, on n'en a rien à foutre de toutes vos conneries, de vos visions, des hérétiques et de l'Antéchrist ! Tout ce qu'on veut c'est se tirer de là, d'accord ?

Les yeux du moine roulaient d'effroi. Sa toque noire était tombée à terre. Il recula, horrifié, emmenant dans son mouvement la lampe à huile qui se brisa sur le sol avec un bruit de verre. Il piétina de sa sandale le feu qui prenait sur le parquet de bois. Il voulut crier. Paul lui mit une gifle, se croyant chez De Niro. « And you shut your fuckin' mouth ! » Il se tourna vers Raph et, en français : « Prends les sacs, on se tire, si tu veux bien. » Raph n'en revenait pas. Il chargea néanmoins les deux sacs sur son dos. Lazare s'était prostré dans un coin de la pièce. « Et toi, lève-toi et marche », lança Paul, content de sa référence. Ils débouchèrent sur la galerie de bois et descendirent les escaliers. Paul maintenait la lame ridicule sous la gorge du moine. La porte d'entrée était devant eux. « Maintenant tu vas nous ouvrir, d'accord ? » Le monastère était plongé dans un silence de caveau familial. « Je n'ai pas les clefs », répliqua l'homme d'Eglise d'une voix à la limite de la suffocation. « Il doit forcément y avoir une autre sortie ! C'est quoi, ça ? » Paul avait saisi le trousseau pendu à la ceinture du moine, qui tremblait comme une feuille sous la poigne du jeune homme. Ils rebroussèrent chemin, et atteignirent une petite porte percée dans la muraille. Lazare sortit son trousseau et introduisit la plus petite des clefs dans un cadenas doré. Paul crut s'évanouir de bonheur en entendant le déclic d'ouverture. La porte couina en s'ouvrant. Ils se faufilèrent à l'extérieur. L'odeur de poisson pourri leur sauta au visage. « God damn you ! » siffla le moine en fermant la porte derrière eux. « C'est ça, et toi, fuck you ! » répliqua Paul. Dehors, il éclata d'un grand rire nerveux. « On va où maintenant ? demanda Raphaël. — A Ploutopédi, pardi, répondit Paul. Si ce sont les ennemis de ces mecs-là, je pense que je vais m'en faire de sacrés copains. » Ils descendirent vers la mer. Elle libérait chacune de ses vagues dans une lente expiration d'écume, comme si à chaque fois elle devait rendre l'âme. Ils entendirent autour d'eux des hurlements atroces. « Ça y est, c'est les démons », murmura Raphaël à part soi.

*

— Putain ! Un serpent !

Paul fit un bond en arrière et glissa. Le faisceau de la lampe torche alla se perdre dans l'épais maquis qui les environnait.

— Ça va ?

— Ouais, t'inquiète.

Paul ne bronchait pas, conscient que c'était à cause de lui qu'ils étaient dans la merde la plus obscure. Deux heures qu'ils marchaient sous la voûte nocturne, au milieu d'une végétation plus que touffue dans laquelle ils avaient un mal infini à se repérer et qui bruissait de mille sons inconnus. Reptiles, bêtes fauves ou démons ?

— Si tu n'y vois pas d'inconvénient, dit Raph d'une voix très posée, on va essayer de rejoindre la côte. Au moins, on aura un repère. Normalement, Ploutopédi est au sud d'Esphigménou.

— Comme tu veux, fit Paul en se massant la cheville. Passe-moi quand même la flotte et le Guronsan.

La mer brillait sous la lune et éclairait leurs pas qui crissaient sur la rocaille. Ils marchaient depuis une heure et demie et atteignirent enfin le rivage. Le sentier côtier prit de la hauteur et devint plus accidenté. La plage avait disparu pour laisser place à la falaise, qui à ce niveau de la côte tombait directement dans l'eau. Ils s'aidaient de branches d'arbres pour monter. En une demi-heure, ils arrivèrent au sommet. Il était minuit et quart et ils étaient morts de fatigue. Pas trace du monastère convoité, mais deux chemins. Plutôt que de chahuter Lazare, Paul aurait mieux fait de lui demander la direction. A gauche, la montagne descendait assez brusquement vers une grève de sable et de rochers ; à droite, on s'enfonçait dans la montagne. La nuit noire et la brume les décidèrent pour la plage. La lampe donnait des signes de fatigue.

— On pourra peut-être y piquer un somme, lança Paul, optimiste. (Il ajouta, confus :) Tu m'en veux pas pour tout à l'heure ?

— Mais non ! Tu m'as un peu surpris, mais l'essentiel c'est qu'on arrive à mettre la main sur Gabriel et qu'on se tire d'ici. J'ai envie de rentrer à Salonique.

— Tu crois qu'on a déconné ?

Raph prit une gorgée de Guronsan à l'eau.

— Qu'est-ce que tu veux dire ?

— J'sais pas ; j'ai l'impression qu'il y a une espèce de poisse sur nous depuis qu'on a foutu les pieds ici. Y a eu le pèlerin à Ouranopolis dont je me suis moqué, le Serbe que j'ai un peu brusqué, la baignade interdite, et puis là, j'ai un peu pété les plombs avec Lazare.

Raph sourit et lui tapa sur l'épaule.

— T'en fais pas, Paulo ! On n'est pas sur la même longueur d'ondes que tous ces mecs, c'est tout... Mais cherche pas de mystère là-dedans.

Paul marqua un moment de silence.

— Et si on le retrouve pas ? On n'a aucun indice.

— Si on le trouve pas, on ira dans la capitale avertir les flics locaux.

— Pour leur dire quoi, qu'on a un pote qui visite le coin et qu'on s'inquiète ?

— On verra, Paul. On n'en est pas encore là.

Ils entamèrent la descente. Ils venaient d'atteindre un bosquet d'oliviers et de chênes verts qui donnait sur la plage quand ils entendirent de l'agitation. Ils posèrent leurs sacs et traversèrent le bosquet en silence. Devant eux s'étendait la plage, qu'ils dominaient de quelques mètres. Le croissant de lune disparut derrière un nuage de brume. Mais de la lumière venait de la mer. Ils entendirent un bruit de moteur, très léger, et parvinrent à distinguer un Zodiac noir qui se dirigeait vers la côte. On coupa le moteur. Le Zodiac dériva jusqu'à la grève. Ils s'approchèrent un peu plus. Une demi-douzaine de silhouettes entourèrent l'embarcation. Elles en tirèrent des caisses, assez lourdes, étant donné que les hommes se mettaient à deux pour les convoyer jusqu'à des véhicules garés sur la grève. Un nuage glissa dans le ciel. Les rayons de la lune révélèrent la forme trapue de deux 4 × 4. Les hommes repoussèrent le bateau à la mer. Le moteur se ralluma presque sans bruit et l'embarcation disparut rapidement derrière une barre de rochers. « Incroyable, chuchota Paul, on se croirait dans *Ali Baba et les quarante voleurs.* » Raph lui fit signe de remonter. Ils reculèrent prudemment. En haut de la butte, cachés derrière la masse d'un rocher, ils occupaient un point de vue intéressant sur la baie. « Merde ! » jura Raph. Ils apercevaient les feux de position d'un cargo, déchirant discrètement la nuit dense de vert et de bleu. Le Zodiac flirta cinq minutes avec la coque du navire et revint une nouvelle fois vers la plage, plus lentement qu'à l'aller. « Il doit être chargé à bloc, commenta Paul. A ton avis, c'est quoi ? Un trafic d'hosties ? — Parle moins fort », l'engueula Raph. Ils redescendirent jusqu'au bosquet. Si un démon les tourmentait cette nuit, c'était bien celui de la curiosité. On pouvait les comprendre. Sans doute s'approchèrent-ils trop, car Raph entendit les buissons frémir derrière lui, avant d'encaisser une violente charge à l'épaule qui le déséquilibra. Paul l'entendit s'écrouler, se retourna, et perçut une haleine chaude contre son oreille. Une clef de bras vigoureuse l'immobilisa. Il fut projeté au sol, ressentit une douleur muette à la tête et perdit connaissance.

« Just to relax ! »

Je me sens bien et confiant. Le caïque doit passer vers huit heures. Abrité par les hautes falaises de Kafsocalyvia, irrigué par l'écume salée, le port prend le soleil. La barque est là, remontée sur son treuil, le moteur bien encapuchonné sous la housse de plastique water-resistant. Aucune autre excursion vers Aghios Christophoros n'est prévue avant longtemps. En face, au milieu des flots, l'îlot inhospitalier me renvoie dans un flash-back déplaisant l'image des orbites vides et rongées par les crabes et le sel de l'ascète suicidé. Je me signe à l'orthodoxe en hommage à mon double avorté. Je sens Maximos au comble de l'excitation, sans trop savoir pourquoi. Je lui ai dit que je pouvais me rendre seul à l'embarcadère mais il a répondu qu'il attendait quelque chose. Ce matin, nous avons pris un dernier café sur le balcon de sa maison, en regardant la mer et en parlant de l'Europe. Il m'a beaucoup questionné. Qui était le président de la France, ce qu'on y lisait, et quelle était la situation internationale. Je lui parlai de Chirac, qu'il ne connaissait pas, de Houellebecq, qu'il ne connaissait pas davantage, et de la situation explosive entre l'Inde et le Pakistan, Israël et la Palestine. Il parut triste un instant, puis me dit que nous devrions partir si nous ne voulions pas rater le bateau.

Maximos consulte sa montre, un gros oignon à gousset, avec un lourd couvercle en argent ouvragé, fabriquée à Athènes juste avant la guerre d'indépendance, et qu'il tient de son grand-père. Je perçois un ronronnement au loin. Maximos s'agite, met la main en visière au-dessus de ses yeux vifs. La fine silhouette d'un bateau blanc, type bac, slalome entre les deux bras de rochers, puis ralentit son allure. Nous avançons jusqu'au bout de l'embarcadère, entourés de toute part par les vagues agitées à cet endroit du cap. Arrivé à cinq mètres, le caïque fait pivoter son plateau de débarquement, qui se couche avec un bruit métallique sur la digue de pierre. « Bon voyage, me dit Maximos en me tapant sur l'épaule, et ayez confiance dans les voies de Dieu. » J'acquiesce du menton, le remercie, escalade la tôle, paie mon billet à un type en uniforme bleu élimé, et grimpe jusqu'à la terrasse du haut où je pose mon sac. J'aperçois alors Maximos qui gravit la passerelle et attrape une corde. Une mule en descend, encore abasourdie par le voyage, mais résignée. Elle a un pompon blanc et bleu au-dessus du museau et baisse la tête pour suivre Maximos sur les pentes vertigineuses de Kafsocalyvia. Bientôt, elle trimballera sur son dos les vieilles fesses de Théophile quand il se rend à son jardin en étages.

Le voyage est peu mouvementé. Je regarde le sillon d'écume se tracer nettement derrière la poupe du bateau, l'eau bleue dérouler ses flots onctueux le long des côtes sublimes de ce petit paradis chatoyant de nature vierge. De temps en temps, coincées dans les failles de la muraille de pierre, quelques habitations d'ermites. Des mouettes piaillent ; un vieil employé de la compagnie, en costume vert et nœud papillon grenat sur chemise blanche amidonnée, sert du thé à la cannelle prélevé dans un grand samovar cuivré, et des helleniko kaffe fumants. Les moines prient en silence, droits comme des i sur les banquettes de skaï usé. Les yeux dans l'écume, protégé par l'aigle byzantine à deux têtes qui flotte au sommet du porte-drapeau argenté, je prends le soleil en pensant à Octave. Ploutopédi est ma dernière chance. Je me laisse bercer par les mouvements du bateau et ferme les yeux.

*

Faustine nage sous les verrières de la piscine municipale du Ve arrondissement, rue de Pontoise. Un décor qui pourrait être Budapest, qui pourrait être les années 20, avec ses frises de mosaïque, ses cabines en étage, ses passerelles à balcons, offrant une vue imprenable sur le rectangle transparent où nage mon adorée. Du haut de cet observatoire fabuleux, je regarde la silhouette aller et venir dans un crawl obstiné. Tant qu'elle n'a pas fait ses cinquante longueurs, Faustine est insatisfaite. Le bonnet de bain de Lycra noir et les lunettes à verres bleu marine lui donnent un air de pin-up martienne. L'Arena une-pièce a beau emprisonner ses seins dans un réseau de mailles extensibles qui en aplanit les volumes, la cambrure des reins et l'arrondi des fesses désignent encore la femme. Fabuleusement. Cinquantième longueur, encore trente mètres pour arriver au kilomètre 500, et voilà mon insubmersible amazone qui cesse son marathon aquatique. En pilote de chasse sous-marine rentrant victorieuse de sa mission, elle saisit triomphalement les deux hublots de plastique coloré qui la protègent des agressions du chlore et les rejette délicatement sur son front, s'empare de l'échelle de métal inoxydable, tire sur ses avant-bras et arrache son postérieur divin à la caresse de l'eau. Ma beauté mouillée ruisselle sur le carrelage désinfecté par les services de la mairie de Paris. Elle retire son casque synthétique avec la grâce d'une Leni Riefenstahl qui n'aurait pas été fasciste et libère sa chevelure châtaine. La cascade sèche dévale les épaules humides. Ma nageuse adorée se dirige vers les douches pour filles, un Tahiti Douche parfum vanille au bout de son bras bronzé. Je la regarde avec ravissement derrière ma cloison de verre. Elle veut un enfant et je ne me sens pas prêt. Notre relation est désormais à l'image de cette cloison de Plexiglas que je voudrais et ne peux pas briser. Décevoir une femme suffit pour la perdre.

*

J'ouvre les yeux. Avec sa gueule d'aigle, le type pourrait jouer sans problème le personnage de Rochefort dans un remake des *Trois Mousquetaires*. Je l'ai déjà vu, mais je ne sais où. C'est la cicatrice, surtout, qui barre la joue gauche comme un coup d'épée. Je l'ai vu quelque part. Peut-être sur le bateau, en venant, ou dans le bus. Je sais plus. Le type me dévisage. Accoudé au bastingage, il tire une clope d'un paquet et l'allume, posément. C'est le premier moine que je vois fumer. Il me mate, de temps en temps. Discret, mais il me mate. Je change de place. Le bateau se rapproche de la côte. S'arrête. « Ploutopédi ? » je demande à un vieillard chenu dont les lèvres bougent toutes seules. « Grégoriou », articule-t-il avec une lenteur de tortue. Une citadelle posée à fleur d'eau. Au bout de l'embarcadère, des moines font disparaître la marchandise dans les sacoches accrochées à leurs ânes, ou, quand ils en ont les moyens, dans le coffre de vieilles Range Rover déglinguées. C'est le jour des courses, on dirait, avec livraison à domicile à partir de 100 € d'achat. Le grand chic d'habiter sur une presqu'île. J'ai envie d'un thé. L'occasion de fausser compagnie à mon chaperon. Le type en costume vert me sert la boisson parfumée dans un petit verre turc contre quelques centimes d'euro. J'ai presque oublié la notion de fric. Je m'assois à côté d'un groupe de moines russes. Ils arborent de grosses croix d'argent sur leur poitrine. Fragrances d'encens et de bouc. Dépaysement garanti. Je déguste mon thé paisiblement. La côte défile lentement.

*

« Ploutopédi », me chuchote-t-on à l'oreille. J'ouvre les yeux. C'est la tortue ridée de tout à l'heure. Je lui souris, attrape mon sac. Du pont, j'ouvre de grands yeux ébahis devant le spectacle qui s'offre à moi. Ce monastère ne ressemble pas à une forteresse, mais à une ville, tranquillement étendue en bord de mer. Une ville du Moyen Age, un rêve à la Gustave Doré, avec ses flèches terminées en croix ouvragées, ses toits d'ardoise et ses coupoles scintillant sous le soleil. Je débarque en même temps que des dizaines de kilos de denrées diverses. Des moines s'affairent sur la digue de bois. Je presse le pas, les dépasse, et gravis le sentier pavé de pierres, qui monte en pente douce jusqu'au monastère. Un kiosque à coupole bleue, précédé d'un mât rayé de rouge et de blanc où flotte le drapeau de la théocratie athonite, mène à l'entrée du monastère. Dans un angle, un petit bureau est aménagé. Je présente mon diamonitirion au frère portier qui me fait signe de passer avec des airs de flic, sans un mot. La traditionnelle phiale, réserve d'eau bénite à l'aspect de fontaine orientale, trône au centre de la cour. Je monte à l'archondaris, indiqué par un panneau de bois. Un escalier de pierre me conduit à un petit salon aux rideaux tirés. Une guêpe bourdonne dans l'étoffe brûlée par le soleil. Des portraits de têtes couronnées passés par les ans recouvrent les murs blancs. Une commode XVIIIe, un guéridon rococo et une armoire de chêne meublent le tout. Je pose mon sac et sors sur le balcon, cinq mètres au-dessus de la cour pavée. Des arbres majestueux jettent une ombre clémente sur les nombreux bâtiments du monastère qui dessinent une architecture démente, entre palais écrin à la Louis II de Bavière et château de la Belle au Bois dormant. Un peu de la maison en sucre d'orge de Hansel et Gretel aussi, à cause de l'alternance des couches de chaux et de brique rouge sur les façades, quand les fresques byzantines ne les occupent pas complètement. Je descends. Les portes des églises sont impressionnantes, frappées d'or ciselé en forme de rosaces et d'entrelacs divers dessinant des silhouettes d'anges à six ailes, la bouche en cœur. Sous les arcades, d'énormes lustres octogonaux en forme de pagodes de verre abritent d'innombrables lampes à huile. Tout ici pleure le luxe et le faste.

Je m'approche de l'église principale, bruissante comme une ruche en activité, et m'apprête à entrer quand soudain la double porte bardée de clous d'argent s'ouvre en grand, poussée par des dizaines de fidèles en costume de ville qui se dispersent dans la cour comme une nuée de sauterelles, en armant les appareils photo qu'ils portent autour du cou. Je recule. Les visiteurs collent leur œil au viseur de leur boîte à images. Je m'attends à un truc vraiment grandiose. Un chant puissant sort de l'église, d'où émerge un premier moine. Haut de stature, le torse bombé sous la soutane noire, il s'avance sans un regard pour le public et agite d'avant en arrière l'énorme encensoir doré et fumant qu'il tient au bout d'une chaîne. La fumée aromatisée s'élève dans le ciel bleu avec des volutes compliquées. Un frémissement parcourt l'assemblée des fidèles. Le cortège des moines, une bonne soixantaine, quitte la demi-obscurité de la maison du Seigneur pour le plein soleil de Son royaume. Crépitement immédiat de flashs sur les barbes ancestrales et les soutanes d'un noir presque lumineux. Les popes stars s'avancent sur le devant de la scène. Ils regardent droit devant eux, hiératiques comme une garde rapprochée de licteurs autour de l'empereur. Car la vraie vedette, à en juger par les regards qui convergent et la trajectoire des téléobjectifs, c'est lui. Silhouette ramassée, barbe immaculée et soigneusement taillée, sourire Ultrabrite sûr de son effet, main manucurée tendue vers les fidèles qui en effleurent les bagues de leurs lèvres sèches à force d'émotion, l'higoumène, le chef spirituel du monastère, le Commandeur des Croyants, le Number One du saint monastère, s'arrête un instant, se tourne vers un admirateur ébahi et conscient de sa chance, adopte une pose auguste adaptée au temps de pose, et clic ! reprend sa marche aérienne. Le cortège s'ébranle. Un proche, grand et maigre, vêtu d'une soutane au tombé impeccable et d'une barbe brune et pointue, se penche vers Numéro 1 et lui glisse quelques mots dans le conduit auditif. Ce dernier sourit de ses yeux satisfaits, tout en regardant la foule, et réajuste élégamment les plis du manteau violet brodé d'or qui se déploie sous son voile noir. Direction un grand bâtiment à entrée majestueuse en forme de pagode. J'avise prudemment un petit groupe de fidèles où ça bavarde en grec, et me tourne vers le leader apparent, trente-cinq ans, teint mat et cheveux noirs, plaqués en arrière à la gomina, chemisette blanche à rayures noires ouverte jusqu'à un sternum poilu où brille une chaîne en or lestée d'une croix. Je leur demande en anglais s'ils sont en pèlerinage. Le type regarde ses copains et rit : « No. Just to relax. » Je hausse les sourcils de surprise. Une nouvelle forme de cure est née : la mysticothérapie. Inscrivez-vous dès maintenant. Il me salue du regard et se dirige vers le bâtiment devant lequel les moines se sont arrêtés. Une bonne centaine d'âmes y pénètrent. Le type se retourne et porte les doigts à la bouche dans le geste qui signifie « manger ». Je les rejoins.

La salle est spacieuse. Une vingtaine de tables de pierre rectangulaires, au bord arrondi. Les moines entrent en dernier, en stratèges de l'effet d'attente. Shootés au divin, les fidèles trépignent, assis devant les tables chargées de mets. Il semble qu'on ait multiplié les pains, sous le regard des ermites pourtant décharnés qui jalonnent les fresques du fond, immobiles dans leur pagne de feuillage, les bras croisés sur leur torse d'écorchés. Je repense à la phrase sortie par Théophile quand Maximos m'avait fait la cuisine : « Ils mangent comme des porcs, ils boivent comme des tonneaux, et quand ils sont ivres, prétendent émettre des oracles. » Me voilà à des milliers de kilomètres du désert et de ses combattants. Sous le regard comme hypnotisé des fidèles, les icônes vivantes et voilées avancent jusqu'au fond de la salle, précédées par un jeune moine tenant devant lui une icône de la Vierge d'un mètre sur un mètre, bardée de cabochons et de vêtements d'argent. Ils se placent, se signent, s'assoient, et commencent à se servir. Les fidèles se mettent au pas. J'avoue entamer sans déplaisir les calamars relevés d'origan et d'huile d'olive, les épinards accompagnés d'un riz succulent, et un onctueux tsatziki. Le tout est arrosé d'un résiné épais et fort sous la langue, très parfumé. Fidèles, mais avant tout à leur appétit, les commensaux mastiquent. La nourriture vient de Dieu : goinfrons-nous sans pécher. Un moine se lève. Il tient un sucrier d'argent sphérique et couronné d'une croix, et s'avance dignement parmi les fidèles qui tendent leurs paumes ouvertes sur leur serviette dans un geste d'adoration. Ils reçoivent, prélevée du sucrier par une cuiller d'argent massif, une poudre qu'ils portent à leurs lèvres. Je fais de même.

L'opium est bien inoffensif. Un cocktail de noisettes pilées, très sucré, et délicieux. Le rite de la distribution terminé, accompli dans un silence pour le moins religieux, les deux moines se rassoient, tandis que Numéro 1 lève son byzantin derrière et s'avance vers la sortie, précédé par le moine à icône. La procession s'ébranle, sort de la trapeza, traverse solennellement la cour ombragée et entre dans l'église. Le ventre plein, on travaille mieux. La centaine de fidèles suit. Enorme, dans ce lieu reculé.

L'office a lieu dans une église flamboyante. L'or des icônes dégouline sur le sol de marbre et sur les paupières des fidèles extasiés par le mystère qui se joue là. On me donne un grand cierge, que je dois allumer au cierge de mon voisin, et ainsi de suite : la chaîne mystique s'élabore dans l'obscurité balisée par ces petits points jaune vif et les grandes flaques dorées des lampes à huile et des lustres majestueux. Le spectacle a enfin lieu. Assis sur sa stalle en hauteur, patriarcal, l'higoumène couvre les opérations. Bossez, les petits gars, je garde la caisse. Aujourd'hui, un moine prend le grand habit, m'a précisé mon voisin émerveillé, un retraité de la Poste originaire du Pirée. C'est toujours spectaculaire, fédérateur, porteur. A genoux sur le marbre, entouré par le demi-cercle imposant de la chaîne de cierges, sous le crucifix d'un mètre de haut qui flamboie au sommet de l'iconostase, le moine baisse la tête, mains jointes sur la poitrine. Les moines chantent, répandent un flot de syllabes mellifluentes : un sirop d'éternité dans l'atmosphère saturée d'encens. Les fidèles sont aux anges, retiennent leur souffle, Numéro 1 toujours immobile et grave sous le voile noir. Le moine mûr pour la promotion tend la tête. Un autre s'approche, récite quelques paroles, approche un couteau de la longue chevelure dénouée et maintient le front de l'initié contre le sol. A la façon d'un Apache scalpant un petit Blanc, il attrape du poing une mèche, et tranche d'un coup sec. Le soleil filtre entre les vitraux versicolores. Le moine vient de prendre du grade. Digne, il se relève. L'assemblée applaudit du regard, sans un mot. Le prêtre élève la voix : « Evlogimeni hi vassilia tou Patros kai tou Yios kai tou Haghiou Pnevmatos, nyn kai aï kai îs tous aïolis tôn aïonôn ! Amîn [1] ! »

La mise en scène est parfaite. Je pense à nouveau aux ermites, à Maximos et à Théophile, à leur souveraine humilité, leur solitude accomplie. Je jette un regard du côté de Numéro 1. La face réjouie, contemplant son armée de fidèles de son visage patiné par la lumière des flashs. Je me sens brutalement écœuré. Il faut vite que je mette la main sur Hilarion et que je me casse. Après ces trois jours passés dans la pureté, la descente est dure chez ces putes et ces dealers du spirituel, ces magiciens noirs de l'illusion gratos. Baise les pieds de l'higoumène et sauve ton âme, « just to relax ». C'est le mot d'ordre ici. Pourquoi Maximos m'a-t-il conseillé Hilarion ? Pour me dégoûter ? Pour que je reprenne mon ascension vers le véritable Athos ? L'air devient irrespirable. Je file mon cierge au retraité des Postes. Ses yeux tutoient le ciel. Je sors. L'air et le ciel bleu me revigorent. J'avance dans la cour, plonge mes mains dans la fontaine d'eau bénite, les approche de mon visage fatigué. J'inspire à fond et lève la tête vers le soleil, qui frappe impitoyablement les murs blanchis à la chaux.

J'ai la désagréable impression d'être maté. A croire que j'ai acquis les yeux qui voient tout des anges polyommata. Je me retourne. Un moine est assis à trois mètres de là, sur un banc, à l'ombre d'un olivier. C'est drôle. Il devrait assister à l'office. Le sac traditionnel

1. « Que le règne du Père, du Fils et du Saint-Esprit soit glorifié, maintenant et à jamais dans les éons des éons ! Amen ! »

en crin de chèvre des moines de l'Athos repose à ses pieds. On doit avoir le même âge. Une courte barbe noire couvre son visage aussi inégalement que celle de Che Guevara sur la célèbre photo de Korda. Le visage est jeune mais marqué, fatigué. Il me regarde, j'avance.

— Bonjour, dis-je en anglais. Vous n'êtes pas à l'office ?

Il me répond qu'il quitte le monastère pour le désert. Il parle de mauvaise grâce mais son anglais est impeccable. Je lui dis que j'en reviens. Son visage s'illumine.

— Si vous étiez au désert, pourquoi venir à Ploutopédi ?

Je lui explique la situation. Il rit.

— Un enfant ?

Il me prend pour un fou. Me demande si c'est ça la vraie raison. Visiblement, il n'en revient pas. J'insiste. Il me souhaite du courage, me demande si j'ai des pistes. Je réponds que je cherche Hilarion. Il hausse les sourcils dans un geste de stupeur.

— Hilarion ne t'apprendra rien. (Il s'arrête un moment.) Hilarion ne s'intéresse qu'à lui et à son higoumène.

Il a dit ça simplement, d'une voix claire. Dans son visage zébré par l'inquiétude, ses yeux forment de magnifiques réceptacles à la tension nerveuse. Il pose les mains sur ses genoux, faussement paisible, pressé d'en finir avec la mascarade dont il m'explique, un par un, les rouages bien graissés.

— Obsédés par le fric, la fructification de leurs biens immobiliers. Le business, et on peut dire le show-business. Aussi assoiffés que votre J2M.

La mention de Jean-Marie Messier dans ce décor intemporel m'apparaît d'un anachronisme étonnant. Je fixe des yeux le novice :

— Comment tu connais ça ?

— J'ai fait des études. En éco, à la fac de Nicosie,

à Chypre. Tous mes potes rêvaient de fusions-acquisitions et de stock-options. J'ai pété un plomb. Un jour, j'ai vu la Vierge.

— Tu déconnes ?

— Ouais. Mais je ne désespère pas. J'ai compris des choses. Le mont Athos a résisté à tout. A la chute de l'Empire byzantin, à l'islam ottoman, au pouvoir de Rome, au communisme. Il résistera au libéralisme. Mon royaume n'est pas de ce monde.

Il me sidérait. Il regardait droit devant lui, comme perdu dans des rêves de gloire.

— Un jour peut-être, l'Europe, d'où sont sorties deux guerres mondiales et beaucoup d'autres, redécouvrira que le christianisme n'est pas une arme de prestige et de propagande, mais la voie du salut. Je cherche un truc que je suis sûr de ne jamais trouver si je reste là : la paix, la sérénité ; disparaître, échapper au monde, trouver l'éternel, cracher sur l'éphémère, en finir avec la médiocrité, refuser d'être un pion, accéder à l'intelligence, à la beauté, et conchier l'argent, le matériel.

— Sacré programme.

— Tu m'étonnes.

Il avait dit : « Fuck the money ». Sans la soutane et le scouphi, j'aurais pu le rencontrer dans n'importe quel bar d'étudiants. Il se baissa et laça ses Reebok, puis reprit :

— Le monastère de Ploutopédi, qui domine la hiérarchie de la Montagne sainte, est devenu une vaste organisation financière, aux ramifications énormes, qui n'a plus qu'un lointain rapport avec sa vocation première, servir Dieu.

Je savais qu'on avait toujours prêté aux moines des magots incroyables, qu'on disait que le Vatican avait monté une OPA sur Coca-Cola, mais, que je sache, même le trésor des Templiers, on n'avait jamais mis la main dessus.

— Qu'est-ce que t'en sais ?

— A cause de mes connaissances en éco, on m'avait affecté au service compta du monastère.

— Au service compta ?

— L'aumônerie, si tu préfères.

Iorgos continue, mâchoire crispée, l'œil bordé de flammes vengeresses.

— Depuis le XIXe siècle, le mont Athos est la véritable banque de la Grèce. Quand les Turcs nous ont envahis, toutes les provinces grecques ont perdu leur autonomie, sauf le mont Athos. Les Turcs savaient qu'ils devaient ménager la religion, qui est comme tu le sais chez nous une religion d'Etat, pour ne pas attiser les résistances. Aussi l'Athos a-t-il commencé à héberger des fonds secrets, qui ont d'ailleurs servi à alimenter la résistance grecque et la guerre d'indépendance. Un paquet de fric a transité par les monastères. Aujourd'hui, aucune guerre ne justifie ces pratiques. N'empêche que, comme l'Athos a gardé son statut de théocratie autonome, il fait ce qu'il veut sur son petit territoire. L'argent coule à flots, et il est incontrôlable.

J'ai repensé à la face de Nicodème boursouflée par l'éclair des flashs.

— Nicodème est en train d'exploiter à fond la chute du communisme, et revendique un peu partout les biens orthodoxes prétendument spoliés par le marxisme d'Etat. Et les biens de l'orthodoxie, ça dépasse les frontières grecques... Ça concerne des territoires énormes du côté de la Roumanie, de la Bulgarie, des Balkans, des forêts, le sous-sol, des biens immobiliers, que tu ajoutes au vieux trésor de guerre, celui qui vient des dons, des fortunes léguées aux monastères depuis des siècles et des siècles. Une jolie somme. On est loin du spirituel et du message des Pères du désert. Et on est même passés à la vitesse supérieure avec le « Packeto ».

— Le quoi ?

— Le « Packeto ». Le paquet de fric disponible à tout moment et gracieusement offert par la Communauté européenne. Une somme prétendument destinée à la restauration du patrimoine historique que constituent les vingt monastères du mont Athos. Y a qu'à demander. C'est louable en soi. Le problème, c'est que l'argent est distribué aux monastères les plus influents de l'Athos, via la Sainte Epistasie, le pouvoir exécutif athonite, constitué de représentants des cinq monastères les plus importants depuis la fondation du mont Athos. Tu suis ?

J'acquiesce d'un mouvement de tête, un peu paumé mais essayant tout de même de garder le cap.

— Du coup, les Roumains de Prodromou crèvent de froid et de faim pendant que Nicodème s'offre une Cherokee flambant neuve et roule avec chauffeur, sans parler de l'héliport...

Là, j'ai tiqué un peu.

— Un héliport, mais pour quoi faire ?

— Visites officielles... Goût du faste propre à l'Orient. Ils s'en prennent au pape mais ils sont pareils. C'est encore en projet. N'empêche que le site est déjà choisi. A cinq kilomètres du monastère, pour ne pas effrayer les fidèles, qui pourraient trouver que leurs intermédiaires auprès de Dieu se la coulent un peu trop douce. Alors on reste humble en apparence, mais dès que les pointures de la Montagne partent en perm sur le continent, je peux te dire qu'ils se lâchent. On raconte des tas de trucs. Paraît qu'à Thessalonique, entre les Mercedes à intérieur acajou et les gitons qu'on entretient, c'est Byzance qui revient. Les mauvaises langues parlent de soirées peu « orthodoxes », pardonne-moi le jeu de mots, dans un appartement de la rue Eolou, sur les hauteurs de la ville.

J'étais abasourdi. Il connaissait bien son sujet, mais

je me demandais pourquoi il s'épanchait devant moi, qu'il ne connaissait ni d'Eve ni d'Adam.

— Pourquoi tu me racontes ça ?

Il répondit du même ton exalté :

— Autant que quelqu'un le sache et le dise. C'est dégueulasse. Ces hommes crachent à la face du Dieu qu'ils font semblant d'honorer.

Je restai immobile, un peu assommé par les réflexions que ses révélations faisaient naître en moi. Et si Octave, que je ne voyais pas à dire vrai porter la soutane, lui qui était le comble de l'indiscipline, s'était lancé dans le business religieux ? Je repensai immédiatement à l'article que j'avais lu dans l'avion, à propos des deux millions perdus en Bourse par l'Eglise espagnole. Ce qui expliquerait son rapport avec Simandre. Octave apprenait vite. Mais qu'est-ce que je foutais là, alors ?

— Enfin... je te raconte ça, mais, au fond, toi, tu cherches ton ami, rien de plus.

Il avait l'air triste. Je revins à la conversation.

— Si, ça m'intéresse. Excuse-moi. Je pensais à autre chose.

Le truc qui faisait mal là-dedans, c'est que ce genre de trafic prenne place au cœur même de l'Eglise d'Orient, dans son centre historique et spirituel, dans son bastion le plus authentique, et que j'avais vu, de mes yeux vu, des types sincères, à Stavronikita ou au désert, vivre dépouillés du moindre souci de confort matériel.

— Et avec ça t'as encore la foi ?

— Plus que jamais, répondit-il fermement en se signant. Il y a un vrai mont Athos. Faut le trouver, c'est tout, et le renforcer pendant qu'il en est encore temps. Peut-être du côté du désert.

— En quelque sorte, tu prends le maquis ?

— Si tu veux. J'ai pas envie qu'on jette comme ça

des siècles de tradition ascétique avec l'eau du bain moussant de cette ordure de Nicodème. Si j'avais voulu perdre mon âme, j'aurais continué la finance.

Il s'interrompt, me fixe au fond des yeux.

— C'est comment, le désert ?

— Rayonnant.

Un sourire apaisé se dessine sur son visage tendu par les épreuves. Je lui parle de Maximos et du paysage, de la nature sauvage et des fresques de la petite église de Kafsocalyvia. J'omets volontairement de mentionner son condisciple fracassé sur les rochers d'Aghios Christophoros. En espérant qu'il n'ait pas le même destin. Il me tend la main chaleureusement.

— Mon nom est Iorgos. Bon courage pour ton ami, mais... tu perds ton temps à Ploutopédi.

— Ça fait des années que je le perds.

Il pose sa main sur mon épaule :

— Fais quand même gaffe à lui. C'est le roi de l'embobinage.

Il s'éloigne alors, silhouette légère fin prête pour le combat du désert. Passe devant un couple d'anges à six ailes, qui s'étalent droits comme des *i* sur le mur d'un bâtiment, s'engage sous le porche monumental, puis s'arrête soudainement. Il fait machine arrière et revient vers moi au pas de course.

— Ecoute, dit-il, pour ton ami, ça me semble bizarre que personne n'arrive à te renseigner.

— Je compte retourner à Karyès et m'informer auprès des autorités.

— Ça ne se passe pas comme ça. Il peut être dans n'importe lequel des monastères. Mais justement, il n'y a sur Athos que vingt monastères. D'accord, il faut ajouter douze skites et peut-être une centaine de kellies, mais comme skites et kellies dépendent des monastères, tout le monde, officieusement, sait où est tout le monde. Et puis tu sais, on est en pays méditerranéen. On parle beaucoup. Tout se sait. T'es bien sûr qu'il est sur l'Athos ?

— Celui qui l'a envoyé ici me l'a laissé entendre. Mais après tout, il est peut-être parti.

Ça ne collait pas, me dis-je à part moi. Pourquoi Simandre m'aurait-il envoyé ici, alors ? J'étais sûr que ce type ne faisait rien sans dessein particulier. Ce qui me faisait parfois me sentir le jouet d'une manipulation dont je ne connaissais pas l'enjeu. C'était rageant mais, pour le savoir, il me fallait mettre la main sur Octave.

— Ça aussi on te l'aurait dit. (Il réfléchit un instant.) Ecoute, j'ai pensé à une possibilité, qui expliquerait pourquoi personne n'a pu te renseigner. T'as entendu parler de Hierocrator ?

J'allais dire non. Je n'avais pas vu ce nom sur la carte. Et puis brusquement, un souvenir précis déboula dans ma mémoire. Le crissement brusque d'un 4 × 4 le jour de mon arrivée à Karyès, le commentaire de Iacobos, « ces fous de Hierocrator » au sujet de l'Ayrton Senna en soutane et du moine qu'il venait réceptionner... Et soudain tout est devenu clair. Le type à profil d'aigle, le balafré qui me matait dans le bateau, voilà où je l'avais vu ! C'était lui que la voiture de Hierocrator venait chercher à Karyès !

Mon cœur s'emballait. J'étais près du but. Je le sentais.

— Dis-moi.

Il inspira profondément, et parla un ton plus bas :

— En fait, c'est comme un monastère qui n'existerait pas.

Ça y est, ça se corsait encore. On retombait dans le sibyllin, spécialité de la région, visiblement.

— Tu peux préciser ?

— Ecoute, j'y suis jamais allé, et on en parle peu. Tout ce que je sais, c'est qu'il y a dix ans un groupe de moines de l'extérieur est venu réhabiliter un monastère russe abandonné depuis la révolution de 17. Personne ne les connaît vraiment.

— Mais t'as dit que tout le monde se connaissait ?

— Eux, ils sont à part. Tu pourrais peut-être essayer d'y faire un tour.

« Just to relax », pensai-je immédiatement.

— Et toi, tu connais comment ?

— A cause de l'aumônerie. Je suis tombé sur une conversation assez violente entre le père Hilarion et l'higoumène Nicodème. Ils parlaient de ce monastère.

— Et ils disaient quoi ?

— L'higoumène était furieux. Il a dit qu'il ne voulait plus avoir de rapports avec eux. Hilarion tempérait. J'ai demandé à Hilarion ce dont il s'agissait, mais il n'a jamais voulu me répondre. Je me suis renseigné de mon côté.

— Et on t'a dit ?

— L'un des plus anciens de Ploutopédi, qui est mort il y a six mois, m'a dit ce que je viens de te dire, qu'on ne savait pas grand-chose sur eux, qu'ils avaient débarqué il y a dix ans. Ton ami est peut-être là-bas.

— Et il y ferait quoi ?

Iorgos me regarda tristement, et murmura d'une voix lasse :

— J'sais pas, peut-être le même business qu'ici. Ce qui expliquerait la fureur de Nicodème. Ils sont peut-être en concurrence, qui sait ?

J'étais perplexe. Iorgos s'est penché pour serrer les lacets de ses baskets noires. Il s'est levé, a rajusté dans un geste automatique les plis de sa soutane et m'a salué poliment.

— Bon courage à toi. Je voudrais partir avant la fin de l'office. J'ai pas envie de croiser cette vipère d'Hilarion.

— Alors qu'est-ce que tu attendais tout à l'heure, sur ton banc ?

Il sourit.

— Je disais adieu à ce bon vieux monastère. J'y ai quand même passé deux ans.

Iorgos prit la route du désert. Je suivis sa silhouette des yeux jusqu'à la voir disparaître sous le porche d'entrée. Il était enfin libre.

Les chacals de Ploutopédi

Les moines sortaient par groupe, comme les étudiants d'un campus universitaire après quatre heures de cours magistral. J'ai pénétré dans l'église. L'odeur d'encens était puissante. Devant l'iconostase, sous un grand cercle de métal doré suspendu par des chaînes à la voûte où menaçait un Christ en majesté, un stand était dressé, recouvert d'un dais rouge brodé d'or. Plusieurs boîtes dorées, incrustées de cabochons multicolores, y trônaient. Derrière le stand, un moine à la barbe rousse en forme de fourche parlait à haute voix, en grec. Une cinquantaine de fidèles l'écoutaient religieusement.

« Ce sont les reliques du monastère », murmura derrière moi une voix nasillarde, en français. Je me retournai aussitôt, surpris. Il s'agissait du moine que j'avais vu parler à l'oreille de l'higoumène pendant la procession. Une barbe de chèvre, noire et pointue, se greffait sur son visage amaigri. Ses petits yeux noirs me scrutaient habilement. Un mélange de méfiance et d'assurance. Le regard dévia vers le stand. « Voyez, murmura-t-il. C'est le crâne de saint Grégoire de Naziance, l'un des plus grands Pères de l'Eglise... » Le moine roux ouvrit la précieuse boîte. Enchâssée dans l'or et les pierreries, la calotte fissurée et jaunie d'un crâne émergeait. Les fidèles, muets de ferveur, se penchèrent pour y presser leurs lèvres. « Actifs dans le corps des saints durant leur vie terrestre, les effets de la Grâce divine restent actifs dans leurs restes », commenta le moine. Le préposé aux reliques ouvrit une autre boîte. « Approchez-vous. » Je risquai un œil. Un genre de tresse, posée et fixée sur le velours pourpre par des agrafes d'or. « Cette ceinture en poil de chameau a été tissée par la Sainte Vierge elle-même. A Constantinople, lors des épidémies, on la promenait par les rues de la ville. Elle a aussi le pouvoir de rendre la fécondité aux femmes stériles. » De mieux en mieux. A l'annonce du dévoilement de la sainte relique, ils se massent davantage contre le stand qui vacille et menace de faire choir les boîtes miraculeuses. Le préposé doit les calmer. Dans l'assemblée, il n'y a évidemment que des hommes. Beaucoup ne sont pas venus « just to relax », mais pour essayer de réparer célestement l'absence de résultats de leurs nombreuses tentatives copulatoires. Un bon médecin leur aurait diagnostiqué une insuffisance spermatozoïdale, causée par le port de sous-vêtements trop serrés qui compriment les testicules ; mais Dieu est un spécialiste meilleur encore. Mon cicérone du sacré continue à dérouler de sa voix nasillarde le fil de ses explications. « Regardez, le frère va poser contre la Sainte Zone le ruban que chacun a apporté. Leur épouse devra le porter sur son ventre pendant une quinzaine de jours afin d'enfanter. » Alternativement, les autres boîtes s'ouvrent sous les mains gracieuses du moine. On dirait David Copperfield montrant à l'assistance concentrée et acquise d'avance que ses accessoires ne cachent absolument aucun trucage. Tout pour le rêve. Il y a encore un doigt de saint Jean-Baptiste (le reste de la main est reconstitué en ivoire, à partir de la dernière phalange), le sang en poudre de Georges le Mégalomartyr, ainsi que l'oreille de saint Otys, magnifiquement conservée dans une bulle de verre rehaussée de perles, et bien d'autres surprises encore. Le clitoris de Marie-Madeleine n'est pas encore à la carte. Quel bidonnage ! En rassemblant toutes les reliques de par le monde, morceaux de la vraie croix, du saint suaire, doigts, cheveux, poils de barbe, bras et jambes, on arriverait à des forêts entières, des kilomètres de tissu, un Christ équipé de cent cinquante dents et crucifié soixante fois, des saints personnages monstrueux à trois têtes et dix bras, avec deux mains gauches et une douzaine d'oreilles... Un horrible jeu de reconstruction à conseiller à tous les mômes. Bientôt vu à la télé. « J'aimerais sortir », dis-je à mon moine. Les fidèles se bousculaient pour toucher, embrasser, renifler les restes morbides. « Permettez-moi de vous montrer cette icône, c'est le plus grand trésor de notre monastère. Elle est miraculeuse. » Encadrée par de grands cierges, bardée d'or sculpté incrusté de pierreries, la seule femme de l'Athos, tenant contre sa poitrine son enfant dieu, éclaboussait tout sur son passage. Je reconnus l'icône qui présidait à la procession. « Après la catastrophe de Tchernobyl, on a fait envoyer des reproductions de cette icône aux enfants irradiés. Beaucoup ont guéri. » J'avalai ma salive, à la fois impressionné et agacé. Les lèvres serrées et la peau mate, la Vierge braquait droit devant elle sa paire d'yeux fendus en amande. Je sortis. Il me suivit à l'extérieur. Le soleil était au zénith.

— Comment avez-vous su que j'étais français ?

— Vous n'avez pas l'air grec.

La réponse était facile.

— Vous êtes le père Hilarion ?

Il sourit.

— Comment avez-vous su ?

— Vous n'avez pas l'air grec.

Il sourit un peu plus. Ses yeux se plissaient de plaisir. « Suivez-moi », dit-il. Nous longeons l'église. Hilarion pénètre dans un bâtiment décoré de fresques bleutées, où des anges parlent à des vierges. Il pousse une porte. Une pièce sombre apparaît, que le soleil envahit aussitôt. Il referme derrière nous. L'obscurité m'aveugle. Je distingue petit à petit une table basse, deux fauteuils de cuir, des icônes au mur et de grands cierges dans les coins. Une forte odeur d'encens persiste.

— Prenez place.

Je m'assois à sa gauche.

— Vous vous appelez ?

— Gabriel.

— Un nom d'archange. Félicitations.

— Ce sont mes parents qu'il faut féliciter.

— C'est toujours Dieu qui inspire.

Hilarion prend une petite fiole de plastique posée sur la table basse, en ôte délicatement le bouchon, verse quelques gouttes d'un liquide jaunâtre sur son doigt, et l'approche de mon front, un peu comme l'E.T. de Spielberg quand il veut guérir ceux qu'il aime. Je recule. « Ne craignez rien : c'est de l'huile sainte. » Sûr de son geste, il trace une croix sur mon front : « Que vous soyez bien, Gabriel », dit-il en reposant le lubrifiant spirituel. Un autre moine se pointe et lui parle en grec. Hilarion le congédie d'un geste.

— Des pèlerins vont venir se confesser. Mais nous avons un moment. Que puis-je pour vous ?

— Je viens de la part de Simandre.

Il prend un air étonné.

— Baptiste Simandre, l'ancien moine ?

Là, c'est moi qui lève les sourcils.

— Je ne savais pas qu'il avait été moine.

— Oui. Il s'est défroqué par la suite, et a suivi une autre voie que celle de Notre-Seigneur. Qu'Il prenne soin de son âme.

Il se signe. Je décide de le travailler un peu.

— Simandre m'a dit que vous pourriez m'aider. Je cherche l'un de mes amis. Il s'appelle Octave. Simandre sait qu'il est sur l'Athos mais pas où exactement. Vous avez dû l'apercevoir.

— Je connais très peu Simandre, répond Hilarion, soudain sur ses gardes.

— Pourtant vous avez suivi les mêmes études.

— Vous voilà bien renseigné.

Hilarion réfléchit. « Pardonnez-moi. » Il s'empare d'un gros téléphone posé sur un guéridon à sa droite. Compose un numéro et colle le combiné contre son oreille. Sur le corps de l'appareil, la sempiternelle croix partageant quatre groupes de deux lettres. IC/XC/NI/KA. Le fan-club de Jésus. Quelques mots de grec et il raccroche. « L'higoumène va vous recevoir. » Je réprime un juron. Primo : la perspective de faire face au vieillard narcissique et magouilleur ne m'enchante pas. Deuxio : je perds l'avantage de l'effet de surprise. Hilarion se sent menacé et refile le bébé.

— C'est inutile, je dis.

— C'est un grand honneur, répond-il en se levant. Laissez cet ami là où il est, me dit Hilarion alors que nous gravissons un escalier imposant. Sur l'Athos, c'est toujours son cœur que l'on recherche. Et la Mère de Dieu vous a éclairé en vous menant jusqu'à nous, tout comme elle-même a trouvé en l'Athos son Jardin. Vous voilà en paix désormais.

Je ne réponds pas. Nous traversons un couloir orné de portraits de dignitaires orthodoxes. Il frappe trois coups sur une porte à deux battants et en actionne la clenche.

Derrière un vaste bureau, sa sainteté l'higoumène de Ploutopédi siège avec la prestance de Jabba le Hut dans le premier épisode de *Star Wars*, un téléphone cellulaire collé contre l'oreille. Le dernier de chez Siemens.

SL 45 : 675 € TTC. Devant lui également, un iBook *platinium*, modèle 2002 avec modem intégré et lecteur CD-rom/DVD : 3 100 € TTC. Nicodème l'Hagiorite nous sourit, murmure un adieu en grec, et décolle de son oreille le précieux appareil de communication qu'il pose sur l'acajou de son bureau. Son grand voile et sa barbe blanche lui donnent un air peu engageant. « Quelques affaires à régler, pardonnez-moi », déclare-t-il, content de lui. Tout chypriote qu'il soit, Numéro 1 parle un anglais très oxfordien. « Bienvenue à Ploutopédi, mon jeune ami. Père Hilarion me fait savoir que vous cherchez quelqu'un. » Je m'apprête à répondre, mais il m'arrête d'un geste de la paume.

— Malheureusement, continue-t-il en baissant les paupières et en jouant avec la croix d'argent qui garnit son poitrail, je crois que nous ne pourrons rien faire pour vous. Car votre ami a pris le bateau hier matin pour Daphni. Il retournait à Thessalonique. Je crains que vous n'arriviez trop tard.

Je me retiens pour ne pas bondir de ma chaise.

— C'est impossible, mon père.

— Ecoutez, tempère Nicodème. Il est évident que notre monastère, le plus célèbre de l'Athos, draine des milliers de pèlerins. Toutefois, les jeunes Français comme vous et lui qui viennent chercher la lumière du Christ sur notre Sainte Montagne sont plutôt rares.

— Et il arrivait d'où ?

— Du désert, je crois, comme tous les idéalistes de l'Athos.

Le ton puait le mépris. Je réfléchissais. C'était forcément du pipeau. Si Octave se trouvait au désert, Basile et Maximos l'auraient su et me l'auraient dit. L'higoumène était en train de me la mettre en douceur. C'était à mon tour de le baiser.

— C'est étrange, dis-je d'une voix mielleuse. On m'a dit qu'il était à Hierocrator.

Les muscles de son visage se crispèrent un instant. Le sourire dégoulinant avait disparu. Nicodème parvint à surmonter sa surprise. Mais je l'avais touché.

— Hierocrator est une ruine abandonnée depuis 1917, mon jeune ami.

— C'est étrange, j'ai appris que l'activité avait repris depuis une dizaine d'années.

Cette fois-ci, Nicodème tiqua. Il dit pourtant d'une voix calme :

— « Si quelqu'un te parle de quoi que ce soit, ne conteste pas, mais s'il parle bien, dis : "Oui", et s'il parle mal, ne dispute pas avec lui sur ce dont il a parlé. Alors ta pensée sera en paix. » C'est un apophtegme des Pères du désert. Méditez là-dessus !

La citation avait valeur de congé. Je lui aurais volontiers fait avaler sa barbe si bien soignée. S'appuyant sur une canne à pommeau d'ivoire, Nicodème décolla son auguste cul de son fauteuil présidentiel, avec une énergie dont je ne l'aurais guère cru capable. Je me levai à mon tour.

— Merci, mon père, dis-je, forçant sur l'humilité du ton.

Il me toisa d'un regard peu amène, tendit la main au-dessus de mon front et dessina un vague signe de croix. « Que Christ vous éclaire de Sa lumière incréée. » Comptes-y, vieille raclure. L'iBook émit un son cristallin. Nicodème avait reçu un nouvel e-mail.

Hilarion m'accompagna dans la cour.

— Je suis désolé pour votre quête, Gabriel. Puis-je encore vous être utile ?

Je le fixai du regard, bien décidé à enfoncer le clou. Je dis, négligemment :

— J'aimerais tout de même faire un tour à Hierocrator. M'indiquerez-vous la direction ?

Hilarion plongea le regard sur ses sandales, puis le releva pour me lancer un regard ferme.

— L'higoumène lui-même vous a dit que ce monastère n'existait plus.

Je ne le lâchai pas, bien décidé à obtenir ce que je voulais. C'était ma dernière chance. Je bluffai.

— C'est Simandre qui m'a dit d'y aller.

Hilarion répondit aussitôt dans un accès de nervosité :

— C'est impossible, voyons !

— Pourquoi ?

— Simandre n'a pas mis les pieds sur l'Athos depuis des années.

Hilarion résistait, mais je le sentais fébrile. Il fallait que je trouve la faille. Les paroles de Iorgos me revinrent alors d'une façon fort providentielle. Dieu était de mon côté.

— Pourtant, dis-je sur un ton qui jouait l'étonnement, il m'a beaucoup parlé de vous. Le Packeto, l'héliport, la rue Eolou...

Le sang quitta instantanément le visage amaigri d'Hilarion. Les minuscules prunelles se brouillèrent un instant. Il se caressa nerveusement la barbe. Son regard embrassa d'un geste les environs. Le ton de sa voix baissa :

— Que voulez-vous ?

— La route pour Hierocrator.

— Vous faites une énorme bêtise, ajouta-t-il à voix basse.

— Vous prierez pour moi.

Il m'indiqua le chemin, puis passa le sien, rasant les murs jusqu'à l'antre obscur où il confessait ses ouailles. Je pris mon sac où je l'avais laissé et quittai, très excité et fier de moi, ce monastère que je ne voulais jamais revoir de ma vie. Octave était là-bas car il ne pouvait être que là-bas. Et s'il n'y était pas, c'est qu'il était au diable.

Body-massage glauque

Sur les conseils arrachés à Hilarion, je garde la montagne en ligne de mire. Ça commence à grimper sec, et le cagnard infernal n'arrange pas les choses. Ma douleur à l'aine se réveille, recommence à lancer. Courage, mec, je sens de bonnes ondes. Le seul truc incontournable, c'est d'arriver là-bas avant la tombée de la nuit. Avant la fermeture des portes. Je me pose deux secondes pour respirer et me retourne vers la baie de Ploutopédi. La vue est admirable : des dizaines de clochers, de coupoles surmontées de croix haubanées découpent une architecture d'un autre âge sur la mer déjà bleu marine. Le soleil flirte dangereusement avec l'horizon. J'ai une marge de deux, trois heures, mais faut pas traîner.

La végétation est plutôt pelée. Quelques arbustes, de la rocaille, un maquis avec deux trois oiseaux qui pépient sans trop d'enthousiasme, peut-être à cause de l'agitation du monastère encore proche. La montée est vraiment raide. Mon cœur bosse à fond et balance des tonnes de globules jusqu'à mon cerveau. Le sommet encore un peu blanc de l'Athos miroite sous le soleil comme s'il m'envoyait des signaux pour m'encourager. Mon étoile du berger, ma lueur au bout du tunnel.

*

« I hope you don't go this way ! » Tout ça braillé avec un fort accent méridional. Je viens de déboucher sur un plateau couvert de roches plates et de buissons épineux quand deux types à sac à dos, chargés comme des mules, déboulent au pas de course et s'arrêtent devant moi, en nage. Le premier porte une paire de lunettes à monture rectangulaire, derrière lesquelles ses deux yeux roulent comme des billes. Un visage en forme de poire, un front de taureau dégarni, avec deux massifs de cheveux argentés au-dessus des oreilles, et une barbiche de dix centimètres de long enracinée au bout du menton. Une tête de faune échappé d'un péplum seventies. Le type qui l'accompagne doit avoir une vingtaine d'années, une bonne bouille de musicien pop avec la frange en bordel. Il trimballe sur l'épaule un énorme rouleau de papier alu aux dimensions d'un tapis. Notation d'importance, ils portent tous les deux une combinaison intégrale de couleur orange, ouverte jusqu'à mi-ventre. C'est là que je vois que le plus vieux tient une sacrée bedaine. L'autre est efflanqué comme un chien affamé. Don Quichotte et Sancho Pança en négatif. Le petit jeune pose son rouleau par terre ainsi que son sac à dos et s'essuie le front d'un revers de bras orange. Ils sont en nage.

— Maestro, on fait une pause, là, j'en peux plus...

La langue est française mais l'accent belge. Je tends la main, et salue en français. Les deux billes font un tour complet dans les orbites du gros.

— Salut.

Il s'incline, les bras contre les cuisses.

— Hernan Kobalt, artiste performeur, de Porto. Chri-Chri, mon assistant, de Bruxelles.

Je pose mon sac à dos, devenu bien lourd. Ma douleur à l'aine reprend dès que j'arrête de marcher.

— Gabriel, de Paris.

— Vous n'allez pas là-bas, j'espère ? demande l'artiste à barbichette en indiquant le chemin que j'ai bien l'intention de prendre.

— Justement, si...

Le popeux tente d'ouvrir le bec mais son maître le coupe :

— Puta e vinho verde ! Ils sont complètement fous là-haut. N'y allez pas ; on vient de se faire violenter !

Le barbichu parle avec les mains. Exalté. Effrayé, aussi. Entre-temps, Chri-Chri s'est assis sur une pierre plate, bien décidé à profiter à fond du répit momentané en regardant la baie de Ploutopédi scintiller sous le soleil de fin d'après-midi.

— On voulait dormir là-bas, caralho ! Un monastère sublime, suspendu dans le vide au-dessus de l'eau, une lamaserie tibétaine ! Accroché à la montagne comme par magie, juste sous le sommet de l'Athos, brillant comme une goutte de sperme sur un pénis en rut ! On va monter le sentier qui y mène et là, boum, deux morues qui débarquent et qui nous disent de nous tirer. On veut aller au monastère, je dis. Les types se regardent et avancent. Ils me font le geste de dégager. Puta ! A moi, Kobalt, mondialement respecté ! Je m'excite, je leur dis : « Comment je fais pour mon travail d'artiste ? », que s'ils veulent pas que je dorme là-bas, je camperai, foda se ! Les mecs me poussent dans la descente. Me faire ça à moi ! tu te rends compte !

Ses pupilles roulent à nouveau dans ses yeux : les boules numérotées dans la sphère en Plexiglas de la Loterie nationale. « Et là, un troisième se pointe avec un fusil et un chien, puta ! Un chien ! Caralho ! Là, mon petit Chri-Chri balise, tu comprends, le fusil, le chien qui veut nous sauter à la gueule. Le mec y dit qu'il est de la police. Je dis que c'est pas vrai, que la police ici ils n'ont pas des soutanes, j'en ai vu, à Karyès ! La zone est interdite, il dit. — Chupa mo los ! je réponds, rien n'est interdit, c'est le royaume de la Vierge ! »

Le disciple interrompt le maître d'une voix lasse :

— Alors on s'est tirés. Et c'est finalement pas plus mal parce que me fader la montée sous le cagnard le lendemain, ça me disait pas trop.

— Inculte, rugit le performeur portugais. Je me demande pourquoi je t'ai donné cette chance de m'accompagner. Et mon installation postmoderne au sommet de la Montagne de Dieu ! Putain, faut qu'on refasse tout le tour, maintenant !

L'étudiant lève la tête.

— Une chance ! Putain, j'en ai ma claque de servir de porteur. Et si on doit en plus se faire trouer la peau pour vos installations de merde !

Il balance à terre le rouleau argenté qui se déroule sur cinquante centimètres.

Je vois l'artiste blêmir.

— Qu'est-ce que tu as dit ?

L'étudiant balbutie. La crise de nerfs est passée. Fragiles, les nouvelles générations. Je demande, intrigué :

— Ça sert à quoi, cet alu ?

— A montrer l'influence de l'hypermodernisme sur les mythes sacrés. Je recouvre de cette matière industrielle la matière sainte de l'Athos.

— Cyprès, rochers, toits des chapelles abandonnées, ruines diverses, énumère Chri-Chri d'une voix lente.

Ça ne m'intéresse pas tant que ça finalement, d'autant plus que je sens sur ma peau la chaleur décliner. Je consulte ma montre. Déjà seize heures.

— Je vous souhaite bon courage, les gars. Je crois que je vais y aller. Salut.

Je leur tends la main poliment. Kobalt m'attrape par le bras.

— N'allez pas par là ! Puisqu'on vous dit qu'ils sont tarés !

Il caresse sa barbiche d'un geste impatient.

— Il faut que j'y aille. On m'attend.

Le Portugais jure et se recharge de son barda. Il descend quelques mètres. L'étudiant se relève avec un gros soupir.

— Décidément, les Français, ajoute-t-il d'une voix lasse.

— Pardon ?

Sa remarque m'intrigue.

L'étudiant s'essuie le front du dos de la main.

— C'est juste qu'on a croisé des Français y a pas longtemps et qu'eux aussi avaient de drôles d'idées.

J'ai immédiatement pensé à Octave.

— Qu'est-ce qu'ils faisaient ?

— Ils cherchaient un mec, qui en cherchait un autre, sans qu'aucun sache qu'il était recherché. Une sorte de jeu de piste. J'ai pas compris grand-chose à vrai dire. Ils avaient l'air allumés.

J'ai souri en pensant à la parenté de leur situation avec la mienne. Il y avait, semble-t-il, d'autres Faustine qui envoyaient d'autres Gabriel à la recherche d'autres Octave. Athos recueillait-il tous les pères démissionnaires de vingt-cinq à trente ans ?

— Ils ressemblaient à quoi ?

A ce moment-là, le sujet de mémoire de Christian rappliqua, et commença à brailler dans le silence de la montagne.

— On couche là ou quoi, Chri-Chri ?

Le disciple attrapa son sac à dos, puis le rouleau d'alu dont il se chargea l'épaule droite.

— Un grand maigre et un autre un peu plus petit, châtain clair tous les deux... Des copains à toi ?

— Non, je suis venu tout seul.

Il sourit.

— Dommage. Maintenant, excuse-moi, mais il faut que j'y aille ; le maestro s'excite.

Kobalt faisait de grands gestes impatientés à son intention.

— Bonne montée. C'est tout droit. T'en as pour un peu plus d'une heure et demie.

Les missionnaires de l'art contemporain disparurent de ma vue. De nouveau seul, gravissant le sentier muletier entre lauriers et chardons, un bâton devant moi pour effrayer les serpents, j'ai pensé, un peu ému, à Raph et Paul. La description aurait pu leur correspondre. Ça m'aurait même fait plaisir de les voir. Sauf que les deux zigotos devaient, à l'heure qu'il était, poireauter paresseusement en attendant l'ouverture des boîtes ibizéennes. Je les vois d'ici. Raph allongé sous une paillote à la plage de Sa Trincha, une coupe de champagne Pop à la main. Il attend le barbecue électronique qui commence à vingt et une heures en se gavant de bocadillos, pendant que Tania, une clubbeuse suédoise à la chevelure verte rencontrée cette nuit au Space, lui masse les reins au rythme du son baléarique du DJ Jonathan Grey. Pendant ce temps, dans une pension néohippie de la Cala de Benniras, Paul s'enivre de la meilleure sangria de l'île (le pichet est posé sur la table de nuit en rotin) mais plus encore des seins de Gisele, jolie et classique Brésilienne de dix-neuf ans et de São Paulo. La sensation est étrange. Ils sont à la fois durs et froids et d'une fermeté inconnue. C'est peut-être normal, au fond : ce sont ses premiers seins siliconés. J'ai laissé là ma digression mentale. Ce qui m'attendait là-haut était dix fois plus excitant.

*

C'est là que ça a lâché. Dix mille volts à travers les cuisses, une douleur nette comme une coupure de cimeterre. La déchirure. Maudit soit l'avant-centre du « Reste du monde » et ses contrôles orientés. Et merde. Il a fallu que je me pose sur le bord du sentier. Je suis peut-être plus qu'à une demi-heure. Merde, putain. Tout ça pour ça. Je tente de me lever. Clac. Fini. Au bout du rouleau. J'attrape mon sac, je tire de la poche ventrale ma gourde thermogène. Une bonne rasade d'eau fraîche, souvenir de Ploutopédi. J'espère que Nicodème ne l'a pas empoisonnée, ou qu'elle ne rend pas connement mystique. Il faut que j'élimine les tonnes d'acide lactique qui encrassent les fibrilles de mes muscles. Ensuite je me masse les cuisses, assis en tailleur au milieu du maquis. Qu'est-ce que je peux faire ? Y a vraiment pas moyen de me tenir sur mes jambes. En contrebas du sentier, il y a une route en terre. Elle mène forcément au monastère. Il faut que j'y arrive. Ce sera moins dur que le sentier. Moi et mon obsession du gain de temps ! Putain. Et la nuit qui tombe, maintenant ! Le soleil mène sa dernière danse sur la crête des vagues en parsemant d'éclairs lumineux l'étendue bleue qui prend des teintes de plus en plus sombres. Le spectacle est sublime. C'est peut-être plus beau encore de là-haut. On doit voir la péninsule entière. C'est trop con. Octave tout près, en train de regarder le coucher de soleil comme moi. Une demi-heure à peine si mes calculs sont bons, et mes jambes qui lâchent. Autour de moi, le silence descend et les oiseaux se taisent. C'est peut-être l'heure des loups. C'est plus humide aussi, à cause de la rosée, déjà. J'ai un peu froid, et mes jambes ankylosées n'arrangent rien à l'affaire. Faut que je descende quand même, que j'atteigne la route. Essayons de nous mettre debout. Aïe ! Descendre sur les fesses ? C'est quinze mètres plus bas. Je traîne derrière moi mon sac à dos. Un vrai boulet de bagnard. Je glisse, provoque des micro-éboulements. Pas très sexy. On dirait un débutant en ski sur sa première piste rouge. Allez, courage mon gars. Une dernière glissade. Le problème c'est qu'il y a un massif de ronces. Je propulse le sac devant moi. J'essaie de me redresser. Voilà que ça relâche. La gueule dans les ronces, avec les épines qui me traversent la peau et me mordent le visage. Sur mes lèvres, le sang a un goût de métal. Je le tiens, mon calvaire ! Dieu, si tu me vois, tu crois pas que ça mérite un petit quelque chose ? J'atteins la route, quasiment en rampant. Vanné, je fais de mon sac un oreiller et je ferme les yeux deux minutes. La nuit est complètement tombée. Qu'est-ce que je vais foutre ?

*

Une demi-heure après, ou peut-être un quart d'heure. Je soulève les paupières. Un éclair jaune balaie la nuit, suivi d'un bruit de moteur qui ralentit et d'une portière qui s'ouvre. On a laissé le moteur tourner. Les pas arrivent vers moi, une paire de rangers et le bas d'une soutane éclairés par les phares. Une poigne musclée me tire par les épaules. Dans le noir, je ne distingue pas le type qui m'aide à me tenir sur mes jambes, m'ouvre la portière et m'installe à la place du mort. Tout ce que je sais, c'est que c'est un 4 × 4, haut sur roues. Mon messie fait le tour du véhicule, s'installe à ma gauche et claque la portière. Pas de plafonnier. Les diodes du tableau de bord diffusent un éclairage insuffisant pour que je sache à qui j'ai affaire. « Thank you », je dis. Il ne répond pas, desserre le frein à main et enclenche la première. La route est cabossée, les suspensions ont l'air usées. Ça grimpe et ça tourne aussi. Les phares éclaboussent une végétation dense. Je me laisse bercer.

Ma cuisse droite s'ankylose dans une chaleur pas désagréable, à condition que je ne bouge pas. Je demande où on va. « Hierocrator », répond-il en roulant les *r* avec une voix grave. Sans commentaire. Je frémis. A travers le pare-brise, je distingue des lumières un peu plus loin qui transpercent par petits points une forme massive. Je me refuse à poser d'autres questions, trop content de toucher au but. Une silhouette jaillit devant les phares. Elle porte une robe et tient un chien en laisse. Mon conducteur rétrograde, freine et se penche par la fenêtre. Un court échange en grec ; il redémarre. Un sol pavé, un porche monumental, une galerie sombre et une cour où deux autres véhicules sont garés. Il coupe le contact, me fait signe de descendre. J'ouvre la portière, m'apprête à poser le pied à terre mais la douleur me cisaille la cuisse. Mon conducteur fait le tour du véhicule, attrape mon bras droit et le pose sur son épaule. Du bras gauche, il m'entoure la taille ; de l'autre, il braque une Maglite devant nos pas. Je m'appuie au maximum sur lui. Le faisceau de la lampe se balade sur de vieux murs de pierre et atteint un escalier que nous gravissons. Un couloir éclairé par des lampes à huile posées dans des niches creusées dans la muraille. Trois étages. Je serre les dents dans l'escalier. On y va doucement, mais j'en chie. Au bout d'un autre couloir, il ouvre une porte. Le bois grince. Il me dirige vers ce qui ressemble à un lit. Je m'assois, perçois le clic d'un Zippo ; une lumière douce se répand dans la pièce en même temps qu'une bonne odeur d'huile. Il revient vers moi et avance sa main vers ma cuisse. « It's OK », je dis en m'écartant. Au lieu d'enlever sa main, il la repose et appuie sur la blessure. Je hurle. « Get off your clothes, ordonne-t-il. — It's OK, je répète. — I have medicine for your leg », dit-il d'une voix autoritaire qui interdit toute contestation. Je m'exécute. Que faire d'autre ? Il s'éclipse. Dans la lumière, la silhouette est massive. J'attends, en caleçon, incapable de bouger la jambe droite, mais mentalement prêt à résister si la situation dérape. « Vous faites une énorme bêtise », avait dit Hilarion. Sa silhouette s'encadre à nouveau dans la porte, une fiole à la main. Il fait encore trop sombre pour que je distingue son visage. D'ailleurs, il évite la lumière, cale un coussin derrière mon dos, collé contre le mur, puis ouvre la fiole de verre et la retourne sur sa paume ouverte ; de l'autre main, il m'attrape la jambe. Je me laisse faire de mauvaise grâce. Il pose sa main sur ma cuisse et étale le baume sur le muscle endolori. Me masse, les doigts à deux centimètres de mes couilles. Je serre les dents en me promettant de lui envoyer mon pied à la figure s'il fait le con. L'odeur du baume est infecte, un mélange de camphre et de pourriture, mais la chaleur qu'il procure fait sacrément du bien. Le silence me pèse. En anglais je demande à mon kiné en soutane : « Je cherche un Français. Il s'appelle Octave. Est-il ici ? » Le type secoue la tête négativement, sans me regarder. Sa paume continue à me graisser les cuisses selon des mouvements circulaires. Le pouce suit le mouvement du tendon, le baume infuse dans le muscle. « Vous êtes sûr ? » Il hoche la tête lentement. Je me retiens pour ne pas chialer, de fatigue et de découragement. Je suis atrocement déçu. Et bloqué là, en plus. Merde. Merde. Merde. Merde. Merde. « Vous ne le connaissez pas ? Vous ne savez pas où il peut être ? » Je m'accroche quand même. « I don't know him. » Toujours le hochement de tête et la voix d'outre-tombe. Brutalement, je me mets à ne plus y croire. Paumé et vidé à la fois. Je maudis ce foutu trou du cul du monde où je perds mon temps, ma vie. Je pense à Basile, à Anonyme, à Maximos, à Hilarion, à Faustine et à son beau visage de Vierge. A mon passé de merde, à ma vie de merde. Je sens une larme échapper à ma vigilance. Ça y est. Elle coule. Le kiné s'arrête.

Incroyable, la douleur a pratiquement disparu. C'est toujours ça de gagné, même si la pommade aussi visqueuse que mystérieuse a pourri l'atmosphère en même pas cinq minutes. « Et c'est quoi, votre truc ? » je demande. Le moine lève la tête, captant d'un seul coup toute la lumière de la pièce. Mon sang fait deux ou trois tours dans mes artères. Je le regarde avec horreur. C'est le type à la cicatrice, le mec qu'on venait chercher à Karyès le même jour que moi, celui qui me matait dans le bateau pour Ploutopédi, le « profil d'aigle ». Il me toise avec une espèce de lueur sauvage dans les yeux, ouvre la bouche, et répond, toujours en anglais : « C'est une décoction de fœtus de souris. Excellent pour les douleurs musculaires. » Je le regarde avec horreur. Je suis en plein cauchemar. Au milieu de nulle part, avec un fou, et l'espoir de retrouver Octave complètement dissous.

Octave

J'ai décidé de rentrer à la maison. Je suis fatigué et j'ai trop bu. Une demi-douzaine de vodkas-tonic dans un endroit éclairé au laser. Caressé du regard deux ou trois filles singeant les starlettes de la télé-réalité. Héroïnes de sitcom cheap, jumelles brunes et rousses de la blonde Loana. Gâché du temps à discuter avec un jeune espoir de France Télévisions qui rêve d'un show « people » sur la même case horaire que le Bigdil pour niquer sa race à Lagaf. Je me suis surpris à rêver d'une mitrailleuse. Une fille me caresse les cheveux et essaie de m'embrasser de sa langue mentholée. Elle fume sa Vogue d'un air pute, comme si elle voulait la faire jouir. Passe sa langue sur le filtre d'un air provocateur. Je paie les verres et sors sur le boulevard rayé de pluie. Faustine ne m'aime plus. Je n'ai plus envie d'elle, plus envie de rien. On ne parle même plus de cette histoire d'enfant. On s'engueule à la moindre occase. Notre vision des choses diverge, pour parler poliment. Alors Octave me rassure. Vient de plus en plus souvent bouffer chez nous, faire tampon, le sourire collé aux lèvres et la bouteille de rioja sous le bras.

Elle est amoureuse de quelqu'un d'autre. Je le sens. Elle me méprise. « Mais non », dit à chaque fois Octave. Je hèle un taxi. Il s'arrête sous les hallebardes de pluie. Je monte dans la Merco noir cercueil qui file vers Faustine et notre appartement décoré avec soin, par ses soins. J'ai murmuré l'adresse d'une voix lente au bord de l'extinction. J'ai dû fumer huit cents clopes ce soir. Je n'ai plus de voix. « J'te plais pas ? » a demandé la fille. « A ton avis ? » Elle a fait un « peuh ! » méprisant avec la fumée de sa cigarette et a fait glisser la double lune de son cul gainé de cuir sur le velours du tabouret. La pluie fouette le pare-brise et décuple les lumières des réverbères. On prend un tunnel, et puis un autre, et puis on débouche à l'air libre. Le plan Lady Di n'est pas pour ce soir. Dommage. Le chauffage distillé par le moteur de la berline allemande me caresse le cœur, la radio raconte un attentat dans un parc d'attractions avant le témoignage d'une mère de famille qui a perdu son fils qui y jouait le rôle de Pluto. La Concorde, les quais, Notre-Dame, pont de la Tournelle, Cardinal-Lemoine, mosquée, fac de Censier. « C'est là, une rue derrière. » Je paie, descends sur le trottoir glissant, la clef serrée dans la poche de mon pardessus, puis introduite dans l'encoche de l'interphone Otis. La semelle de mes Adidas trempées couine sur le revêtement synthétique. Faustine va être surprise. On ne devait pas se voir ce soir. J'avais dit que je dormais chez Raph. Comme hier. Comme avant-hier. N'empêche qu'à ce moment-là j'aspire juste à caresser son ventre rond et la bosse de ses seins, à passer mon doigt sur ses lèvres humides et sentir son souffle chaud sur mon index. Comme un amoureux. Un sale con de Pierrot la Lune d'amoureux. L'ascenseur ouvre ses vantaux. Ils se referment derrière moi avec un bruit de cercueil, même si j'ai jamais entendu le bruit d'un cercueil qu'on referme. Je n'en mène pas large. J'ai bien fait de picoler. Ça me donne du cœur au ventre. Quatrième étage. Un « fa » électronique, et puis un « bip » aseptisé. Le « 4 » qui s'allume et les deux panneaux qui coulissent tout seuls. J'émerge de la boîte. Mes pas frôlent la moquette marron du couloir sans un bruit. Délicatement, pour ne pas la réveiller, j'insère la clef dans la serrure. Le pène tourne, j'entre. Il fait chaud dans l'appartement. Je traverse le minicouloir et débouche dans le salon. Il y a du bruit. Je l'entends gémir doucement, soupirer. Je sens des corps qui bougent. Le rideau laisse passer la lumière de la ville couverte de pluie. Je vois des formes en mouvement. Les soupirs s'accentuent. Mon cœur s'emballe. Terrifié, les entrailles et la perception plombées par l'alcool, je cherche des doigts l'interrupteur. Je le trouve, j'appuie. Fiat lux. *Limite je gerbe. Il est beau le spectacle. Taillé sur mesure pour le désarroi total. Dans une position tellement classique et tellement amoureuse que c'en est insupportable, je découvre Octave chevillé à ma Faustine, en missionnaire du réconfort physique, dans le canapé du salon. Celui qu'on a acheté pour les amis de passage. Il me regarde sans expression, pas même de l'étonnement, juste le regard fixe, pendant que Faustine hurle de surprise, de peur et d'impuissance, et se met à sangloter. Je vomis immédiatement le produit alcoolisé de ma nuit sur le revêtement coco.*

*

On me secoue. Allongé sur le ventre, je lève les paupières dans une nausée atroce. Profil d'aigle me regarde sans un sourire, sa griffe d'oiseau de proie crispée sur mon épaule. J'ai compris que je devais me lever. C'est le *Morning Live* du mont Athos. Mon masseur disparaît comme il est venu, en tirant les rideaux pour faire entrer la lumière de l'aube par la petite fenêtre percée en haut du mur. Je consulte ma montre, posée sur mon sac. Cinq heures et demie du mat. Le salaud. Je me retourne, m'assois et m'étire, aperçois une tasse de café fumant sur la table, et le Crucifié, accroché au mur. Il fait une drôle de tête pour un crucifié. Comme s'il souriait. Comme s'il ne reprochait pas à son Père de l'avoir abandonné, mais qu'il pensait plutôt : « Merci, papa, tu m'as rendu inoubliable ! » C'est peut-être ça d'ailleurs, l'histoire, comment devenir une star au Ier siècle. Je m'étire encore, dégage mes jambes avec précaution du méli-mélo des draps. Incroyable, la douleur à l'aine a disparu. Je descends du lit, me dresse sur mes jambes. Succès total. Plus rien de l'horrible paralysie d'hier. J'effectue quelques fentes, pour voir. Comme neuf. J'adresse un regard reconnaissant au petit Jésus qui n'en a cure, occupé à sourire sous la morsure des clous. Je m'assois à nouveau, porte la tasse à mes lèvres. Qu'est-ce que je fais maintenant ? Je prends mes cliques et mes claques et je mets les bouts vers Daphni ? Le voyage est terminé. Tant pis pour Faustine et tant pis pour moi. Ça m'aura fait une bonne balade. Tu parles. J'ai tellement pas envie de revenir. Revoir mes éternelles saloperies d'élèves, radoter sur le dispositif champ/contrechamp, la règle des 180 degrés, la Nouvelle Vague, Jean Eustache... J'ai toujours fait semblant d'aimer *La Maman et la Putain*, par peur de la ringardise. Ma thèse sur René Clair qui n'en finit pas de stagner, l'ennui des colloques... Rester ? Pourquoi pas ? Rejoindre Maximos dans le désert ? En ai-je l'étoffe ? Je ne sais pas. Je ne sais plus. Si c'est pour finir picoré par les sternes... Je termine d'un trait le café : la chaleur sucrée se répand dans ma gorge avec une grâce infinie. Là aussi y aurait de quoi remercier le petit Jésus. Je suis enfin au cœur de Hierocrator, le monastère qui fait triper tout le monde ici, et ça me donne presque envie de rigoler. J'enfile un tee-shirt propre, mon fut et des tongs. J'ouvre la porte. Les rayons du soleil me foncent dans les rétines. Il me faut un certain temps pour reprendre le dessus sur l'aveuglement, mais ce que je prends dans la figure m'achève littéralement.

La silhouette, sanglée dans une soutane noire, se détache impeccablement sur la surface implacable de la mer Egée. Elle me tourne le dos, debout sur la galerie de bois perchée au-dessus de l'eau comme un balcon sur le ciel.

— T'en as mis du temps.

La voix n'a pas changé. Mais le ton, si. Finies l'arrogance et la gouaille. On sent l'apaisement. Peut-être la sérénité. Le déséquilibre parisien a l'air terminé. Il n'a pas pris la peine de se retourner, contemple le ballet des vagues, les coudes posés sur la balustrade de bois, les reins en arrière. Position de petit maître, perché sur son nid d'aigle au-dessus des flots.

— Paraît que je suis papa...

Les mots sont coupants. Je ne réponds pas. Je sens mon sang battre dans mes tympans.

— Quelle ironie...

Un intense désabusement. Je m'arrête, ma tasse et sa soucoupe dans la main droite, la cuiller entre le pouce et l'index gauches. Je pose l'ensemble sur un banc de bois adossé au mur de pierre. Octave se retourne, de trois quarts. Le visage est amaigri mais sans trace de fatigue. Plus lisse, détendu sous la fine barbe, les cheveux longs, mais pas encore assez pour être ramenés en chignon comme ils le font tous ici. Un air de demi-solde d'Empire, mais corseté dans la soutane fendue du moine orthodoxe. Les yeux verts me dévisagent.

— Elle pouvait pas te laisser tranquille après tout ça ? continue-t-il d'une voix triste. Quelle absence de classe... Pauvre Faustine.

Le con. Je pense au petit bagnard en costume rayé et à la maman radieuse, triste de ne pouvoir le montrer à son père. Et c'est lui qui se permet de parler d'absence de classe.

— T'as pas le droit de dire ça, Octave.

Je m'avance encore. Il bondit et m'empoigne brusquement par le tee-shirt, crache, les yeux furibards :

— Je dis ce que je veux, t'entends. Je dis ce que je veux ! Tu sais rien !

Je le repousse vivement. Toujours aussi violent.

— Tu sais rien, Gabriel !

Je remets en ordre mon tee-shirt. Octave ironise, la mâchoire crispée :

— Et un gamin maintenant... Et toi, toi, le cocu de l'affaire, qui viens m'annoncer la bonne nouvelle... Tu trouves ça normal ?

Il sourit, le con. C'en est trop, j'avance et le plaque contre la balustrade. Il est allé trop loin. Un éclair traverse mon échine. Je revois tout, en vrac, sa façon atroce de me consoler, de venir à la maison, de me dire que ça allait s'arranger, pendant qu'il la sautait. L'ordure ! Mon cœur prend de la vitesse. Par flots saccadés, la bile s'injecte dans mon œsophage. Je le hais pour tout ce qu'il m'a fait, à moi, son meilleur pote, bousillant mon bonheur sans dédommagement. Je maintiens sa tête du côté de la mer qui envoie ses vagues se pulvériser sur les rochers, dans des batailles d'écume à effrayer leurs putains de démons ! Qu'il voie bien le vide, celui qu'il a créé dans ma vie aussi ! Je sentais en moi une force incroyable et désordonnée. Il était allé trop loin. Trop de saloperies et trop peu d'excuses. D'ailleurs, avais-je besoin d'excuses ?

— Ordure !

Il ne se débat pas. Son corps décolle du sol. J'accentue ma pression. Mes muscles se tendent atrocement. Je vais le tuer. Je découvre que c'est pour ça que je suis venu. J'en prends conscience maintenant avec une drôle de jubilation, la bouche pleine d'une aigreur qui me donne la nausée, le cœur qui bat à un rythme de folie et qui envoie par vagues une tonne de globules à mon cerveau à mesure que je revois en accéléré la scène la plus horrible de ma vie : les cuisses de Faustine et ses yeux de biche aux abois, le grain de sa peau, le plein des seins ronds, le parfum chaud de ses cheveux sombres, la douceur de ses reins et de son sexe. Et lui posant la main sur tout ça, qui ose la baiser sous mes yeux. C'est cette nuit-là que j'aurais dû le tuer. Je n'aurais jamais connu la honte et le gâchis. Seulement, j'étais tombé à genoux dans mon vomi, priant presque pour que tout ça s'arrête, incapable d'agir, lâche, ivre, et impuissant. Le tissu de l'habit glisse sur le bois de la balustrade. Dans quelques secondes, celui qui a mis ma vie à sac va basculer dans la mort. Il me fixe. Aucune angoisse, mais un sourire déformé par la pression de mes mains sur le col de la soutane :

— Vas-y, j'attends ce moment depuis tellement de temps.

Je suis au bord de l'asphyxie. Mon cœur bat trop vite ; mes muscles tétanisent. Le sang bourdonne dans mes tempes. Un essaim de frelons dans une danse de mort. J'ai pourtant fait le dernier effort, sans vraiment comprendre ce que je faisais. Le corps, selon les lois immuables de la gravité, qui font que tout corps laissé à lui-même au voisinage de la surface de la Terre acquiert une accélération verticale, bascule de l'autre côté, vers la mer, entraîné par son propre poids. Je m'écroule à genoux dans un soupir d'exténuation.

Confession à Hierocrator

— Comment t'as su ?

Ma question est idiote. La réponse fuse dans ma tête, depuis le début. Il sourit.

— Simandre ?

— Gagné. Il m'a prévenu que tu t'apprêtais à venir sur l'Athos. Il ne pouvait pas t'empêcher d'y aller, de toute façon.

— Il savait où tu étais, bien sûr ?

Il acquiesce de la tête.

— Il était pas certain que j'aie très envie de te voir. Je lui avais parlé de toi, de Faustine. Il savait ce qui s'était passé.

Génial. Je comprenais mieux l'ironie du producteur à mon égard, le jour où j'avais débarqué dans son bureau. C'est vrai qu'un ange annonciateur à moitié cocu, c'était plus que risible.

— Je t'ai quand même trouvé, et sans lui.

Ses yeux verts se sont plantés bien au fond des miens.

— Tu m'as trouvé parce que je le voulais bien.

Il a laissé passer trois secondes.

— Ça te plairait de revoir Iorgos, ton confident de Ploutopédi ? Il est au troisième étage.

L'enculé. Il continue :

— Tout ce qu'il t'a dit est vrai. Il travaillait réellement à l'aumônerie de Ploutopédi, et nous rencardait. Mais ils l'ont su et l'ont viré. Mais que ce soit lui ou un autre, à Ploutopédi ou ailleurs, j'aurais trouvé le moyen de t'aiguiller vers Hierocrator.

Octave remet en ordre les plis de sa soutane, pose le mousqueton et la corde noire veinée de gris sur le banc de bois. J'ai ricané :

— Et t'as attendu tout ce temps-là pour « m'aiguiller » ?

Il a répondu d'un ton cynique :

— C'était une manière de test. Et c'était bon pour toi de découvrir la diversité du coin, les différents visages de la foi, de rencontrer des gens.

— Bien sûr. Et c'est quoi votre truc, ici ? Le business, comme à Ploutopédi ?

Il est resté silencieux.

— Tu me mets quand au parfum ?

Son regard quitte l'immensité de la mer pour se poser sur moi :

— Mais maintenant, mon vieux ! Maintenant qu'on peut repartir sur de bonnes bases. Je t'avais tué ; tu m'as tué. Bien sûr, on reste dans la métaphore car toi et moi on est encore en vie, mais le compte est bon. Les ardoises sont à zéro. Equilibre de gestion parfait.

— Pas encore.

Je me suis avancé vers lui. Mon poing gauche s'est écrasé avec un bruit mat sur la pulpe de sa lèvre inférieure. Son corps est allé rejoindre les lattes du parquet de bois. Assis par terre, il s'est essuyé la bouche de la manche et a considéré avec un petit sourire surpris le sang rouge qui souillait le noir de l'habit.

— L'offense lavée dans le sang, c'est ça ?

— J'aurais dû le faire depuis longtemps.

— Romantique !

Le ton était mi-dédaigneux, mi-amusé. Le monastère était construit sur sept étages. Trente mètres de haut, perché sur un piton rocheux et suspendu au-dessus de la mer Egée. Nous étions au dernier étage, sur un balcon qui en surplombait un autre. Octave s'était arrimé à la terrasse d'en bas avec une corde et un mousqueton. J'avais oublié qu'il avait fait le guide, dans l'une de ses nombreuses vies antérieures. Avec un peu de souplesse et d'entraînement, vous pouviez vous laisser tomber de dix mètres, et remonter par la terrasse du bas. Il m'avait laissé mijoter dans mon jus avant de réapparaître par l'intérieur. Un moment, j'ai bien cru à cette connerie d'anges qui faisaient voler les moines.

— Maintenant, pour les autres, on est morts tous les deux. Personne ne viendra te chercher ici. Le jeu est fini et tu vas tout comprendre.

Je serre les poings. Je ronge mon frein en silence, nerveux et impatient d'en découdre. Autour, c'est l'aube dans toute sa splendeur. Un enfant jour qui vient à la vie, s'étire et vagit de toutes ses couleurs. Du rose dans le bleu, des senteurs de fleurs sauvages au milieu des pépiements d'oiseaux.

— Tous les jours le spectacle me ravit de la même façon. Comment tu veux croire à un hasard, devant tant de beauté ? Le big-bang est une invention de barbares, incapables de concevoir que la beauté puisse être autre chose qu'un accident.

— Alors comme ça, t'as tout abandonné pour te tirer là où tu savais qu'elle pourrait jamais aller. C'est ça l'histoire ?

Il se dresse sous la pique. Je le connais comme ma poche : un mélange de calme absolu et de tempête assassine.

— Arrête ! T'as jamais rien su.

Je me suis remis en position. Les poings serrés à fond, incapable de le regarder sans avoir envie de le cogner encore.

— Comment t'as pu me faire ça ?

J'étais au bord de l'épuisement. Pourtant, j'ignorais qu'on n'en était encore qu'à l'apéritif. Le grand banquet de l'écœurement allait m'être servi dans quelques minutes, avec entrée, plat de résistance, fromage et dessert, café et digestif compris dans l'addition. Il prit une longue inspiration.

*

On marchait comme on ne l'avait pas fait depuis trois ans, à l'époque où on se tapait des kilomètres dans Paris la nuit en se disant que c'était nous les vrais noctambules, et pas ceux qui pantouflaient dans les atmosphères feutrées des boîtes. Il avait voulu qu'on sorte. A cent mètres du monastère, sur le sentier qui descendait vers la mer, j'avais tout le loisir d'observer la noblesse du lieu. Le nid d'aigle par excellence. Nid d'ange, si l'on prenait les textes ascétiques à la lettre. « Crucifiés au monde, ils avaient renoncé à la vie, et s'efforçaient de prendre la nature des puissances incorporelles en partageant leur impassibilité », m'avait dit Maximos.

— Ça en jette, hein ? lança fièrement Octave, pointant négligemment une badine d'olivier en direction de la bâtisse.

Sept étages à flanc de rocher narguaient la mer. Des murs de forteresse percés de dizaines de petites fenêtres, couronnés par des toits d'ardoise presque plats ponctués de flèches et de coupoles harmonieuses qui réfléchissent le soleil. Un énorme bloc, prodige d'architecture âgé de sept siècles, flanqué d'innombrables balcons de bois offrant une vue imprenable sur les merveilles de la création. Une variante byzantine des lamaseries tibétaines. Le performeur portugais avait le sens de la comparaison.

— Tu te souviens du dîner chez Hélène ?

L'entrée était servie. J'ai répondu :

— Le jour où on a rencontré Faustine ?

Il corrigea :

— Le jour où *tu* l'as rencontrée. (Il marqua une pause de quelques secondes.) Je la connaissais avant, Gabriel.

J'accusai le coup brutalement.

— Tu me l'avais jamais dit.

Il regarda devant lui.

— Non. Quand une fille dont tu as partagé l'intimité vient te dire : « Il est mignon, ton copain », que tu vois le copain en question poser sur cette fille les yeux du ravissement, tu gardes ton passé pour toi. Et tu la fermes.

J'étais scotché. Je l'ai regardé au fond des yeux. Ils ne cillaient pas.

— Votre petite baise des familles sous la couette par soir d'hiver, le jour où je me suis pointé alors que c'était pas prévu, c'était du réchauffé ?

Il ne répondit pas, se contenta d'avancer, la tête basse, fouetta quelques branches avec sa badine d'olivier. Le temps était superbe et la mer scintillait. Elle s'en foutait bien, la garce de nature. Ma vie ratée défilait sans que je puisse m'arrêter sur une seule image positive. Un immense gâchis. Je me suis assis sur une pierre. Il a continué à descendre vers la plage. C'était trop con. J'étais baisé depuis le début. J'en aurais chialé ou pleuré de rire, tellement je me sentais liquidé, sans étoffe, nul. Et il avait fallu que je me tape un voyage à Byzance pour apprendre ça. Quelle ironie. Dire que c'est elle qui m'envoyait porter la bonne nouvelle... Elle était belle, la maman. Je me suis levé, soudain fatigué de tout. Je dérivais dans le n'importe quoi. J'ai descendu le sentier. Il était debout devant la mer, les mains sur les hanches. Les mimosas qui bordaient la petite crique rivalisaient de lumière avec le soleil, petites sphères d'or miraculeusement accrochées aux branches des arbres comme des boucles d'oreilles naturelles. Je l'ai rejoint, me suis planté devant lui.

— Pourquoi tu me l'as pas dit ! j'ai hurlé.

Son visage exprimait une tristesse infinie.

— J't'ai jamais trompé, Gabriel ! Jamais ! J't'ai pas dit que je la connaissais, ça a été ça, ma connerie. Je lui avais promis de pas te le dire. Elle voulait que ça s'efface. C'était pas dur : il s'était presque rien passé.

— Qu'est-ce qu'il y a eu au juste, entre vous ?

— Rien. Vraiment rien. Un truc d'un soir, de quinze jours. J'aimais pas cette fille. J'aimais pas son genre. Mais t'avais l'air tellement heureux le soir où on l'a vue ! J'avais le droit de te dire que j'avais couché avec elle ?

— T'aurais dû.

Il s'est assis sur les galets blancs. Ses doigts jouaient nerveusement avec les nœuds d'un rosaire de laine.

— Eh bien, j'expie, ça te va ? Dans l'ascèse et la solitude, pour le restant de mes jours.

— Tu parles.

Il leva la tête, me regarda. Joli plan en contre-plongée.

— Je lui ai dit qu'on était potes, que c'était malsain. Elle m'a dit qu'on s'en foutait, qu'il y avait rien eu entre nous, qu'alors c'était même pas la peine d'en parler. Souviens-toi, je t'ai dit, à plusieurs reprises, que c'était pas une fille pour toi !

Je m'en souvenais. Je regardais les mimosas scintiller sous le soleil et se détacher sur le vert des branches. Octave continuait.

— Tu m'as envoyé chier. Tu m'as dit que t'avais

pas besoin de mon accord. Tu t'es mis dedans tout seul, OK ? Après, rappelle-toi, j'ai toujours refusé tes invitations quand elle était là. Je me suis même tiré un an. Pas seulement pour toi, mais bon, je suis parti, tu peux pas dire que j'ai pas fait d'effort !

C'était vrai. Il était parti et on s'était beaucoup écrit. Des mails, ça allait plus vite pour l'Asie. Il avait accepté un poste à l'Alliance française de Yogjakarta, à Java. Il s'occupait vaguement de la vie culturelle, mais passait surtout son temps à courtiser les actrices de Ramayana et à jouer au guide pour les routardes de tous les coins du monde, qu'il trimballait à moto au milieu des rizières et baisait dans les greniers à céréales. Ça m'amusait. Je n'étais pas envieux. J'avais Faustine, j'avais la seule chose que je voulais, et ça se passait bien, au début. On avait emménagé aussitôt. Peut-être trop vite, mais on en avait envie. Elle avait bientôt parlé d'un bébé. J'avais commencé ma thèse et elle bossait déjà. Dans la « com », comme la plupart des filles de vingt-six ans de la capitale.

— Y a juste ce putain de week-end que j'ai accepté chez elle, dans le Morbihan, parce que t'as insisté et que j'allais pas bien du tout. J'en pouvais plus d'être revenu. Je pensais qu'à me tirer de nouveau. Et après, c'est entre vous deux que ça a déconné. Et là, elle a commencé à m'appeler, mais avant tout parce que j'étais ton meilleur pote et qu'elle voulait comprendre ce que tu foutais.

— Je te crois pas. Elle t'appelait parce qu'elle t'aimait encore.

Il secoua la tête, se rassit, joua nerveusement avec les perles de son rosaire.

— Crois ça si tu veux, si ça peut t'aider à t'en débarrasser, mais je te jure que c'est pas du tout ce qui s'est passé.

— M'en débarrasser ! T'entends ce que tu dis ?

Il m'a saisi le bras d'une poigne sans tendresse. Ses doigts me déchiquetaient.

— C'est fini, Gabriel, c'est fini, bordel ! Elle a jamais rien fait pour m'empêcher de partir ! Elle ne m'aimait pas, ni avant que tu la rencontres, ni après. Elle t'avait choisi, toi !

Je tournai la tête, le fusillai du regard. Mes pensées filaient à cent mille à l'heure.

— Pourquoi t'as recouché avec elle ?

Octave avala sa salive. Passa une main dans ses cheveux.

— C'est la seule fois, Gabriel. Je te jure. Elle m'appelait tous les jours. Souviens-toi, j'allais pas bien. Je savais plus où j'étais. Elle m'appelait pour me dire que tout foutait le camp entre vous. Je la calmais.

— Et tu passais ton temps à me dire que ça allait s'arranger !

Il respira plus fort, reprit :

— Je faisais mon possible pour apaiser tout ça.

Il y a eu un silence, le temps qu'une théorie de salopards d'anges en grenouillère Prénatal défile devant mes yeux éblouis par le soleil.

— Un soir elle m'a dit qu'elle allait faire une connerie alors je suis venu. D'ailleurs, t'étais à une soirée. J'sais pas ce que tu foutais. T'étais jamais là quand elle en avait besoin.

— Accouche.

C'était insupportable de l'entendre me faire la morale. J'avais déconné, oui. Je l'aimais plus que tout au monde, mais je ne savais pas comment faire, comment le lui faire sentir. Le bébé avait été le déclencheur. J'avais peur de l'avenir, peur de moi, peur d'aimer. On ne quitte pas quelqu'un à cause d'un bébé, c'est vrai, mais elle m'en avait voulu à mort. J'avais été lâche et je l'avais payé. Le prix fort.

— C'est la dernière fois, je me suis dit. Ensuite,

vraiment je disparais. Je vous revois plus, ni elle ni toi. Vous me dégoûtiez. Tu rentrais pas ce soir-là. Elle m'a proposé de dormir dans le salon mais j'ai refusé. Elle était en larmes. J'ai essayé de t'appeler. Tu répondais pas. J'ai même pas eu le cœur de te laisser un message. Je t'ai envoyé au diable. Votre histoire était foutue. J'ai dormi là-bas et elle est venue contre moi. Voilà.

Mon estomac se tordait dans des crampes atroces. Je me suis mis debout. Octave a continué. On arrivait au dessert.

— Tu t'es pointé ; t'as vu que tu l'avais perdue, j'ai vu que je t'avais perdu. C'était fini.

— Tu m'as même pas appelé pour m'expliquer...

— Pour t'expliquer quoi ? Que je m'étais laissé avoir ? Que je savais pas ce que je faisais ? La belle excuse... Je me suis dit que si j'avais fait ça, c'est qu'au fond je devais l'aimer.

— T'es un sentimental, toi !

Il a levé vers moi un regard de chien battu.

— J'allais pas la quitter comme ça après ce que je t'avais fait !

L'aigreur me tenait à la gorge. J'ai ajouté :

— Et ensuite le gosse... Enfant de l'amour ?

— Je suis resté six mois avec elle. Elle m'a prévenu après avoir fait les tests. Un problème de dosage dans la pilule, elle a dit.

Ça devenait hard. Mon estomac prenait très cher. J'avais la nausée. Elle avait voulu un enfant de lui comme elle avait voulu un enfant de moi. Elle ne m'avait pas aimé.

— Finis vite, j'ai dit.

— Elle voulait le garder. Je ne l'aimais pas. Ça ferait un malheureux. J'avais assez fait de conneries comme ça, de compromis avec mon âme. Je l'ai suppliée d'avorter, voilà.

— Elle a refusé et tu es parti.

J'ai ricané. Ses yeux sont allés se perdre dans les scintillements de l'eau. Il a acquiescé.

— Tu sais tout. (Il s'arrêta un instant.) L'autre raison, c'est que je venais de rencontrer un mec important, qui était en train de m'ouvrir des perspectives extrêmement fascinantes.

Son œil brilla. De là où nous étions, nous embrassions un paysage sublime, vierge de toute laideur humaine. Un carillon cristallin se surimprima au bruit des vagues. Il se retourna. Le monastère affirmait sa silhouette imposante au-dessus des rochers qui nous dominaient.

— C'est l'heure de l'office, Gabriel. Il faut qu'on remonte.

On s'est remis en marche. J'ai demandé :

— Ce type, c'était Simandre ?

— Ouais.

Du rôle d'un gourou

A l'office, ça m'a fait tout drôle de voir Octave chanter, surtout après la discussion qu'on avait eue. La trentaine de moines se déployaient en demi-cercle autour de l'énorme crucifix doré perché sur une iconostase bardée de scènes multicolores au dessin précis. Un ange volant enroulait les cieux à la façon d'un grand escargot géant avec dedans la lune, le soleil, et les étoiles. Au-dessus, un Christ assis sur un arc-en-ciel au milieu d'une auréole circulaire accueillait les justes de sa main droite et rejetait les pécheurs de la gauche. Les justes étaient curieusement des guerriers. Des condottieri byzantins à cape rouge et regard de tueur, cuirassés de bronze et armés de boucliers aussi flamboyants qu'une auréole, d'épées et de lances qui jetaient des éclairs dans le feu des lampes. Je regardais ébahi ce type qui avait été mon meilleur ami et qui portait le scouphi et le voile noir des moines. Bercé par l'antique mélodie et les vapeurs de myrrhe qui se consumaient dans les cassolettes de cuivre, mais surtout épuisé nerveusement, je me suis endormi sur ma stalle de bois, derrière un énorme pilier. Octave est venu me réveiller, m'a dit à mi-voix : « A la graille, mec. » La table était vaste. Octave mangeait face à moi, en silence, pendant que le lecteur racontait d'une voix monocorde la vie du saint du jour. « Saint Capsocalyvitis, m'a-t-il dit, celui qui brûlait toutes les maisons où il vivait.... — Pour montrer au Seigneur qu'il ne s'attachait à rien de matériel », ai-je continué après lui, en chuchotant. Octave a levé la tête de son écuelle. « Tu connais ? »

A la sortie, Octave discuta un moment avec un colosse barbu au visage sévère. Les cheveux gris et très épais, la cinquantaine, croisant les bras sur l'énorme croix d'argent qui reposait sur sa poitrine, comme celle de Nicodème. Il hocha la tête à ce que lui disait Octave, puis me décocha un regard que j'esquivai, mal à l'aise. On s'est retrouvés sur l'un des balcons de bois qui couraient autour de la forteresse, face à la mer qui s'ouvrait devant nous comme une épousée le jour de la nuit de noces. Ecumeuse, épanouie, et dévoilant un infini de possibilités.

— C'était qui ce type ?

— Père Ivan, l'higoumène de Hierocrator, répondit-il sans commentaire.

Il s'éclipsa pour préparer le café. Je me suis accoudé à la poutre de bois qui couronnait la balustrade de fer forgé en forme de rosaces et de croix de Saint-André.

— Bienvenue au paradis, s'est-il exclamé en revenant, posant le plateau sur un petit banc.

Il m'a tendu la main en souriant, cette main droite qu'il avait scarifiée quand il était adolescent pour se faire une ligne de chance. Un croisement de souvenirs entre Corto Maltese et la BO de *Pierrot le Fou*, quand Anna Karina confond espièglement ligne de chance et ligne de hanche. Un cliché adolescent, cette cicatrice faite au cutter, mais Octave avait toujours prétendu que les clichés l'intéressaient plus que les choses prétendument originales. Dieu sait pourtant qu'il l'était, lui. Il avait pourri ma vie comme personne ne l'avait fait, peut-être parce qu'il avait voulu y mettre trop de piment. Il faut savoir doser ce genre de stimulant. Mais, tout compte fait, c'était peut-être mieux ainsi. Du moins fallait-il que je réussisse à m'en persuader. J'ai accepté la main qu'il m'offrait.

On a bu notre café en silence.

— Je viens souvent ici quand l'aube se lève. C'est sublime, un monde qui s'éveille. Je me sens tellement loin de tout ce qui obstruait mon regard.

— Depuis quand t'es ici ?

Il a tourné les yeux vers moi.

— Six mois à peu près, mais ça me semble déjà une éternité. Le temps se dilate, ici.

Sa voix était d'une douceur incroyable.

— Je t'ai regardé chanter tout à l'heure, ça fait drôle.

Il a souri.

— Moi aussi, au début ça m'a fait drôle... Je peux pas te dire que tout a été facile.

— Mais qu'est-ce que tu fais ici exactement ? Tu es moine ?

Il a pris une longue inspiration.

— Non.

— Et la soutane alors ? Les cheveux longs, c'est pour faire couleur locale ?

Il a posé ses deux mains sur mes épaules.

— Ecoute bien. Je ne suis pas venu ici pour me retirer du monde, bien au contraire.

Il a marqué une pause.

— Ça en a tout l'air, tu vois, chants byzantins, prise de nourriture recueillie, vie saine, calme, contemplation dans un lieu si beau et si haut qu'il nous rapproche de Dieu... Mais c'est pas tout à fait l'ascèse comme tu l'imagines. Tu te souviens de tes cours de grec ?

J'ai acquiescé de la tête.

— Ascèse, ασκησις, tu te rappelles le sens premier ?

— Exercice, perfectionnement, combat, j'ai répondu.

— C'est bien. (Il a souri gravement.) Je suis ici pour l'ascèse, le combat. Contre toutes les forces qui nient la vie, la beauté de la vie.

J'étais perplexe.

— Ça donne quoi en pratique ?

— Je mets toute mon énergie au service de ce monastère et ce monastère met toute son énergie au service d'une orthodoxie combattante.

— Et c'est quoi, ton ascèse ? Les cours en Bourse, le patrimoine immobilier ?

Ses yeux lancèrent des flammes. Sa main se crispa sur la balustrade.

— On n'a rien à voir avec Ploutopédi. S'ils pouvaient, là-bas, ils transformeraient la Sainte Montagne en Disneyland spirituel. Nicodème voulait faire asphalter les routes de l'île. On l'a mis au pas. Et on a menacé de balancer à la hiérarchie orthodoxe son business à la con et ses petites frasques de cul.

— Quoi ?

— Dès qu'il sort de l'Athos, Nicodème part en live et paie ses vices avec le fric de l'orthodoxie. On a des témoignages de soirées complètement déjantées avec escort boys et tout le bazar, dans des apparts de la folie à Salonique.

— Rue Eolou ?

Il sourit nerveusement.

— Iorgos t'a bien renseigné.

Il s'empara d'une tasse de café.

— Nicodème est un débauché notoire. Le problème, c'est qu'il est au courant de nos activités à nous, alors c'est donnant donnant, chacun laisse faire l'autre.

— En tout cas, il avait pas l'air de vouloir que je vienne ici.

— Normal, il flippe. Il sait que si ce qu'on fait est découvert, il y aura un sacré bordel sur la presqu'île et que ça en sera fini de son petit business et de ses virées sur le continent. Terminado, de se faire sucer par des mineurs.

Il s'en passait, des choses, sur la Sainte Montagne. J'ai réfléchi un instant, et puis je me suis lancé.

— Et vous, c'est quoi vos activités ?

— Je ne sais pas encore si t'es prêt à tout entendre, Gabriel.

*

On est retournés près de la mer, mais on a changé de crique, car Octave voulait se baigner. C'était interdit, mais il n'en faisait qu'à sa tête. « Je peux pas vivre avec ça sous les yeux sans m'y plonger tous les jours », lança-t-il en déboutonnant sa soutane. La plage avait un côté jardin d'Eden avant la chute. A poil comme on l'était, on était carrément en phase avec le décor.

— Personne ne peut nous voir ?

— Ici, non. C'est complètement désert. Mais faut pas le faire n'importe où. Tu peux avoir des emmerdes.

L'eau était sacrément bonne. On s'est laissés sécher au soleil, très agréable en cette fin d'après-midi. Octave pouvait manquer certains offices. N'étant pas moine, il n'était pas tenu à la plupart des obligations qui incombaient aux autres.

— C'était le deal avec Simandre, depuis le départ. Une sorte de rodage.

— Tu comptes prononcer tes vœux ?

— J'sais pas encore si j'ai l'étoffe d'un moine.

— T'as peur de renoncer à la vie ?

— Au contraire. C'est tellement plus grand que ce

à quoi on peut aspirer dans le monde. Qu'est-ce que tu veux foutre de l'autre côté ? Gagner du blé ? Pour quoi faire ? M'acheter des trucs ? J'ai tout ce qu'il me faut ici. Baiser des nanas ? J'ai tellement léché de chattes que j'en ai mauvaise haleine.

Il n'avait pas changé de langage. J'ai rigolé. On est restés comme ça pendant plus d'une heure vautrés sur les galets de la petite crique idyllique. Je voulais en savoir plus du côté de Simandre. Reconstituer le parcours de mon meilleur ennemi.

— Comment tu l'as trouvé ? il m'a demandé.

— Bizarre.

— Ce type m'a complètement révolutionné. C'est venu d'un sacré hasard, ou des voies de Dieu, comme on dit ici. Un jour j'ai eu envie d'aller écouter des cours de théologie. Je trouvais ça décalé. Je voulais savoir ce qu'on y apprenait, au XXIe siècle. La Catho ne me disait rien, à cause des filles un peu bourges et connes que j'avais connues et qui y apprenaient la philo sans Nietzsche parce qu'il avait osé parler péjorativement du « Crucifié ». Je suis allé voir à Saint-Serge, la fac orthodoxe. Une sorte d'intuition. Ça me plaisait ; ça faisait oriental. Je me suis pointé à un cours de patristique. L'étude des saints. Le type qui faisait ça parlait bien. Massif, calme, un regard qui te foudroyait et une voix grave qui te racontait des histoires encore plus disjonctées que celles de Bret Easton Ellis ou les pires séries Z de Carpenter. Tous ces mecs dont le corps répandait une myrrhe parfumée des siècles après leur mort, ces martyrs emmurés qu'on retrouvait en extase et bien vivants trois cents ans après leur supplice !

Je songeais rêveusement à ce que j'avais lu à Kafsocalyvia, dans la *Philocalie* de l'angelot foudroyé.

— A la pause, en parlant avec des étudiants, j'ai appris que le prof donnait aussi dans le documentaire, et que l'un d'entre eux avait salement secoué le petit monde ecclésiastique. J'ai chopé les films à la bibliothèque. Y en avait deux. Le premier, c'était une sorte de road movie où il baroudait dans le monde entier pour enregistrer les derniers chants byzantins du XXIe siècle. Tu le voyais en Ethiopie au milieu d'une sorte de carnaval religieux avec des prêtres noirs couronnés d'aluminium qui officiaient dans des églises creusées dans la falaise, et des centaines de fidèles en transe totale. La scène d'après, il atterrissait en monoplace sur un lac gelé de Sibérie orientale. Il descendait de l'appareil en gabardine à la Malraux, sautait dans un scooter des neiges et filait jusqu'à un monastère tout en bois, pyramidal, couvert de coupoles argentées qui réverbéraient la lumière du soleil, pour tchatcher en russe, tout en haut du clocher, avec le père spirituel. Le second film, c'est cette fameuse histoire du curé breton...

Je l'ai interrompu.

— Je l'ai vu. Le documentaire enquêtait pour déterminer comment avaient pu coïncider dans une même nature d'homme l'amateur de femmes, l'homicide, le blasphémateur et l'homme de Dieu.

— Exact. Et il y avait cette voix off insupportable qui détournait la Bible. Simandre faisait parler le diable !

— Et ce type t'a fasciné ?

— Ecoute, j'étais à la masse. Tout me faisait chier autour de moi. Ça a été comme une drogue. Je découvrais tout un pan de la culture qui m'était inconnu, un pan essentiel, qui avait tenu les hommes en émerveillement pendant des siècles. J'ai essayé d'aller le voir après un cours. Il m'a claqué la porte au nez. Tu as dû remarquer cette manie qu'il a de te faire venir et puis de te renvoyer à ton néant.

J'ai acquiescé. Je ne m'étais pas senti d'atomes crochus avec lui. Octave continuait.

— Tu sais, on ne se voyait plus à l'époque, mais je

commençais à salement déconner. J'avais la tête pleine de sales trucs. Je sortais pour m'étourdir. La perspective de rentrer à la maison me devenait chaque jour insupportable. Faustine et son boulot de « communicante » dans une boîte du service public, Faustine et ses migraines, Faustine et ses collègues de bureau qu'il fallait voir tous les vendredis dans un bar différent, mais pour toujours les mêmes conversations. Faustine et ses envies de bébé...

A ces mots, j'ai senti mon sang quitter mon visage. J'ai dit d'une voix triste :

— T'es pas obligé de me déballer ton intimité avec elle.

— Je disais ça pour te rassurer. Ça ne fonctionnait pas entre nous. Pas du tout. Mais je me forçais à rester. A cause de ce que je t'avais fait.

« Facile à dire », j'ai pensé à part moi. Ma vie était un champ de cendres. J'ai tiré de la poche de mon treillis mon paquet de clopes, que j'avais tendance à délaisser ici. Comme pas mal de mes obsessions d'avant, d'ailleurs. Je l'ai ouvert et l'ai présenté à Octave. Il a fait non de la tête et a continué son histoire. J'ai porté une cigarette à mes lèvres.

— Ensuite, y a eu l'affaire du gosse. Un gosse, moi, alors que mon père s'est tiré une balle le jour de ma naissance !

Je revoyais le bébé, je revoyais aussi Octave chialant devant les films en super-8 de son enfance perdue.

— Je sortais et pourtant je ne voulais voir personne. L'hédonisme obligé me fatiguait, et pourtant, y avait pas pire pour moi que ma propre compagnie. Et puis y a eu cette soirée morbide. C'était plus fort que moi, j'avais besoin de prendre en pleine gueule tous les travers de mon époque pour mieux les gerber. Elle était tellement à l'ouest, elle, dans son monde enchanté de la toute-puissante conso-communication, RTT rachetée en stock-options, formations en fac payées par la boîte, congés parentaux. Une nana m'a proposé une soirée qui selon elle m'amuserait parce que paraît-il je n'étais pas un mec à principes. C'était comme un cocktail, sauf qu'on baisait au lieu de parler poliment. L'autre différence, c'était qu'au lieu de te déplacer pour demander une coupe de champagne, c'est vers toi qu'on se déplaçait pour te demander si tu voulais qu'on te suce. J'ai décliné l'offre. Je suis allé prendre un verre au comptoir. On était loin de l'orgie romaine. Les gens qui faisaient une pause parlaient blé et reconnaissance sociale. Un type avait même perdu son badge Europe 1 et le réclamait d'une voix honteuse. Y avait une ambiance de vestiaire après le match. Naze. Etriquée. Puante. J'ai erré dans l'endroit comme un clébard paumé, je sais plus combien de temps, je te laisse imaginer la bande-son, des râles plus ou moins étouffés et des bruits mouillés. Enfin j'ai retrouvé la fille avec laquelle j'étais venu. Elle avait gardé sa robe, simplement retroussée sur ses reins. Elle chevauchait un type allongé sur un matelas, et de la bouche et des deux mains, en suçait un autre debout devant elle, jambes écartées autour du corps du premier. J'ai regardé jusqu'au bout. Froidement. Le type s'est vidé dans une grimace, s'est retiré, a ôté la capote de sa bite en n'omettant pas d'en nouer hygiéniquement le bout, et s'est cassé sans un mot. Après s'être essuyé la bouche avec le revers de la main, la fille a accentué sa danse sur le bassin du premier, bon an mal an. Elle arborait un tel air de tristesse que j'ai cru que j'allais chialer. Mais c'est la fureur qui a pris le dessus. J'avais l'impression que cette assemblée de mecs et de nanas venait de me donner un Polaroïd du monde dans lequel on allait vivre désormais. C'étaient pas des vieux ; il y en avait, d'accord, mais c'était surtout des jeunes que je voyais en action. Les nouvelles générations, putain, revenues de tout, mais arrivées à rien. Je me suis tiré.

J'ai aspiré une profonde bouffée de cigarette. Ça va peut-être paraître étrange mais c'était pas évident de retrouver mon ex-meilleur pote, qui était aussi celui qui m'avait piqué la femme de ma vie, habillé en moine et parlant partouze dans la plus sainte des presqu'îles de la Méditerranée.

— Alors elle aussi tu la trompais ?

— Je ne baisais plus, si tu veux tout savoir. Ni elle, ni d'autres.

— Mais elle savait où tu allais ?

— Tu penses bien que non. Mais elle se doutait que j'allais pas me promener tout seul sous les étoiles. Tu vomis pas, quand tu reviens d'une balade.

J'ai porté la cigarette à mes lèvres. Il regardait fixement devant lui, les yeux dirigés vers un objet absent, très loin déjà.

— Dès le lendemain de cette putain de soirée, j'ai couru à Saint-Serge. Un peu comme un type à court d'oxygène se débat pour remonter à la surface parce qu'il a un besoin urgent de prendre une grande goulée d'air. C'était un cours sur saint Thomas. Je suis arrivé à la fin, juste pour entendre une phrase qui ne m'a jamais quitté la cervelle et qui s'est imprimée très très loin, crois-moi. « Si vous faites advenir ce qui est à l'intérieur de vous, ce que vous ferez advenir vous sauvera. Si vous ne faites pas advenir ce qui est à l'intérieur de vous, ce que vous ne ferez pas advenir vous détruira. » J'ai dévalé les étages de l'amphi et je lui ai demandé un entretien. Là, il ne s'est pas défilé. On est allés prendre un café. La traditionnelle liste de bouquins a suivi. J'ai potassé un peu. Ça énervait Faustine, qui n'y voyait qu'une pose de plus. Pensait que je trouvais ça chic de tourner mystique, de faire mon Katmandou avec trente ans de retard.

La façon dont il évoquait sa vie avec elle me rendait malade, mais je l'ai laissé se vider. Je voulais comprendre ce cheminement, dont malgré les apparences je n'étais pas si loin. Sans Paul et Raph, je ne sais pas ce que j'aurais fait. Enfin si, malheureusement, je sais.

— Avant, je rentrais à pas d'heure, puais la clope et la vodka, gerbais dans les draps quand j'avais abusé, et limite elle disait rien. D'un coup, c'est avec des odeurs d'encens ou de bouquins feuilletés dans les bibliothèques que je reviens, et là elle gueule, elle dit que je deviens fou. T'imagines dans quel monde on vit, comme tout s'est inversé ? Elle a été jusqu'à parler de secte...

J'ai aspiré une autre bouffée de nicotine. La drogue la plus légale et la plus répandue au monde me calmait les nerfs.

— Avec Simandre, on a sympathisé. Je le sentais très disponible. Il m'a emmené voir des offices orthodoxes. J'ai découvert des choses insoupçonnées, une transcendance, un dépassement, les vrais enjeux de la vie. On s'est vus régulièrement pendant six mois. Il avait un côté jésuite, manipulateur, qui me plaisait assez. C'était l'époque de la guerre en Serbie. Et aussi des premiers attentats islamistes contre les ambassades américaines. Simandre avait une vue très nette de ces conflits. Me disait qu'un jour ça péterait carrément sur le territoire américain, que l'Occident était devenu faible, qu'il s'était appauvri spirituellement et qu'il allait le payer très cher. On a fini par parler du mont Athos, la capitale de l'orthodoxie ascétique. Je ne connaissais pas. Je confondais avec les Météores, où un *James Bond* avait été tourné. Ensuite, tout s'est accéléré. La bougeotte me reprenait et je ne supportais plus personne. Tout pesait des tonnes. J'aurais donné beaucoup pour disparaître. Il y a eu le fameux 11 septembre, l'année dernière. Y avait là plus qu'un attentat terroriste. On en a beaucoup parlé avec Simandre. Je lui ai dit tout ce que j'avais sur le cœur. Il m'a expliqué qu'à quelques heures d'avion il existait une alternative pour moi. Il m'a exposé la situation, et j'ai tout soldé, comptes en banque, biens matériels, ma vie d'avant...

— Et Faustine.

— Et Faustine.

Son regard était devenu très dur.

— Et elle a gardé l'enfant quand même ?

— Honnêtement, je crois que finalement c'est la seule chose qu'elle voulait vraiment. Tu sais, comme dans la vieille chanson de Goldman.

— « Elle a fait un bébé toute seule. »

J'ai fini la phrase, amer, mais aussi soulagé. Plus rien n'avait d'importance. J'ai tiré sur ma clope, rapidement rejeté la fumée. Il se taisait, les yeux ancrés dans le bleu de la mer, sous le soleil de Grèce. Il avait choisi. Egoïstement. Son aplomb me faisait envie. Du coup, je devenais jaloux, et ironique :

— Alors c'est ça l'histoire ? Tu files un mauvais coton, tu vas à une partouze, ça t'emballe pas, un type débarque qui te parle des monastères, tu flashes sur l'idée et tu te tires. C'est ça ?

Il haussa les épaules.

— Le premier des droits de l'homme, c'est de se retirer. Pour l'autre monde, j'ai quitté la partie, Gabriel. Et tu ferais bien d'en faire autant.

— Et pourquoi, je te prie ?

J'écrasai ma clope contre un galet. N'osant pas la jeter, je me suis senti un peu con. J'ai mis le mégot dans ma poche.

— Parce que t'as rien de mieux à faire.

Il s'est levé et s'est dirigé vers la mer. L'ascèse l'avait musclé. Ce corps-là avait touché ma Faustine. Je soupirai. Tout me paraissait noyé dans un brouillard obscur, des limbes poisseuses qui m'empuantissaient l'esprit. Je me suis levé aussi. Je l'ai regardé s'incruster dans l'élément liquide avec l'air de prendre un plaisir infini aux choses simples et j'ai essayé de faire pareil. J'avais envie de passer à autre chose. Il faisait la planche, les bras en croix comme un petit Jésus détaché de son crucifix et balancé à la flotte. Il avait raison, au fond : je n'avais rien de mieux à faire. C'est peut-être pour ça que j'ai dit oui, sans voir le piège qu'il me tendait, consciemment ou non.

Cargo de nuit

Octave et moi descendons de la voiture. Le plein silence de la nuit. De la brume qui obstrue le dernier croissant de lune. Le bruit de la mer tout autour, ample et rythmé comme une respiration généreuse. Même les chiens sont calmes. Deux pitbulls, la gueule gainée dans une muselière de cuir, fermement tenus en laisse par leur maître, petit et sinistre. Seine-Saint-Denis style, la soutane en sus. Je jette un regard à Octave, silencieux. Il pose la main sur mon épaule, comme pour me faire comprendre que tout va bien se passer.

Il s'est pointé dans ma cellule à minuit. M'a secoué. « Habille-toi, vieux ! » On est partis en caisse tous feux éteints, dans le Nissan Patrol du Balafré. « Il s'appelle Théophane, méfie-toi de lui quand même, c'est une brute, m'a confié Octave. — T'aurais pu me dire ça plus tôt. Je lui ai offert mes cuisses hier. » Il m'a regardé, l'œil rieur : « Pour ton massage ? Normal, il préfère les garçons, et t'es plutôt pas mal. C'était agréable ? » Il a cligné de l'œil. L'excursion nocturne m'a nettement moins fait rigoler quand j'ai vu que deux autres voitures se joignaient à nous et que les mecs se trimballaient avec des kalachnikovs. Je me suis dit que je m'étais peut-être avancé en acceptant sa proposition. On a mis un peu plus de dix minutes pour arriver. Dix minutes de route de montagne dans l'obscurité totale ou presque, car parfois la lune voulait bien se montrer, à petite allure, presque au ralenti, dans une espèce de sensation d'apesanteur. Tous feux éteints, pour faire discret. Il y a maintenant une quinzaine d'hommes sur la grève, le maître-chien avec ses deux molosses, les types à la kalach, et les trois véhicules garés cul contre la mer, au milieu d'une petite crique protégée par deux barres de rochers comme un port naturel. Des bois autour. Un site discret et bien placé. J'ai croisé Iorgos. « C'était bien, le désert ? » je lui ai demandé. Il n'a pas répondu, vraisemblablement gêné, et a disparu dans la nuit. L'higoumène du monastère est assis à la place du mort, à droite de Théophane. Il consulte le cadran lumineux de sa montre et observe la mer avec des jumelles, portière ouverte. Etrange type. Pas l'air commode, le crâne couvert d'un bonnet de laine étroit et rond, une sorte de gilet afghan sur les épaules. Octave me tire par la manche et me fait un geste du menton. Sa soutane frémit sous la brise. On suit Théophane, qui se dirige vers la mer, comme s'il s'apprêtait à faire une démonstration de marche sur l'eau. Mais il prend à droite et longe la barre de rochers côté mer, à l'instinct. Un vrai chat dans la nuit sans lune ni étoiles. Une brouettée de nuages filasseux, une nuit précipitée comme un sulfure d'ammoniac, pleine comme un bol d'encre. Il s'arrête, se penche, s'appuie sur l'extrémité d'un rocher un peu plus haut que les autres, et passe de l'autre côté. « Fais gaffe, la roche est glissante », chuchote Octave. L'eau clapote à dix centimètres de mes Adidas. Au loin, on entend ce bon bruit de mer qui te donne envie de plonger pour aller baiser les sirènes quand t'as le blues et que tu te balades tout seul sur une grève déserte. Derrière le rocher, un chemin de ronde naturel de vingt centimètres de large décrit une anse fermée d'un côté par le rocher qu'on vient de contourner et de l'autre par un rocher similaire. Un recoin minuscule baigné par l'eau de mer, calme. Le faisceau d'une Maglite troue net l'obscurité. Elle dessine les contours d'une forme sombre, recouverte d'une bâche que le moine fait coulisser sans bruit, avant de sauter dans ce qui se révèle être un Zodiac noir et fuselé. L'impact est léger, révèle de la part du moine une souplesse certaine. Il dirige la lampe vers le moteur, encapuchonné dans une housse qu'il ôte prestement et pose à côté de lui. Un Honda de 25 CV surgit sous la caresse du faisceau lumineux. « C'est un 4-temps, le dernier cri en matière de moteur, chuchote Octave à mon oreille, rapide et archi-silencieux. » Théophane s'affaire, dénoue un réseau de cordages, dépose les bouées antichocs à l'intérieur du bateau, et bascule la tête du moteur pour plonger l'hélice dans l'eau. Il s'appuie sur les rochers de toute sa force pour permettre au bateau de se dégager du minuscule bassin. La forme noire et plate du Zodiac se faufile entre les deux rochers d'entrée. Debout dans sa soutane au milieu de la nuit, dérivant sur son embarcation silencieuse, Théophane pourrait voler sa place au nocher des Enfers. Mon cœur bat rapidement. Ma langue pèse des tonnes dans ma bouche. Il fait totalement noir à présent. Qu'est-ce que je fous là ? Octave n'a rien voulu me dire. Coup d'œil à sa montre. De son côté, le Charon modern style vient de mettre le moteur en route, à faible régime. Le Zodiac glisse silencieusement au ras des vagues. Octave part à droite, escalade la barre de rochers. Après quelques efforts, on se retrouve au sommet. Il fait bon. Toujours silencieux, Octave sort une paire de jumelles d'un minuscule sac à dos et dirige l'instrument vers le large. Une lumière blanche clignote trois fois dans la nuit. La Maglite de Théophane. Un long flash rouge, plus lointain, lui répond en illuminant la crête des vagues. Octave reste muet. Je n'ose poser aucune question. La brume est dense, mais il me semble distinguer une forme massive un peu plus au large, qui s'approche. Et soudain, elle surgit, bardée de points lumineux, à quelques encablures de la côte. Un cargo. Je me tourne vers Octave. « Qu'est-ce que c'est que ça ? » Il se contente de passer le cordon des jumelles par-dessus sa tête et de me tendre l'appareil d'optique. « Rince-toi l'œil. » Je saisis l'instrument et plaque les deux œilletons contre mes orbites. Je vois rouge. Equipé, l'ami Octave. Dans ce rouge, le cargo, bien apparent. A côté, minuscule, le Zodiac de Théophane qui s'approche et stoppe sous l'énorme coque noire. Une caisse descend progressivement le long de la coque, suspendue à un câble relié à un bras métallique. Un transbordeur. Les rayons infrarouges m'offrent un spectacle inédit. Charon réceptionne la caisse ; elle atterrit au fond du Zodiac. Il se penche, ôte le crochet qui remonte. Vingt secondes après, une deuxième caisse descend. Je ne vois pas la tête des mecs qui livrent la marchandise. Comme un vaisseau fantôme. Charon charge six caisses dans le Zodiac et repart dans un bouillonnement d'écume. A l'avant de la coque, je déchiffre le nom du bateau, ainsi que son port d'attache. *SAN ISIDRO* - PANAMA. Je décolle les yeux des deux anneaux de plastique et tourne la tête vers Octave. « Panama ? » Il répond tranquillement : « Pavillon de complaisance. C'est un cargo russe. » Je l'attrape par la manche. « Octave, qu'est-ce qui se passe ? » Il me pique les jumelles, les braque vers le cargo et répond tranquillement. « On nous livre, tu vois bien. — Mais les kalach, les chiens, les phares éteints, c'est quoi ce bordel ? On vous livre quoi ? » Le bruit du moteur me ramène au spectacle qui est en train de se jouer. Théophane coupe le contact et fait glisser l'embarcation jusque sur le sable. Une dizaine de moines accourent, s'emparent des caisses, une pour deux, et s'ébranlent en un convoi surréaliste jusqu'aux voitures qu'ils chargent. Pendant ce temps, Théophane a déjà remis le couvert et chevauche les flots à une allure raisonnable jusqu'au cargo qui patiente sagement dans la nuit. Il fera quatre allers et retours, sans rompre son rythme. Les fourmis chargent la marchandise et en gavent les 4 × 4 jusqu'à la gueule. Je me tourne vers Octave : « C'est quoi, bordel ? De la drogue ? Des crucifix en sucre ? » Il reste muet, un fin sourire de satisfaction collé à la gueule. Je reprends les jumelles. Quelques lumières clignotent. Le cargo s'ébranle sur les flots et disparaît, comme traîné par un remorqueur invisible. Sa dernière livraison effectuée, Théophane revient vers la minuscule anse, coupe le moteur et met le Zodiac à l'abri des regards indiscrets. « C'est fini. On redescend », murmure Octave. Je l'arrête en l'empoignant par la soutane. « Tu vas me dire ce qui se passe ! — On descend d'abord. Il fait pas très chaud. » Nos baskets crissent avec un bruit désagréable sur le sable humide jonché de coquilles d'animaux marins qui éclatent avec un bruit mat sous les semelles synthétiques. On arrive près des voitures. Octave s'approche d'Ivan. Ils parlent un court instant, puis Octave se dirige vers le coffre et me fait signe d'approcher. Tout près, les deux chiens tenus en laisse montrent des signes d'énervement et commencent à gronder. Deux moines à kalachnikov partent vers la gauche en direction d'un bosquet d'oliviers. Le maître-chien les suit. Octave se penche, fait glisser une des caisses et saisit un pied-de-biche. Je m'attends d'une seconde à l'autre à voir surgir, bien alignés les uns sur les autres, des dizaines de petits sachets de plastique remplis de poudre blanche. L'ustensile de métal se faufile entre le couvercle et le corps de la caisse et d'un coup sec fait sauter les agrafes de métal. Octave braque sa lampe sur la marchandise. Pas de petits sachets blancs, mais de longues formes noires. « Kalachnikov, murmure Octave d'un ton triomphal, la bible du fusil d'assaut, un langage universel compris d'Asie centrale au Sud-Liban. » Il éteint la lampe. La masse musculeuse de Théophane nous bouscule et nous fait signe de grimper. Il claque les portières, regagne la place du conducteur et met le contact. Le moteur ronronne mais les phares restent aveugles. Le Nissan Patrol s'ébranle à l'assaut de la montagne pour rejoindre le monastère. Un portable sonne discrètement dans la nuit. Ivan plonge la main dans son gilet et écrase le petit appareil contre son oreille. Quelques mots de ce qui ressemble à du russe. Il jure, ferme le clapet de l'appareil et le range dans la poche intérieure de son gilet de laine. La flamme d'un briquet cisaille l'obscurité et le bout d'une cigarette rougeoie. Ivan fume sans un mot. Théophane conduit en silence. Nous sommes coincés entre le dos des sièges et les caisses de bois, sur lesquelles nous sommes assis. Je me demande dans quelle galère je me suis fourré. Et Octave, là-dedans ? Je regarde la route, muet. La brume s'est levée. On commence à apercevoir des étoiles. Je pense à l'Europe, à Paris, à mes potes. A Paul et Raphaël les bienheureux. A Faustine et à son bébé. Je me sens largué. Cette naissance à annoncer, c'est tellement loin. Je cherche le regard d'Octave, illuminé par les diodes colorées du tableau de bord. Il est ailleurs. Je sors mon paquet de cigarettes, le lui tends. Il refuse de la main. J'aspire la première bouffée avec un sentiment d'apaisement. La fumée irrigue mon cerveau. Je commence petit à petit à me demander dans quel cauchemar j'ai mis les pieds.

Guerre sainte

— Tu vas peut-être te décider à m'expliquer ?

Octave vient d'apporter le café et la bouteille d'ouzo sur la galerie de bois du dernier étage. La brise marine fait vaciller la flamme de la lampe à huile posée sur le banc. Aucun d'entre nous n'a visiblement envie de dormir. L'ordonnance de la scène, la disposition des différents objets dans l'espace, leur raffinement tout simple, du banc de bois au balcon de fer forgé, du carafon d'alcool aux tasses de café de verre bleu, le chant des vagues qui monte de la mer Egée, puissant mais nullement envahissant, la ronde des étoiles et les figures qu'elles dessinent comme si elles trouaient, clous dorés, un tissu de soie noire, les parfums entêtants diffusés par les mimosas et les lauriers, l'odeur de l'huile qui se consume et de l'encens qui imprègne jusqu'aux briques du monastère, tout cela approcherait de l'idée qu'on se fait de l'harmonie s'il n'y avait pas un abîme entre nous.

— Dans quel merdier tu t'es foutu, Octave ?

Il se lève, s'accoude à la balustrade, et m'explique.

— Hierocrator est une base arrière. On réceptionne

les armes et on les réexpédie par voie terrestre dans les Balkans.

Je reste assis, m'apprête à fumer au moins cinq cents clopes s'il commence à ce rythme. Nerveusement, je risque de ne pas suivre. Je sors mon paquet rouge et mon briquet.

— Et pour le compte de qui ?

— Nous armons les combattants orthodoxes, répond-il sans se retourner.

Sa voix est d'un calme ahurissant. Je repense à des choses que j'ai lues à l'époque du conflit dans les Balkans sur les milices orthodoxes. Elles revendiquaient une Grande Serbie face au danger musulman. On disait aussi que Karadzic avait trouvé refuge dans un monastère de Serbie.

— Mais la guerre est finie là-bas, non ?

— Elle ne fait que commencer.

Il quitte son observatoire et se ressert du café, absorbe une gorgée.

— Contre qui ?

— Contre ceux qui veulent imposer leur dieu et leur monde d'une façon impérialiste et violente.

— L'islam ?

Son visage s'est fermé.

— L'islam, mais pas seulement. C'est vrai que dans les Balkans, l'Eglise orthodoxe est la seule force capable de résister à l'expansionnisme musulman. Tous les ans, une manne financière venue des pays arabes tombe en continu sur des pays pas encore islamistes, mais qui pourraient le devenir. On sait de source sûre que le fric ne sert pas à l'aide sociale mais uniquement à la promotion de l'islam. Rien que pour la Bosnie-Herzégovine, un milliard et demi de dollars au cours des cinq dernières années. On ne restaure pas les mosquées du patrimoine, mais on parsème le pays de ces espèces de modernes fusées de béton à coiffe verte. La Bosnie est devenue un Cap Canaveral religieux version koweïtienne, sans parler des camps d'entraînement pour moudjahidin...

Il s'interrompt un moment, remplit une tasse de café fumant et me la tend. La fumée se dissipe dans la nuit d'été. Je demande :

— Mais les gouvernements occidentaux luttent contre ça, non ? Que vient faire l'orthodoxie là-dedans ?

Il s'assoit sur le banc et me foudroie du regard :

— Les gouvernements occidentaux sont très forts pour tapisser de bombes un pays entier. Ils sont inefficaces contre ce type de danger parce qu'ils n'offrent aucun autre choix spirituel au message religieux véhiculé par ceux qui en appellent à la guerre sainte. Dans le monde occidental, on a voulu nous faire croire depuis des années que tout ce dont nous avions besoin, c'était de consommer. Et les pontes du système n'ont pas douté une minute de leur capacité illimitée à nous créer de nouveaux besoins. Or, on ne peut pas réduire la demande humaine aux paramètres de la consommation. Et aujourd'hui ils se prennent un mur en pleine gueule.

Octave marque une pause pour prendre une gorgée de l'excellent café athonite. Juste avant les attentats du 11 septembre, j'ai entendu le P-DG de Vivendi déclarer que le temps politique classique était dépassé et qu'il fallait que le consommateur et les industriels prennent le leadership. Or les indicateurs de consommation n'avaient jamais été aussi bas. Le monde était en train de changer. Octave reprend :

— C'est pour ça que nous combattons. Réinstiller du spirituel dans un monde qui se meurt parce qu'il n'offre rien d'autre que du périssable, de l'éphémère. Ceux qui dirigent vraiment le monde occidental sont en train de se prendre la claque de leur vie, parce qu'ils s'aperçoivent que tout le monde n'en veut pas, de leur consommation. Bref, que le principe de diversité existe encore. Qu'il y a même des types capables de vivre dans un pays comme les Etats-Unis pendant des mois, de porter des Levi's moulants ou des Nike, de se shooter au Coca-Cola et de prendre brusquement les commandes d'un zingue pour se crasher en vol sur les deux tours emblématiques de cette culture de la consommation ! Tu te rends compte ? Ils réalisent qu'il existe des types qui préfèrent soixante-dix vierges, même hypothétiques, à la dernière version bien réelle de la Playstation. Ils n'avaient pas pris en compte ce virtuel-là : une ferveur spirituelle qui les dépasse, un esprit de sacrifice au nom de la transcendance. Ils n'avaient pas compris que le vrai kif, c'est pas de se taper un Spielberg sur DVD en bouffant une pizza aux anchois qu'on t'apporte à domicile et dans l'heure montre en main, mais l'espoir de vivre éternellement ! Aujourd'hui, tu peux mettre en péril une économie d'un coup de cutter. C'est plutôt encourageant, non ?

Il s'enflamma. Je ne comprenais pas le rôle de l'Athos là-dedans.

— La Montagne sainte a toujours été un foyer de résistance à la dislocation du monde. D'abord, elle a accueilli les ermites qui fuyaient le délitement spirituel de l'Empire romain, des Barbares ensuite, puis des Turcs. Pendant la guerre d'indépendance de la Grèce, l'Athos a servi de banque et de base arrière à la résistance grecque. Aujourd'hui, face à un Vatican décadent et à un protestantisme beaucoup trop lié aux affaires, c'est le dernier bastion de la vie spirituelle occidentale, et en outre le dernier point de contact avec l'Orient. En plus, c'est une base arrière plutôt discrète, comme tu as pu le remarquer, et autonome d'un point de vue politique, ce qui lui laisse une marge de manœuvre assez confortable à ses frontières. On prend les athonites pour de gentilles grenouilles de bénitier, et cette situation arrange carrément nos affaires.

Octave souriait. Je voyais le visage se découper fantastiquement dans l'éclairage minuscule de la lampe à huile. Je jetai un regard aux étoiles. Je croyais qu'il s'était retiré du monde et le voilà qui me parlait de géopolitique.

— Il venait d'où, le cargo de cette nuit ?

— De la mer Noire. C'est un cargo russe. Les armes sont des kalachnikovs recyclées de la guerre d'Afghanistan, la première, pas celle de Bush. Faciles de manip et incassables. Facilement réparables.

— Et tout ça va en Serbie ?

— Pour l'instant, mais bientôt, partout où l'on voudra se battre au nom du Christ. Que ce soit en Russie, en Egypte avec les coptes, en Ethiopie ou au Liban.

— C'est donc international, votre truc ?

— L'Eglise d'Orient est transnationale. Comme l'islam. Entre un Occident réduit à sa dimension américaine et un Orient réduit à sa dimension islamiste, il doit bien y avoir d'autres pistes, non ?

Je l'ai regardé bien dans les yeux :

— Et ça passe par des caisses de kalachnikovs ?

Il n'évita pas mon regard. Au contraire. Et il murmura lentement :

— « Ayant fait un fouet avec des cordes, il les chassa tous du Temple. »

— Tu cites la Bible, maintenant ?

— J'ai brûlé tous mes autres livres.

— Ajoute que la chair est triste et tu deviendras vraiment ridicule.

Il ne répondit pas à ma provocation. Il avait complètement changé. Octave en petit soldat de la guerre sainte orthodoxe, c'était difficile à admettre.

— Moi qui croyais que tu t'étais retiré du monde...

Il se cabra.

— Toi aussi, prisonnier des clichés... Sache que les

ermites que tu as vus dans le désert sont aussi des combattants...

— Comment tu sais que je suis allé au désert ?

— Je t'ai dit que je savais où tu étais. Que tu ne m'avais retrouvé que parce que je voulais bien que tu me retrouves... Est-ce que tu crois que depuis ton petit pèlerinage au désert, t'es devenu incorporel et invisible comme les anges ? T'en as que le nom, Gabriel !

J'ai pris la claque sans broncher et répliqué :

— C'est un combat plus noble que le tien.

— Mais égoïste. Ils ne pensent qu'à eux. Au salut de leur âme.

— Ils prient pour tout le monde.

— Ils n'agissent pas.

— Ils sont plus chrétiens que toi.

Il me sourit. Posa sa main sur mon bras.

— En 1204, les abrutis de la quatrième croisade ont changé de route. Au lieu d'aller directement en Terre sainte, ils ont fait un détour par Constantinople, qu'ils ont mise à sac. Prier n'a pas empêché les moines orthodoxes de se faire crucifier sur leurs iconostases, dans leurs propres églises, par leurs frères chrétiens. Tu es naïf, Gabriel. Tu as toujours été un rêveur. C'est pour ça que tu as perdu Faustine. Parce que tu es passif. Parce que tu n'as jamais su te décider pour quoi que ce soit, ni qui que ce soit.

Je l'ai arrêté d'une main.

— Fais attention, Octave. Fais attention.

Il s'est calmé, a fait quelques pas sur la galerie de bois. J'en avais soudainement assez. Je me levai.

— Qu'est-ce que tu fais ?

— Je vais me coucher, Octave. J'en ai assez vu et entendu, je crois. Je partirai demain.

Il se planta en face de moi, me bloqua le passage.

— Pour faire quoi ? Revenir en Europe et contempler son déclin, bien assis devant ta télé, ou devant tes élèves !

— Arrête !

Mon sang n'a fait qu'un tour. Pour qui se prenait-il ? J'ai pris la bouteille d'ouzo et rempli mon verre. J'avais besoin d'un remontant. Il avait une façon de me renvoyer à mon propre néant qui faisait atrocement mal. Quoi qu'il fasse, il se considérait toujours comme vainqueur car il ne doutait jamais de ses choix. J'allais le quitter et le laisser à sa petite guerre. Le 11 septembre, j'en avais soupé. J'avais quand même une dernière question à lui poser.

— Dis-moi, Octave, tu crois pas en Dieu ?

Il est resté silencieux.

— T'as bien réfléchi ? T'es sûr que ta place est ici ?

Il sourit.

— Je ne me suis jamais senti aussi bien sur terre que depuis que je suis ici.

Dans ses yeux brillait une lumière que je ne lui avais jamais vue.

— Depuis que je suis ici, j'ai retrouvé l'usage de mes cinq sens. Peut-être parce qu'on est près du ciel. Je ne réagissais plus qu'à la vue, à l'ouïe... A l'audiovisuel, quoi...

Le sourire ne quittait pas ses lèvres.

— Ici, j'ai tout. La vue, avec ces paysages superbes ; l'ouïe, avec le bruit des vagues, des oiseaux, du vent dans les arbres, le tintement des cloches et la profondeur des chants byzantins ; l'odorat, avec cet encens puissant, le parfum des arbres et l'iode de la mer ; le toucher, avec ces pierres millénaires, ces icônes merveilleuses ; le goût, avec ces mets tellement simples, si essentiels qu'on a l'impression de se nourrir d'atomes en suspension...

Je l'écoutais, mon verre d'ouzo à la main.

— J'avais besoin d'une cause et j'en ai une. Je n'ai

plus besoin d'autre chose. J'ai compris que le bonheur tenait à l'étonnement devant la beauté qui nous entoure, un sentiment qu'on a complètement perdu dans le monde. Que demander de plus ? Croire en Dieu ? Oui, peut-être. Un jour me fera-t-Il peut-être le don de descendre dans mon cœur. Je reste ouvert. Je L'attends patiemment et je vis dans la paix. Ressers-moi de l'ouzo.

Je m'exécutai. Il me souriait.

— Alors ? a-t-il fait avant de porter le verre à ses lèvres.

— Alors quoi ?

— Reste.

Je me suis levé. J'ai fait quelques pas sur le balcon qui courait tout autour de la gigantesque construction posée sur le rocher. J'ai marché jusqu'à ce que se taise la lumière diffusée par la lampe à huile. Jusqu'à trouver l'obscurité totale. Accoudé à la balustrade, la tête plongeant de l'autre côté, en direction des flots purificateurs, j'ai réfléchi. J'ai regardé ce que je quittais. Un appartement, dans lequel je n'arrivais pas à rester, un salaire, simple moyen d'accéder à des biens matériels dont finalement je me passais assez bien, des élèves, auxquels je n'avais rien à apprendre, des livres, que je ne lirais jamais, des sorties et des voyages, autant de fuites toujours éphémères. En somme, je ne renonçais qu'au divertissement, qui m'éloignait de moi-même. Du remplissage, qui m'empêchait d'affronter le vide qui était en moi, autour de moi, qui faisait le monde dans lequel je vivais, un monde d'insatisfaction permanente, sans but autre que l'ambition, sans direction, et surtout sans amour. Un grain de boue tournant délayé dans une goutte d'eau, comme disait l'autre. Certes, il restait l'amitié. Paul et Raph. Mes mousquetaires déjantés. Mais ils avaient fait un autre choix. Leur voyage à Ibiza l'attestait. C'était la confusion dans ma tête.

L'ouzo mélangé au café n'arrangeait rien. J'avais envie de pleurer.

J'ai entendu la voix d'Octave. Derrière moi, à quelques mètres. Je ne me suis pas retourné, je suis resté accoudé à la balustrade de fer.

— Tu sais, j'ai peut-être une meilleure raison de te convaincre de rester.

— Ah bon ? j'ai dit, toujours tourné face à la mer.

— Ouais.

Il marqua une pause.

— As-tu mieux à faire ?

— Tu m'as déjà posé la question.

J'ai regardé en moi, tout au fond de moi. J'ai vu le temps, l'énergie que j'avais gaspillés à me créer des problèmes, à me pisser dessus de honte, à ne pas agir. J'attendais le déclic depuis des années. J'ai repensé à Maximos et à son désert édénique de Kafsocalyvia, à la chapelle qu'il peignait, à la voie d'amour que présentait la fresque dont il m'avait parlé, le fameux couple de lièvres uni dans la vérité. J'ai brusquement eu envie de sourire. Octave avait soufflé le chaud et le froid sur moi pendant des années, m'avait fasciné, m'avait dirigé. Il n'appartenait qu'à moi de reprendre les commandes, de m'affranchir, de me fabriquer un destin. Je pouvais, si je voulais, me reconquérir, choisir, moi aussi, et ne plus choisir qu'on choisisse pour moi. Les choses étaient devenues subitement très claires. Cette île vierge allait voir advenir ma renaissance. Je me suis entendu dire, avec un calme immense :

— C'est ton combat, Octave, pas le mien.

Je suis rentré me coucher. Il est resté devant moi impuissant, sa tasse de café à la main. J'étais libre.

En compagnie des crânes

— Mmmmmmm, lança Raphaël à son ami.

— Mmmmmmmmmmmmm ! répondit l'autre.

— Han !

Il venait de prendre un sympathique coup de crosse dans les côtes, et s'était en sus cogné le haut du crâne contre le plafond de tôle à cause d'une secousse plus importante que les autres.

Un quart d'heure au moins qu'ils étaient ballottés dans un véhicule qu'il aurait été difficile de décrire les yeux bandés. Tout ce qu'ils pouvaient savoir c'est que la route était dans un état déplorable, vu les cahots terribles qu'ils encaissaient sans pouvoir se cramponner à quoi que ce soit parce qu'on leur avait ligoté les mains, et que le conducteur roulait à tombeau ouvert, pressé, semblait-il, de rentrer chez bobonne. Leur restait la douleur – légère, mais surprenante – causée par les mâchoires du chien s'incrustant dans la tendre masse musculaire du mollet droit de Raphaël et la peur, immense, née de la dernière vision qui avait transité dans leurs nerfs optiques déjà pas mal sollicités : deux ou trois types en soutane surgissant la kalachnikov au poing, rappelant les chiens d'une voix rauque et leur immobilisant les bras derrière le dos avant de leur bander les yeux, les bâillonner très serré et les conduire jusqu'à un véhicule dans lequel ils avaient dû grimper. Certainement un 4 × 4, car ils étaient assis face à face, perpendiculairement à la route, encadrés par deux types qui parlaient entre eux, sans qu'ils puissent comprendre un traître mot de la conversation.

Au bout d'une dizaine de minutes, la voiture stoppa. On les fit descendre, marcher sur un sol pavé, puis dégringoler plusieurs escaliers. La température chutait de quelques degrés à chaque palier. On les poussa à l'intérieur d'une pièce après avoir ôté leurs liens. La porte se ferma dans un claquement sourd et chair-de-poulesque. Quelques étoiles jaillissaient par la fenêtre fermée de deux barreaux en forme de croix.

— Qu'est-ce qui nous arrive, Raph ?

Celui-ci ne répondit pas, ne voulant surtout pas entendre geindre son ami. Ça lui plombait le moral. En outre, c'était un peu sa faute s'ils s'étaient retrouvés là en pleine nuit. Il s'assit sur le sol froid et humide et caressa des doigts le tracé impeccable des crocs. Paul chercha son Zippo. On le lui avait piqué. Le paquet de clopes, dès lors, devenait semblable au poirier qui tentait sans qu'il puisse jamais l'atteindre l'assoiffé Tantale au fond des enfers. Il se résigna en soupirant et commença à faire les cent pas dans la pièce. Peut-être seulement cinquante d'ailleurs, tant les dimensions étaient réduites. Il tâtonna de la main, comprit que la pièce était encombrée d'objets lisses et froids sous la paume. Un débarras, sans doute. Un objet chuta sur le sol avec un bruit creux avant de rouler dans la pièce. « Merde. » On n'y voyait goutte.

— Tu parles de vacances, commenta Raph.

Paul maudissait Gabriel, et Octave encore plus. C'est lui qui était à l'origine de toute cette merde. Pour calmer son angoisse, il se rassit, se tut et, adossé au mur, s'imagina sur la plage de Sa Trincha avec le bruit des vagues et les soupirs de plaisir d'une petite pépée technoïde ou posthippie. Mais ça ne prit pas, et le défilé de bikinis, strings et autres tangas laissa rapidement la place à un cortège de soutanes d'un noir total et d'un glamour forcément limité.

— Il faut qu'on prévienne quelqu'un.

Raph le coupa, de mauvaise humeur :

— Excellente idée : qui ?

Paul réfléchit un court instant :

— Souviens-toi. Le diamonitirion n'est valable que trois jours. Donc, demain, la police va nous rechercher, forcément.

La mauvaise humeur de Raph ne s'altérait pas.

— Arrête avec les flics ! Tu les as déjà croisés depuis deux jours qu'on est ici, toi ? Tu les vois débarquer ici avec les bagnoles à gyrophare, montrer leur plaque et nous dire : « C'est bon, les gars, on contrôle la situation » ?

Il se tut et ramena son grand corps en position fœtale pour essayer de dormir.

Paul ne ferma pas l'œil de la nuit. C'était sa faute, tout ça. On les avait pourtant prévenus, de ne jamais se balader quand il faisait nuit.

Peu avant l'aube, un chant byzantin trimballa ses notes graves jusqu'à leur cellule. Son charme n'opéra absolument pas sur l'âme de Paul, qui se demandait à quelle sauce ils allaient être mangés. Et quand elle se leva enfin, la putain d'aube, belle avec ça, des doigts de rose sur la surface de l'eau qui se bleutait peu à peu, Paul considéra d'un œil écrasé par la fatigue le minimalisme de la pièce et se figea d'effroi. Un sol de vieilles tomettes défoncées, des murs blanchis à la chaux égayés d'un crucifix monumental et d'une icône représentant un ermite longuement barbu mais décharné, qui inquiéta d'emblée le garçon quant au traitement alimentaire qui allait leur être infligé. Enfin, nettement plus glaçant, le monticule pyramidal de crânes et d'os divers qui s'épanouissait sur le mur du fond, à côté d'une citation gravée dans le mur et qu'il ne parvint pas à déchiffrer : ce n'était pas du niveau troisième. Un empilement sinistre et copieux, une bonne centaine de têtes osseuses au regard vide, le front peinturluré d'inscriptions en grec. Il voulut réveiller son ami, mais décida finalement de lui laisser tout entier le plaisir de la découverte. Il frissonna et décida de détourner le regard du mur du fond. Il marcha jusqu'à la fenêtre, empoigna les barreaux et posa son front contre le métal froid et humide de rosée. Une mer d'huile s'étalait à une centaine de mètres sous ses pieds. « On a une vue d'enfer ; faut pas se plaindre... » Il pensa à Paris et à cette séance inouïe du début de l'été avec Gabe et la poupée Barbie qu'il avait trouvée dans son ascenseur. Même pas quinze jours, qui paraissait des lustres. Peut-être bien qu'il payait ça aujourd'hui. Sa conscience lui faisait mal : tout avait toujours été trop facile pour lui. Ça cachait quelque chose.

Derrière lui, son grand corps posé en Z sur la natte de jonc, Raph pionçait. Ils étaient très mal barrés. Fallait que ce soit bien clair. Quand on minimise la situation, on est souvent déçu. Il le laissa tranquillement s'éveiller. L'air se réchauffait et les rayons envahissaient la pièce en faisant briller la poussière, comme dans les *Don Camillo*, quand Dieu va se mettre à parler. Mais pour eux, Dieu resta muet.

— T'as bien dormi ?

Raph s'étirait.

— Tu parles, c'est pas du Bultex...

— Moi, j'ai pas fermé l'œil.

Il se leva, étira une seconde fois ses membres ankylosés. Il avait fait des rêves consternants.

— On fait quoi ?

Paul planta ses mains dans ses poches.

— Regarde derrière toi.

Raph tourna la tête et sursauta. Se prit en pleine gueule le regard déprimé des dizaines de crânes qui montaient en pyramide osseuse jusqu'au plafond. « Une crypte, manquait plus que ça... » Il ramassa le crâne qui avait roulé sur le sol, considéra les inscriptions frontales. « Alexandrios, 1866-1956. »

— Quatre-vingt-dix ans, le mec. On dirait que ça conserve, la prière.

L'autre haussa les épaules :

— Alors on n'a qu'à prier.

— T'as les paroles ?

— Non.

— Alors on prie pas. En revanche, on peut toujours commencer à monter *Hamlet* : on a l'accessoire principal.

Raph l'interrompit, le front barré d'inquiétude.

— C'est qui ces types ?

Paul se gratta la barbe, qui lui parut fournie. Trois jours seulement, pourtant. Pour obtenir le stade athonite, il faudrait qu'on les garde enfermés encore quelques mois. Ça viendrait peut-être. C'était peut-être ça, l'idée : on les enfermait pour les empêcher de se raser et les recruter ensuite comme moines... Il haussa les épaules, vaguement démoralisé.

— Je sais pas.

— Pas vraiment le style ermites, lança Raph, qui se repassait mentalement le film de leur soirée d'enfer.

Le cargo, les 4 × 4, les kalach, c'était déjà space. Mais le pire, c'étaient les pit. *A priori*, ce type de molosse n'était pas trop dans le trip monastique. C'était un peu comme si on mixait une séquence du *Nom de la rose* et un clip de Busta Flexx, comme si Umberto

Eco et Joey Starr rappaient en live. En un mot, y avait comme un problème de cohérence.

— On va prendre cher, murmura Paul.

Raph se leva pour aller jeter un coup d'œil du côté de la fenêtre. Il faisait un temps de rêve, un temps à se baigner nu avec Mélusine du côté du golfe du Morbihan, au milieu des cris des mouettes et des frétillements des poissons agiles sous leurs cuisses émues et enlacées.

— Putain, commenta-t-il rêveusement.

— Et le Gabe, tu crois qu'il lui est arrivé quelque chose ?

— J'espère qu'il a eu plus de chance que nous, répondit Paul, assis en tailleur contre le mur austère.

Il n'avait pas une envie débordante de se représenter le danger face à face. Qu'est-ce qui pouvait leur arriver ? Tout dépendait de ce que faisaient les mecs en question. Trafic de came, d'armes ? Blanchiment d'argent ? Ils n'avaient de toute façon rien vu de ce qu'il y avait dans les putains de caisses. Alors ? Les supprimer ? C'était un peu fort de café ; on allait plus probablement les expulser du mont Athos. Ça serait tant pis pour Gabe, mais ils n'y pouvaient rien. C'était quand même très con. Ils avaient bien essayé de le ramener du côté des bonnes choses, Paul le premier, mais leur pote filait décidément un mauvais coton. Partir à la recherche de celui qui avait brisé sa vie pour jouer les faire-part de naissance, c'était une performance limite SM. Il y avait des claques qui se perdaient. S'il croyait avec ça récupérer Faustine... Le con ! Elle lui avait quand même bien pourri la vie, la chienne ! De retour à Paris, il lui trouverait un bon psy. Il tâta la poche de sa chemise pour attraper son paquet de clopes mais se souvint qu'il n'avait toujours pas repris possession de son briquet. Il jeta rageusement au sol le paquet de Marlboro. Ces moines avaient un sens aigu de la torture mentale. Il tenta de fermer les yeux. Un truc lui démangeait le dos. Il se redressa sur ses jambes et se gratta le dos. Le truc tomba à terre et se remit à trottiner en vitesse de croisière, boosté par son millier de petites pattes, ondulant de droite à gauche, noir et luisant. Il mesurait bien treize centimètres. Paul jura et écrasa de sa semelle le malheureux myriapode. Il dut s'y reprendre à plusieurs fois car la flexibilité de la bestiole la rendait élastique sous la semelle de néoprène. L'inoffensif iule résista par trois fois avant de s'enrouler en spirale et de rendre l'âme dans une bouillie infecte et colorée.

— Salope ! commenta Paul triomphalement.

On a les distractions qu'on peut.

Ils laissèrent filer le temps en évoquant leur nuit thessalonicienne. Ils auraient donné n'importe quoi pour poser leur tête fatiguée sur les seins de Katia et Mélusine. Aucune visite ne vint ponctuer leur solitude. Ils avaient besoin d'une douche et d'un gros câlin. L'estomac de Paul commença à couiner. La vessie de Raph à protester. Les moines avaient paré à cette éventualité et disposé un seau dans un recoin de la pièce. Il se leva et boita jusqu'au Saint-Graal. Le son cristallin de l'urine contre le métal du seau rendit un moment plus humain le silence sépulcral de l'endroit. Vers midi, à en juger par la hauteur du soleil dans le ciel, ils entendirent des bruits proches. Quelqu'un s'arrêta. Ils crurent qu'on ouvrait la porte mais c'était seulement un judas qu'on avait tiré. Paul se leva d'un bond et se dirigea vers l'ouverture. Le judas se ferma d'un seul coup. Et puis on tambourina. Paul crut même entendre son nom et reconnaître la voix de Gabriel. S'il était là, tout allait s'arranger.

L'attente était intolérable.

L'après-midi s'écoula tranquillement. La faim les endormait peu à peu, les avait résignés. Quand une clef tourna dans la serrure, ils n'eurent même pas la force de se lever. Une silhouette haute et sévère entra. Le visage taillé à la serpe était orné d'une barbe désespérément noire, la joue gauche méchamment balafrée. La soutane débraillée laissait voir l'abondante pilosité d'un torse large et musclé. L'homme les considéra avec un air sadique et leur demanda en anglais ce qu'ils faisaient dans le coin, la nuit dernière. Paul lui répondit qu'ils cherchaient un ami. « Gabriel, ajouta Raph. Do you know him ? » L'autre secoua la tête négativement. « Are you spies ? » demanda-t-il. Nous, des espions ? se dit Raph. Ça le faisait rigoler. « Mais non, pas du tout ! » répliqua Paul en avançant vers leur geôlier. Il n'eut pas le temps d'argumenter son propos. Le choc contre l'oreille fut assez violent pour l'envoyer au sol. La paume de la main avait frappé nettement, avec un bruit désagréable. Raph se leva d'un bond pour s'interposer. L'autre l'arrêta d'un geste, très persuasif, et sortit sans un mot, le sourire toujours scotché au visage.

Raph s'agenouilla près de son ami qui se frottait l'oreille gauche.

— Ça va, Paul ?

— Le salaud ! A l'oreille, en plus ! Même en boxe, c'est interdit !

Ils ne savaient plus quoi dire. Le soleil tenta de les consoler en émettant de beaux et étincelants rayons qui caressaient sensuellement la crête des vagues pour le plus grand plaisir de tous les poètes de la terre, mais il dut se rendre à l'évidence : ça ne servait à rien. La faim leur mordit de nouveau l'estomac. L'environnement crânien commençait aussi à peser. « Content d'être avec toi, Paulo, lança enfin Raph. — Merci, vieux. Moi aussi, tout seul, ç'aurait été pire. Allez, on va s'en sortir. Ils peuvent pas nous laisser crever là. Je préfère encore attendre sans rien branler que de ravoir la visite de l'autre taré. » Ils se sourirent comme pour se donner du courage et ramenèrent leurs genoux sous eux, qu'ils entourèrent de leurs bras.

Une clef farfouilla dans la serrure. Comme s'il avait entendu leurs prières et qu'on lui avait donné le rôle de les empêcher de se réaliser, Théophane apparut dans l'encadrement de la porte, son éternel sourire collé au menton. Paul ressentit immédiatement une douleur dans l'oreille. Très pavloviens, les deux potes n'esquissèrent pas le moindre mouvement. Une fois suffisait. Le moine apportait un petit plateau avec deux verres de thé. L'odeur parfumée se libéra dans la morne pièce. Quelque chose clochait pourtant dans la mise du moine. Certainement la bosse qui déformait le tissu de l'habit monastique au niveau du bassin, que les deux Français considérèrent avec une surprise mêlée d'effroi. Il déposa le plateau sur le sol et fit un pas en retrait. Le sourire aux lèvres, il écarta les pans de sa soutane. Les garçons ouvrirent des yeux écarquillés. Ils venaient d'atterrir sur une autre planète. Entre un ventre admirablement tapissé de poils noirs et deux cuisses larges comme des madriers et solidement ancrées dans le sol, un cylindre de chair aux dimensions impressionnantes tendait une tête têtue et rouge sombre. Noueux, sillonné de veines dilatées véhiculant un sang énergique jusqu'à son sommet boursouflé, l'engin défiait sans vergogne le Christ monumental en pleine passion crucifié au-dessus de la tête des deux garçons qui s'étaient rassemblés, côte à côte, tout au fond de la pièce. Le type souriait toujours. Il cracha dans sa main droite, et empoigna vigoureusement le manche de l'ustensile menaçant, ce qui eut pour effet de le mettre encore plus en colère. Paul avala sa salive. Ce n'était vraiment pas drôle. Raph avait le regard vide de ceux qui assistent en direct à un événement historique. La grosse main hérissée de poils commença à aller et venir avec brutalité sur l'engin monstrueux, en excitant violemment la tête énervée, qui avait pris entre-temps une teinte violacée. Raph se pinça le bras. Le tout dépassait de loin le double-décimètre. Tout en faisant coulisser sa main sur son sexe avec une régularité pesante, le moine continuait à les fixer en souriant placidement dans sa barbe noire. Il ralentit le mouvement ; le membre devenu incontrôlable tremblait et l'on en sentait l'extrémité dardée vers le plafond prête à exploser. Le moine expira avec un grondement rauque et bloqua son poing à la racine du membre dont la tête gorgée de sang sembla rugir de courroux, avant de cracher une lave épaisse et blanche qui parcourut dans l'air un bon mètre et demi avant de s'écraser sans un bruit sur le sol, devant les deux garçons médusés. Un régiment de fourmis émergea aussitôt d'une fissure pour s'en rassasier ; le spectacle des insectes nageant dans le foutre était tout simplement insupportable. Une odeur lourde et âcre avait envahi la pièce. Paul se tourna pour vomir, mais son estomac vide ne lui autorisa qu'un filet de bile. Raphaël était hypnotisé. Le moine rabattit sur son ventre les pans de sa soutane, se signa rapidement et quitta la pièce en claquant la porte. Paul était en nage. Raph toujours scotché. Paul hurla. Raph ne broncha pas. Il leur fallut un bon quart d'heure pour amortir le choc. Leurs suspensions mentales avaient déjà bien trop travaillé depuis qu'ils avaient foulé le fabuleux Jardin de la Mère de Dieu. Tu parles. On ne pouvait pas dire que leur séjour chez les saints hommes se soit formidablement bien passé. Tout ça pour une petite baignade de rien du tout ? Dehors, le soleil brûlant virait à l'ampoule fatiguée. Dans quelques minutes, le crépuscule serait là. Entre chien et loup, comme on disait. « On est chez les tarés, putain, on est chez les tarés ! » répétait Paul. Raph essaya de le calmer en le prenant dans ses bras. Il craquait, libérant des larmes amères dans le giron de son pote qui, même s'il résistait mieux, ne voyait pas trop comment sortir de cet enfer de huit mètres carrés. La faim, le froid, la peur, ça faisait beaucoup pour deux garçons habitués au confort occidental d'un début de millénaire. Il pensa à Gabriel. Dieu seul savait ce qu'il avait enduré ici. Quant à eux... Raph imagina le pire. Entre les rafales de balles de kalachnikov et les monstrueux jets de sperme du moine, son cœur ne balançait pas. Une bite de cette taille vous ouvrait en deux sans problème. Surtout quand c'était la première fois. Il y avait aussi une troisième solution : la chasse à l'homme avec pitbulls monastiques. Va pour les pitbulls : même si ça faisait mal, il préférait encore leur servir ses couilles sur un plateau plutôt que de transformer son cul en mangeoire à cochons. Un bruit métallique interrompit net ses profondes méditations. Il dressa l'oreille et soupira. La clef tournait encore une fois dans la serrure. L'heure était donc venue. Une larme coula le long de sa joue. Dans ses bras, Paul tremblait par à-coups, l'échine parcourue de frissons nerveux. Il ferma les yeux de rage. La porte s'ouvrit.

La surprise

Monastère de Hierocrator, mont Athos, Grèce,
11 août 2001.

Faustine,

Pendant presque deux ans, tu m'as tué. Tu as rendu mon corps malade, malade mon estomac, toujours vide, incapable toujours de garder ce qu'il ingérait. Malade ma bite, pas foutue de bander ou de cracher son plaisir pour donner du répit à mon cerveau malade, abruti par tous ces médocs que tu m'as forcé à prendre pour que la douleur passe. Spasfon, Lexomil, Donormyl, Tranxène, Vibtil, Valium, voilà les drôles de potes qui se sont succédé à mon chevet. Tu m'as enlevé le goût de tout. J'allais au cinéma ? La fille te ressemblait. Envie de lire un roman ? Les titres me ramenaient à mon néant. La Nausée, *les* Illusions perdues. *Je partais en vacances ? Partout, des couples enlacés sur les plages ou les terrasses, et le plus beau des paysages gueulait à mes oreilles qu'il lui manquait toi pour être doux à regarder. Essayais-je de travailler, d'écrire ce foutu scénario dont je rêve depuis tant d'années ? Il me manquait tes yeux au-dessus de mon épaule pour lire ce que je faisais. Je baise ? La fille n'a pas ta bouche, tes seins, ton cul, alors mon sperme est froid comme la mort, la fille pesante et laide. Je n'avais aucun stéréotype féminin mais tu t'étais imposée. Avec ta langue, tes cheveux, tes longues jambes et ton cul plein et haut. Ensuite tu m'as shooté en vol, stoïque et précise, par un coup de baise illicite. Qu'est-ce que je t'ai fait, Faustine, pour que tu trouves que je ne valais pas la peine qu'on s'accroche à moi ? Trop gentil, pas disjoncté comme lui ? Au lieu de me motiver, de me faire sortir de mes gonds pour me donner le courage de devenir un autre, plus drôle, plus fort, plus confiant, plus imprévisible, tu m'as même enlevé celui qui aurait pu m'y aider. Tu ne sais pas ce que ça fait, toi, de voir celle que tu aimes dans les bras de celui que tu aimes. Sa bite dans ton sexe à toi. Tu as brisé tout ressort en moi, tu m'as mis sur une roue et tu as cassé, une par une, toutes les attaches de mon corps et de mon esprit. Cette idée de bébé m'a plombé pendant des années. Tu m'as rendu irresponsable, tu m'as enlevé le sommeil et la passion, tu m'as enlevé l'amour. Tu as fait de moi une loque, incapable de jouir et de s'émerveiller. Tu as été une éclipse généralisée. Une putain de bombe à hydrogène qui rend tout stérile sur son passage. Tu m'as désossé, mais je ne t'en veux plus. Jusqu'à hier, je t'aimais encore. J'ai dit oui à cette folle équipée, à ton idée pourrie de m'envoyer porter le faire-part, moi, le gentil cocu qui ne peut rien refuser à celle qu'il aime encore. Mais vois-tu, ça m'a sauvé. Ça m'ouvre des avenirs insoupçonnés. Je ne suis plus une loque, je me relève et je marche. Je veux croire en Dieu pour ne plus croire en ma déchéance. Je veux toucher le ciel pour être sûr de ne plus hiberner dix pieds sous terre, humer le sacré pour ne plus oublier de respirer. Tu m'as tué, Faustine. Mais aujourd'hui tu me sauves. Je vais repartir. Le bébé, ça ne l'intéressait pas et tu le savais très bien depuis le début. Je pense que tu es perverse, Faustine, que tu n'as jamais aimé que toi. Tu m'as pourtant rendu le plus grand service que tu pouvais me rendre. J'ai compris que j'avais perdu des années pour un amour que j'étais le seul à partager. Et c'est fini maintenant. Je renais en cette terre d'Eden. Ça te fait rire ? Tu trouves l'expression con ? Je ne serai plus un spectateur de la vie, comme tout le monde, comme toi, comme des millions d'êtres sur la terre. Tu m'as envoyé chez les anges, Faustine, et voilà leur évangile : je t'ai aimée, mais je ne t'aime plus. Tu es morte à mes yeux, je ne t'en veux plus. Tu as voulu cet enfant, fais-en un homme, repens-toi, et repose en paix quand le temps sera venu.*

*

Il est tard. Je suis fatigué. Incapable de fermer l'œil à cause du mélange d'alcool et de caféine, plus l'excitation d'un nouveau départ, de tirer un trait sur toute cette merde de vie. *Paradise is now*, comme dit le tube d'un chanteur mort des seventies. Le soleil est déjà haut dans le ciel et j'avais dit que je me lèverais tôt pour partir. Personne n'est venu me réveiller, aujourd'hui. Aucun café fumant près du lit. Je me suis habillé en vitesse, et suis sorti sur la galerie de bois. Octave n'était pas là. Je l'avais peut-être vexé. Mais qu'y pouvais-je ? C'était sa guerre, ses obsessions, son discours. Je n'étais pas un soldat. Ni un ange, d'ailleurs. Je me suis accoudé à la balustrade. Des rayons roses filtraient entre les nuages bleu foncé ; un léger voile de brume, bientôt dispersé par les ondes de chaleur, flottait sur la mer argentée. J'ai relu la lettre écrite à Faustine, et me suis dit que j'en avais assez de rendre des comptes, de justifier mes choix, mes décisions. Il allait falloir que j'apprenne comme un grand l'inflexibilité. Alors j'ai commencé par sortir la feuille 21 × 29,7 de ma poche, à la plier pour en faire un jet supersonique, avec carénage profilé, que j'ai regardé descendre en piqué vers la mer, et disparaître dans un rayon de soleil qui m'a ébloui. Ensuite, je suis allé boucler mon sac. Je compte redescendre jusqu'à Ploutopédi, prendre un caïque jusqu'à Daphni, et de là le bateau jusqu'à Ouranopolis. Ensuite, cap sur Salonique et Paris. J'ai bu le calice jusqu'à la lie.

Le monastère avait l'air désert. J'ai seulement vu Théophane passer devant moi avec son éternel sourire greffé à la bouche. Il avait l'air affairé, excité même, une grosse clef à la main. Saint Pierre version *Incroyable Hulk*. J'ai fait le serment de ne plus jamais avoir de problème de claquage.

Octave s'est pointé. Les yeux rougis, la mine blême. Je lui ai dit que je l'avais attendu pour partir.

— Tu vas nulle part. (La voix était coupante. Ses lèvres tremblaient.) Ça te dit quelque chose ?

J'ai attrapé ce qu'il me tendait. Deux passeports que j'ai ouverts nonchalamment. Et quand j'ai vu les noms, j'ai cru qu'on me jouait un sale tour.

— T'as eu ça où ?

— On les a pris sur eux, cette nuit.

Il m'a jeté un regard réfrigérant. La situation était surréaliste.

— C'est impossible, Octave. Ils sont à Ibiza.

Sa bouche s'est tordue dans un rictus affreux. Il s'est approché à vingt centimètres, m'a craché à la figure :

— A Ibiza ? Tiens donc.

Il est devenu comme fou, m'a tiré par la manche et s'est dirigé vers l'intérieur du bâtiment. Je le suivais comme je pouvais. On en a descendu des escaliers, traversé des couloirs, de plus en plus froids et humides, de plus en plus obscurs. Sa poigne me serrait comme une tenaille. « Lâche-moi, Octave, tu me fais mal. » Il m'a lâché, a accéléré le pas. On a atteint un couloir de faible hauteur. Une galerie très mal éclairée, qui sentait le renfermé. Au bout, il y avait une porte de fer. Il s'est tourné vers moi, furieux : « A Ibiza, tu dis ? » Il a tiré un judas percé dans la porte. Une grille, comme dans les vieilles prisons. J'ai approché les yeux, impatient. Autant notre couloir était sombre, autant la pièce que je découvrais était baignée par le soleil qui la frappait de plein fouet. Une fenêtre barrée d'une croix de bronze ouvrait sur la mer. C'était un ossuaire. Les crânes s'alignaient par dizaines sur des étagères de bois, avec d'autres os, des débris de thorax, des tibias, et des mâchoires crispées par la mort. Une phrase en grec était peinte en caractères byzantins à hauteur d'homme : « Rappelez-vous que nous avons été comme vous, et que vous serez comme nous. » Entre la fenêtre et la montagne de crânes, assis à même le sol, Paul et Raphaël, silencieux et accablés. J'ai refermé le judas. C'était incroyable. Je me suis tourné vers Octave, pâle comme un mort.

— Ouvre, j'ai dit.

Il a secoué la tête négativement.

— Pas question. On remonte.

— Tu déconnes ?

— Ils se sont fait choper dans les bois autour de la baie. Ils ont tout vu cette nuit. L'higoumène est en train de discuter de leur cas.

Je l'ai foudroyé du regard.

— C'est du délire, Octave. Ils n'en ont rien à secouer, de ton orthodoxie en guerre ! J' sais même pas ce qu'ils foutent là.

— C'est ce qu'on verra.

Il a tourné les talons. J'ai tambouriné à la porte, comme un fou, en criant leurs noms. « Gabriel ? »

C'était la voix de Paul. Octave a rappliqué et m'a balancé contre le mur. « Fais pas de conneries, Gabe, c'est moi qui suis responsable de toi, ici. »

On est remontés sur la terrasse. Il s'est assis sur le banc, a pris la tête dans ses mains. « Excuse-moi, Gabriel », a-t-il dit. Son front était barré d'inquiétude. Je me suis accroupi devant lui. J'avais l'impression d'assister un enfant caractériel. J'ai pris ma voix la plus assurée. Je n'en menais pas large.

— Il faut que tu les libères, Octave. Ils étaient censés être à Ibiza, je sais pas ce qu'ils foutent là.

J'avais parlé d'une voix très calme. Il a levé les yeux sur moi. Son regard était dur.

— Je crois que tu n'as pas vraiment compris où nous sommes... C'est pas moi le boss ici. (Il a baissé les yeux.) J'ai aucun pouvoir. On me tolère parce que c'est Simandre qui m'a envoyé là et qu'il compte pour eux.

— C'est quoi son rôle, au juste, à Simandre ?

— Une éminence grise. Il établit des contacts, recrute des gens et les fait passer sur le mont Athos.

Je l'ai regardé attentivement, incrédule. Ça allait beaucoup trop loin pour moi. Fallait revenir un peu sur terre.

— Octave, j'ai jamais voulu être mêlé à ça ; et eux non plus, d'accord ? Je t'ai demandé ce que tu foutais ici et, au lieu de me répondre, tu m'as mouillé en m'emmenant à votre putain de livraison.

Il est resté un moment silencieux, et puis m'a lancé :

— C'est toi qui as voulu venir, Gabriel.

— Attends ! Je savais pas qu'il s'agissait de ce genre de trucs ! Tu te rends compte de ce que tu fais ?

— Je pensais que t'étais comme moi. Que t'avais plus rien à perdre ! Que ça te séduirait, tout ça. Regarde d'où tu viens, regarde ce que tu as pris dans la gueule, en une semaine !

Les paroles de Iacobos, le jour de mon arrivée, me

sont revenues à l'esprit. « Il y a un virus ici. » J'avais sous les yeux un contaminé.

— Octave, c'est fini, les grands rêves... Les grands projets, l'héroïsme, les lectures, les modèles... J'aspire à une vie plus simple, d'accord ? On n'a jamais été pareils, toi et moi. Jamais, et c'est pour ça qu'on s'attirait. T'as toujours cru le contraire, toi, mais t'avais tort. Faustine n'a été qu'un révélateur. Tu te croyais plus fort à chaque fois. Tu pensais que tu pouvais me refiler tes copines, prendre la mienne, foutre ma vie en l'air comme ça, et puis pfuit ! te tirer au bout du bout du monde ? J'm'en fous. Ça m'est égal maintenant. Tout ce que je veux, c'est me tirer d'ici ; avec eux, sains et saufs. Pour le reste, tu te démerdes.

Il a avalé sa salive, a dit : « OK », et a disparu à l'intérieur du monastère. Je suis peut-être resté une heure comme ça, à retourner la situation dans tous les sens. C'était quand même trop con. Pourquoi n'étaient-ils pas restés à se la couler douce et à enquiller des filles sur leur île magique ? Qu'est-ce qu'ils foutaient là ? Merde ! J'aurais fini par persuader Octave de me laisser partir. Ou bien je me serais tiré un jour ou l'autre. J'avais les mains libres. Pas eux. Enfermés dans une putain de crypte à jouer les Hamlet avec une montagne de crânes.

Octave est revenu, tête basse. Il s'est assis à mes côtés sur le banc. S'est passé la main dans les cheveux.

— Ecoute, Gabriel. Ils pensent que ce sont des espions...

On nageait en plein délire.

— Quand ils ont été pris, ils ont dit qu'ils te cherchaient. Alors l'higoumène veut des explications.

Mon cœur s'est mis à battre de plus en plus fort.

— Ils les ont interrogés ?

— Non. Parce qu'ils répètent toujours la même

chose, qu'ils sont là parce qu'ils te cherchent, et qu'ils étaient en route pour Ploutopédi.

— Mais c'est la vérité !

— Je me suis porté garant pour toi. Mais pour eux, je peux rien faire. Je suis désolé, Gabriel.

J'ai reculé avec horreur.

— Mais je veux pas rester, Octave ! Je veux pas rester là !

Je ne savais plus quoi faire. C'était pire qu'un cauchemar. Dans quoi on s'était fourrés ? Je me suis levé. Il me dégoûtait.

— Tu me donnes envie de gerber.

— J'avais pas prévu que ça se passerait comme ça.

Il baissa la tête, joua nerveusement avec les échardes du banc, puis se redressa et me regarda d'un œil redevenu féroce, un regard que je connaissais bien.

— Ils n'avaient qu'à se renseigner avant et rester dans leur putain d'île aux boîtes. C'est pas la colo ici !

Il se leva, mal à l'aise. Il perdait tous ses moyens.

— Octave, tu n'as jamais rien prévu de toute ta vie. Les conséquences de ce que tu fais, ça ne t'a jamais intéressé. Seulement, là c'est grave.

Il a baissé la tête de nouveau.

— Tu peux leur parler si tu veux. J'ai demandé la permission.

Je l'ai regardé, jouant la surprise :

— Oh ! C'est bien ! Un grand merci à toi, Octave....

Il n'a pas répondu mais est allé chercher Théophane. La masse balafrée a rapporté les clefs en grognant. On s'est dirigés tous les trois vers la crypte.

— Au fait, c'est quoi sa balafre ?

— Un souvenir des miliciens bosniaques pendant la guerre des Balkans, a répondu Octave d'une voix sèche en accélérant le pas.

— Qu'est-ce qu'il foutait là-bas ?

— La guerre. Théophane est russe, comme Ivan. Ils

se sont rencontrés en Afghanistan, à l'époque de la guerre contre l'URSS. Un certain nombre de Russes orthodoxes sont venus épauler les moudjahidin afghans contre les Soviétiques athées. C'est là qu'ils ont appris la guerre. On les a retrouvés ensuite dans les milices serbes.

J'ai soupiré.

— Super, tes potes... Tu te rends compte où t'es tombé ?

— J'ai choisi, Gabriel.

— Oui, mais pas moi. Ni eux.

Il était défait. Théophane a enfoncé la clef dans la serrure. La porte s'est ouverte dans un gémissement de métal. Même avec les portes, ce type était brutal. Octave s'est écarté pour me laisser passer. J'ai pénétré dans l'ossuaire.

— Sympa, votre hôtel, j'ai dit en entrant.

Ils n'en revenaient pas. Paul m'a serré dans ses bras, ému. Je les ai regardés tous les deux. La barbe avait poussé, les traits s'étaient creusés, mais l'ensemble avait l'air correct. Ils s'étaient effectivement fait choper le soir de la livraison. On leur avait posé quelques questions et on les avait fait mariner ici. Je leur ai rendu leur passeport.

— C'était toi tout à l'heure, les coups sur la porte ?

J'ai acquiescé.

— Alors, c'était si nul que ça, Ibiza ?

Ils m'ont tout raconté. Leur virée sur la Riviera, Faustine, Simandre, Salonique et Le Rouge, les moines serbes, et puis la fameuse nuit, comment ils avaient quitté les fous inoffensifs pour les fous dangereux. Avec une mention spéciale pour les performances masturbatoires de ce barge de Théophane.

— Sors-nous vite de là, dit Paul, avant d'ajouter : C'est quoi leur trafic ?

— Rien, j'ai dit.

Moins ils en sauraient, mieux ça vaudrait pour nous tous.

— Joue pas à la langue de bois, Gabe. On a vu des trucs qu'on n'aurait pas dû voir, c'est ça ?

— Je te jure, j'en sais rien, Paul. Tranquille ! Je vais arranger ça.

J'avais soudain un énorme coup de bourdon. Il a fallu que je me batte pour empêcher les larmes de couler. Je les ai regardés tous les deux. Deux rigolos mal inspirés d'avoir changé de destination.

— Mais qu'est-ce que vous êtes venus foutre par là, bordel ?

Il y a eu un long silence, et puis Raph a brisé la glace.

— Ça nous disait plus rien sans toi, Ibiza, et puis on s'inquiétait. Retrouver Octave, c'était pas l'idée la plus brillante que t'aies eue dans ta vie. Surtout vu où t'allais, vu ton état et vu les raisons qui te motivaient. On s'est dit qu'un peu de renfort te ferait pas de mal...

Paul l'interrompit :

— Au fait, tu l'as retrouvé ?

J'ai hoché la tête, tristement.

— Il est là ?

— Ouais.

— Il est vraiment moine ?

— Presque.

— Et le gosse, ça lui a fait quoi ?

— C'est plus ses affaires maintenant. Il est passé à autre chose.

— Tu m'étonnes, a ricané Raph.

Une gêne s'installait. J'étais content de les revoir, même si les retrouvailles se déroulaient au milieu des crânes qui nous fixaient d'un drôle d'œil. Par la fenêtre, j'ai regardé la mer, qui brillait avec intensité. J'ai aperçu avec envie un couple de mouettes qui sillonnait le ciel. « Free as a bird », comme disait l'inédit des

Beatles. J'ai sorti mélancoliquement les Lucky Strike de la poche de mon treillis. *Lucky Strike*. On allait en avoir besoin, d'un bon Dieu de coup de chance. Paul a failli bondir de joie. « Du feu, putain ! » On a fumé en silence. L'atmosphère était lourde. Ils n'osaient pas poser la seule question qui leur tenait à cœur. On s'est regardés tous les trois. Ils m'interrogeaient des yeux. On a frappé violemment à la porte. Un crâne a dégringolé et roulé sur le sol avant de s'arrêter contre le genou de Paul.

— Gabe ?

Le ton de Paul était étrange.

— Ouais ?

— Tu trafiques avec lui ?

Je me suis approché. Je l'ai regardé bien en face. J'ai essayé d'être persuasif.

— Ecoutez-moi bien. Je ne sais pas du tout ce qui se magouille ici. Ça fait deux jours que je suis là. D'ailleurs, félicitations, vous avez été rapides. Octave est en plein dedans, mais il reste ce qu'il est : mon pote. Il va nous sortir de là, d'accord ?

On a frappé à la porte. La visite était terminée.

— Je vais remonter, mais pas pour longtemps. Ayez confiance, les gars.

Paul a tendu son pouce en clignant de l'œil ironiquement, genre « tout baigne ». Raph a souri tristement. Je me suis levé sans me retourner. J'ai entendu la porte claquer derrière moi comme une sinistre tombe. Octave évitait mon regard. J'ai planté ma colère dans ses yeux gênés.

— Je veux voir l'higoumène.

Immersion totale

J'ai suivi Théophane dans un enchevêtrement de couloirs obscurs et puants d'humidité. Certaines galeries tenaient debout grâce à des étais de bois et de mauvais acier. Le monastère n'avait été réhabilité qu'en partie. Théophane a frappé trois coups brefs sur une porte de bois avant de la pousser. J'ai pris dans la figure des paquets de photons de toutes les couleurs. Il m'a fallu un peu de temps pour adapter mes pupilles à la lumière polychrome. Elle venait d'un vitrail immense orienté plein soleil, présentant un Christ en gloire. Le Pantocrator. Les deux mains levées devant les fidèles, dans un geste autoritaire dont les doigts dessinent symboliquement le nom du Seigneur, comme me l'avait expliqué Père Iacobos le jour de mon arrivée. L'auréole au-dessus de sa tête était immense et son regard courroucé, rehaussé par des sourcils très accentués. A ses pieds, les cohortes d'anges et de saints, et cette phrase en grec : « Dieu s'est fait homme pour que l'homme devienne Dieu. » L'odeur de myrrhe était puissante, distillée par des cassolettes de cuivre accrochées au plafond par des chaînes dorées. C'était une petite chapelle, mais majestueuse, couverte de fresques en mauvais état. Des pans de murs entiers avaient brûlé, mais les parties intactes révélaient un art magnifique et des couleurs remarquables. La plus grande représentait cette fameuse échelle de Climaque que j'avais vue partout sur l'Athos. Le must de l'iconographie byzantine, figurant les étapes ascétiques que doit franchir le pur pour atteindre le Paradis. Un ange à six ailes, à gauche, armé d'un glaive de feu et d'un globe doré, foudroyait l'hérétique du regard. Au milieu de la pièce, agenouillé devant une icône d'or représentant la Mère de Dieu, un homme priait, recouvert du voile angélique. Il se prosterna jusqu'à toucher le sol avec son front, face contre terre, et s'allongea de tout son long sur le marbre défoncé. Il se redressa, et recommença une dizaine de fois. La chapelle bruissait du froissement des étoffes et de sa respiration. Enfin il se leva, avança jusqu'à l'icône, y posa les lèvres, traça la croix sur sa poitrine et sortit de la pièce en faisant un signe à Théophane, sans se retourner. Ce dernier m'a poussé devant lui. L'étrange higoumène de Hierocrator contemplait la mer, debout sur un balcon de bois accroché à la muraille. Il tourna la tête. Les muscles de son visage semblaient habités par un calme spectaculaire. Ses mains se posèrent à plat sur la rambarde de bois. Ivan parla, dans un français parfait teinté d'un fort accent slave. La voix était douce. « Vous comprenez très bien que nous ne pouvons en aucun cas laisser partir ces deux garçons. Vous-même ne devez votre salut qu'à votre ami Octave, qui se porte garant de vous. Vous restez donc parmi nous. » J'avais l'impression d'être emmuré vivant. Mon sang se glaçait, ma salive se solidifiait jusqu'à rendre la déglutition impossible. L'idée de rester ici me terrorisait. Je ne voulais pas renoncer au monde, à mes amis, à ma liberté d'agir et de me mouvoir. Tout mon être se révolta. Le sang a fini par bourdonner à mes oreilles ; mon pouls tambourinait sauvagement contre les parois de mes veines ; la sueur imprégnait mes paumes, mes tempes et ma colonne vertébrale. Je maudissais de tout mon cœur Octave et le piège qu'il m'avait tendu. Il fallait pourtant que je me maîtrise si je voulais sauver mes amis. J'ai regardé la surface illimitée de la mer qui buvait goulûment les derniers rayons du soleil. J'ai regardé la nature qui nous environnait, les bosquets de pins et d'oliviers qui descendaient en étage jusqu'à la plage, les mimosas et les cyprès odorants. Et j'ai pensé au corps d'une femme, pour la première fois depuis des mois, avec ravissement et émerveillement. Ce n'était plus Faustine, mais peut-être une fille au sourire sans nuage, une fille qui m'aimerait dans un élan sincère. Ce que le mont Athos ne m'apporterait, par définition même, jamais. La vie me faisait signe à nouveau. Là-bas. Quelques dizaines de kilomètres et j'étais sauvé. J'ai fermé les yeux, attendu que le rythme de mon cœur se calme dans ma poitrine. J'ai tourné la tête vers Ivan qui me dévisageait d'un regard froid, les doigts prisonniers dans les nœuds de son rosaire de perles bleues. Du lapis-lazuli, m'avait dit Octave. L'homme était beau, mais les traits réguliers sous la barbe grise dénonçaient une volonté de fer. La croix d'argent que sa poitrine arborait brillait sous les derniers éclats du soleil. J'ai rassemblé tout mon courage dans une profonde inspiration. « Mon père, ai-je dit d'une voix calme. (L'angoisse me serrait la gorge, mais je suis parvenu à déglutir.) Mes amis sont innocents, et je veux partir avec eux. » Les yeux de l'higoumène Ivan sont devenus métalliques. Il a détaché ses mains de la rambarde de bois, les a jointes comme dans une prière, et m'a observé sans la moindre pitié. Ses lèvres ont articulé une parole définitive : « Eh bien, soyez réunis. » Il a tourné les talons. Mon monde s'écroulait. Il rentra. Deux secondes après, Théophane s'était emparé de moi. Je maudissais Octave de toute mon âme. La brute me conduisit à l'ossuaire. La lourde porte grinça. Il me jeta à l'intérieur sans ménagement. Je suis tombé contre le sol poussiéreux. Quand j'ai levé la tête, j'ai pris comme une gifle l'affreuse phrase sur le mur et le regard consterné de mes amis.

*

Cogiter encore pour trouver une solution le moment venu. Je ne leur ai rien dit. Simplement qu'on serait transférés ailleurs le lendemain matin. Ils n'ont posé aucune question. C'était un peu superflu. On a eu droit à un repas. Dernière faveur certainement due à Octave. Du poisson bouilli dans un mélange de salade cuite, de pommes de terre et de fèves. Un carafon de vin, pour faire passer l'angoisse. On a fini les clopes de mon paquet. J'ai pris un des crânes dans ma main et je l'ai regardé dans les yeux pour m'habituer à ma mort. « Rappelez-vous que nous avons été comme vous, et que vous serez comme nous. » C'était trop bête.

On a organisé de façon très improvisée une veillée funèbre. La nôtre. On s'est dit des choses qu'on ne s'était jamais dites. Qu'ils ressentaient, finalement, la même lassitude que moi, la même inaptitude au plaisir, parce qu'il était sans doute frelaté. Tout était balisé et ça faisait chier. Le monde devenait trop petit. C'était même la base line que le concepteur-rédacteur de Raph avait trouvée à l'agence, pour une banque. « Parce que le monde devient de plus en plus petit, on aura de plus en plus besoin de communiquer. » Foutaises. Pour Raph, c'était décidé. S'il en réchappait, fini le boulot, qui ne servait qu'à payer le toit qui servait lui-même à dormir entre deux journées de boulot. Pervers, comme système. Il partirait rejoindre son frère à Tahiti en compagnie de Mélusine, élever des huîtres perlières loin de la vieille Europe. Paul a soupiré. Le droit, c'était pas son truc. Il faisait ça pour ses vieux, qui lui payaient des études qui n'en finissaient pas pour retarder le moment où ils devraient lui lâcher le cabinet. « Je voulais faire cracher les puissants, me faire un max de thune et me tirer sur une île avec le magot. Mais pour quoi faire ? » Bref, on avait tous envie de recommencer, et le putain d'instinct de survie commençait à faire sacrément mal, là, sous les côtes, du côté gauche. « C'est pas fini, les gars », j'ai dit. Octave n'avait pas daigné se montrer. Il était sur orbite, maintenant. Octave, petit soldat fanatique. J'étais tombé dans un drôle de piège.

Je leur ai raconté mon mont Athos. Comment j'avais trouvé ici une paix intérieure que je n'avais trouvée nulle part ailleurs. J'ai raconté mon arrivée, le calme de Stavronikita après l'effervescence de Karyès, ma petite chambre au-dessus des flots, Kafsocalyvia et Maximos le peintre. Le calme du désert, mes lectures de la *Philocalie* et la prière du cœur. J'ai raconté cette invocation répétitive à Dieu, cette phrase qu'il fallait faire descendre au fond du cœur, synchroniser avec la respiration et les battements du cœur pour abolir son être dans la création entière. Et bizarrement on s'y est mis, murmurant une bonne partie de la nuit ces quelques mots tout simples qui demandaient juste l'humilité. Oui, à ce moment-là, on voulait être humbles de toutes nos forces, et on a senti une douce chaleur irriguer nos membres, calmer notre angoisse. On disparaissait. Ce n'était plus nous.

Un peu avant l'aube, j'ai encore essayé de tourner mon cerveau dans tous les sens. Un Rubik's cube neuronal dont j'essayais de trouver la combinaison magique. Je ne savais même pas à quelle sauce on allait être mangés. La balle dans la tête ? L'empoisonnement ? J'avais par moments envie de rigoler. C'était quand même très très con. Et tout ça à cause de Faustine.

J'avais compris des choses, bien sûr, mais c'était un peu tard pour se refaire. Et eux, là ? Les deux grands cons dormaient encore. Qu'est-ce qui leur avait pris de se pointer là sans savoir où ils mettaient les pieds ? On avait l'air fin... Je me suis vidé une fois pour toutes. De ces bonnes larmes qui vous remettent les idées en place en vous jetant plus bas que terre. Ainsi s'achevait mon périple sur la Montagne sainte. La clef a tourné dans la serrure. Mon sang s'est remis à battre fort, à se rebeller contre la mort. Nom de Dieu, ça pouvait pas finir comme ça.

*

Je les ai réveillés. « On y va, les gars. » On est remontés par les mêmes interminables couloirs, sous la conduite de Théophane le Balafré, toujours aussi disert, et de Iorgos, une kalachnikov en sautoir. En voyant l'arme, Paul a commencé à faire la grimace. « C'est juste un transfert, les gars. » J'essayais de me rassurer aussi. Et s'ils avaient changé d'avis ? Et si Octave avait réussi à fléchir son fanatique d'higoumène ? Tout était possible. On a enfin débouché à la lumière. C'était une belle aube, rose et bleue, avec une légère brume flottante, un reste de rosée qui fondrait bientôt. Octave était au volant du Nissan Patrol, stationné dans la cour, juste devant l'église, à l'abri des hauts murs. Le monastère était plus que silencieux. J'ai essayé de l'interroger du regard, mais il a détourné la tête en me voyant arriver. Ils nous ont attaché les mains dans le dos. Je restais calme, essayant de comprendre. Les deux autres ont vraiment paniqué. Ils étaient blêmes. Paul a aperçu Octave. Il l'a appelé. L'autre n'a pas daigné répondre, mais s'est levé de son siège. Il s'est dirigé vers nous. Je l'ai bien examiné. Il avait les yeux rougis par le manque de sommeil, les traits hâves, et un mauvais sourire qui lui crispait les coins de la bouche. Il s'est approché de Paul, et, sans raison, lui a décoché une énorme claque. Paul s'est écroulé sur les pavés de la cour. Raph a foncé sur lui, tête en avant. Mais là, c'est Iorgos qui s'est interposé, la crosse en l'air. Alors Raph s'est calmé. Ivan s'est pointé avec un goupillon d'eau bénite. Solennellement, sans un mot, il a tracé un signe de croix au-dessus de nos fronts. Je l'ai regardé dans les yeux. Il était ailleurs. On nous a fait monter à l'arrière. En passant devant Octave, je me suis arrêté. Un voile rouge obscurcissait ma vue. Je tremblais avant de monter. Je lui ai craché au visage. Il s'est essuyé d'un revers de la manche et a contourné sans un mot la voiture pour reprendre sa place. Le moteur s'est mis en route.

Un maquis à l'aube, baigné par le tout premier soleil, ça vaut toujours le coup. Les oliviers et les mimosas en fleurs bordaient le chemin de terre que sillonnait le véhicule à quatre-vingts kilomètres à l'heure. L'air passait par les fenêtres et faisait plisser les yeux. Il était parfumé, sentait le thym et le romarin. Personne ne parlait. Théophane avait mis sur ses yeux un modèle seventies de Ray-Ban, aux verres fumés de couleur vert foncé : on aurait dit Kadhafi. Sa kalachnikov entre les cuisses il gardait les yeux braqués sur la route. J'aurais aimé le massacrer. Assis en face de nous, Iorgos restait de marbre, l'arme au poing lui aussi. Il avait changé du tout au tout depuis que j'avais discuté avec lui dans la cour de Ploutopédi. Le visage dur, les traits coupants. Finis ses coups de gueule contre les magouilleurs de l'Athos. Il était pire. Ces gens se disaient chrétiens. On a roulé dix minutes. Et puis la route s'est arrêtée.

Octave a donné un coup d'accélérateur pour gravir un talus. Il a emprunté une piste qui sillonnait entre les oliviers. La voiture a débouché sur un plateau venté, à l'abri des regards. Une falaise ouverte sur la mer. On s'est arrêtés. Paul a baissé la tête pour regarder à travers le pare-brise. J'ai cligné de l'œil à son intention pour le rassurer. Peine perdue. Il paniquait : « Qu'est-ce qui se passe, Gabe ? » Iorgos a levé la crosse de son fusil. « C'est bon, j'ai dit. Ferme-la, Paul. » Raph ne disait rien. Il était ailleurs ; ses yeux, hallucinés, regardaient à l'intérieur de sa tête. Octave a serré le frein à main. De la pointe de son fusil, Iorgos nous a fait signe de descendre. « Le moindre geste et je vous descends », a-t-il dit en anglais. On s'est exécutés. Théophane a contourné le véhicule pour décharger du coffre deux barres de ciment reliées à des chaînes. J'ai compris le truc. Ils n'allaient pas nous flinguer, mais nous noyer. L'eau de l'Athos était sacrée. On aurait droit à notre baptême avant de crever les poumons gorgés d'eau. Pas de corps, et les sacrements respectés. Le sang ne serait pas versé. Octave s'est approché de Paul, puis de Raph, et les a détachés, sous la menace de la kalachnikov de Iorgos. Génial. On mourrait les mains libres. Il s'est approché de moi, m'a fixé un long moment sans ciller avant de me décocher un clin d'œil. J'étais dos à la falaise. Il est passé derrière moi et, sans quitter des yeux Iorgos qui tenait en joue les deux autres, ni Théophane, qui déchargeait une troisième barre, m'a glissé une lame dans les mains. Il a dit rapidement, dans un souffle : « Mets-le-moi sous la gorge et saute. » J'ai jeté un coup d'œil aux deux autres. Ils étaient paralysés par la peur. « Et toi ? — T'occupe pas, a-t-il dit en serrant les dents et magne-toi. » Ça a été très vite, j'ai plaqué le couteau sous sa gorge en le courbant vers l'arrière, jusqu'à lui mordre la peau avec le métal. Il a levé les mains en l'air. Théophane est resté une seconde perplexe, le bloc de ciment entre les mains. Et puis il l'a lâché et s'est rué sur son arme, qu'il avait posée contre l'une des roues du véhicule. « Don't move ! » j'ai hurlé. Théophane a hésité, mais s'est arrêté. Iorgos l'interrogeait du regard. J'ai répété : « Don't move or I kill him ! » J'ai reculé jusqu'à la falaise, avec Octave devant moi. J'avais l'impression de sentir son cœur battre sous la lame. « Sautez ! » j'ai dit. Ils n'ont pas bougé et Théophane lorgnait son fusil. Je me suis reculé encore, appuyant la lame un peu plus rudement sur le cou d'Octave. J'avais peur. Je ne maîtrisais rien. Rien d'un héros. « Sautez, putain ! » j'ai hurlé, en proie à la panique la plus totale. Alors ils se sont élancés en courant, les yeux fermés. Je les ai entendus crier avant de percevoir enfin le bruit du double impact.

Je suis resté immobile. « Qu'est-ce que tu fais, bordel ? Il va tirer ! » a dit la voix étranglée d'Octave. J'ai regardé derrière moi. Le vide. La mer comme une plaque de tôle, cinquante mètres plus bas. Avec deux cercles d'écume. Mon vertige a repris. Mes jambes tremblaient. J'ai vu le doigt de Iorgos se crisper sur la détente. Théophane a saisi son arme. Octave s'est plaqué contre moi, et a reculé jusqu'à ce qu'on perde tous les deux l'équilibre. J'ai senti sous mes semelles la sensation de vide. Ça m'a paru très long. L'impact des balles a fini par déchirer l'atmosphère. Mais on était déjà dans les airs. Je me suis demandé bêtement si l'eau aurait le goût d'eau bénite.

En fugue

Le choc a été violent. On n'imagine pas la dureté d'une surface aquatique frappée par un corps lancé à quatre-vingt-dix kilomètres à l'heure. Ni la force de la résistance de l'air avant le choc. Ni la profondeur à laquelle on descend. J'ai gardé le couteau serré dans ma main comme si de cette étreinte dépendait ma survie. L'eau était froide et transperçait en un rien de temps toutes les couches de l'épiderme, plus celles du derme. Il y a eu d'autres détonations étouffées. Les poumons à la limite de l'explosion, je suis remonté d'un coup à la surface. Un tissu noir flottait sur l'eau. J'ai repensé au suicidé d'Aghios Christophoros. C'était une soutane, sans corps à l'intérieur. Il avait dû s'en débarrasser pour nager. C'est ce que j'ai fait aussi, à l'abri de la falaise, en baladant mon regard dans toutes les failles pour essayer de le repérer. Un peu plus loin, il y avait une sorte de minuscule crique. Ils étaient là, sonnés, vautrés comme des phoques en période de reproduction. Paul et Raph. Pas trace d'Octave. Je suis sorti de l'eau et me suis écroulé sur le sable. On est restés une éternité comme ça. A laisser nos cœurs s'apercevoir qu'ils battaient encore, à absorber de grandes goulées d'air pour calmer nos poumons. Et puis on a entendu un moteur pas loin. Théophane rappliquait. A notre gauche, une grande barre de rochers. « Faut pas rester là », j'ai dit. On a commencé à escalader pour se mettre à l'abri. Et puis là, j'ai eu comme un déclic. La barre de rochers, la forme de la falaise. Je connaissais l'endroit. C'était celui de la livraison. Je me suis dressé pour vérifier. C'était bien ça, avec la grande plage derrière, où les 4 × 4 s'étaient garés. Alors j'ai ressenti une énorme joie et remercié mentalement Octave. Je leur ai fait un signe. J'ai couru tout au bout de la barre rocheuse. C'était gagné. Le Zodiac était là, dans sa niche de rochers, dissimulé sous sa bâche de plastique du même gris-bleu que les rochers. J'ai dévalé jusqu'en bas, sauté dans l'embarcation, ôté la bâche. Paul a poussé un cri de surprise. « Tu sais piloter ça ? » a demandé Raph en sautant dans le bateau. J'ai repensé à mon excursion sur Aghios Christophoros. J'avais failli me fracasser sur les rochers. Non, je ne savais pas. Paul s'est avancé, m'a bousculé pour grimper. « Laisse-moi faire, il a dit, on a le même en Corse. » Ça pouvait donc servir dans la vie de faire du ski nautique avec papa-maman à Porto-Vecchio. On a sauté à l'intérieur. Paul a pompé sur la nourrice à essence, basculé l'hélice dans l'eau et saisi le démarreur. « C'est pas plus compliqué qu'une tondeuse à gazon. » Raph desserrait les cordages. J'ai entendu du bruit, me suis retourné. « Dépêche-toi, il arrive. » Théophane avait eu la même idée que nous. Paul a tiré un grand coup sur le démarreur. Le moteur a ronronné mais calé tout de suite. Il s'est penché pour examiner la jauge. « Y a pas énormément d'essence ! » Le temps pressait. J'ai quitté le bateau, escaladé deux, trois rochers. Théophane était à cinquante mètres. Il courait sur la grève comme un dératé, dans notre direction, la kalach à bout de bras.

Plus loin, Iorgos surveillait la bagnole. « Il approche. » La brute avait atteint la barre de rochers. Dans deux minutes il serait là. Je me suis tourné vers Paul. Le moteur ne partait pas. « Tu sais le faire, ou quoi ? » a hurlé Raph. Il était blême, un regard de fou. Je l'ai vu sauter de l'embarcation et gravir les rochers dans ma direction. « Raph, qu'est-ce que tu fais ! » Il a gravi les rochers, m'a dépassé et s'est dressé debout de toute sa hauteur. Théophane accélérait le pas. Raph s'est penché, a ramassé une pierre de la taille du poing et l'a lancée en direction de notre tortionnaire. Et puis une deuxième. Et puis une troisième. Il était rouge de colère. On aurait dit un grenadier de l'Empire. Sauf que ce n'était pas des grenades. Un instant surpris, Théophane s'est précipité à l'abri d'un rocher et l'a mis en joue. J'ai crié : « Raph, reviens ! » Au même moment, le moteur a démarré. Une rafale est partie. Raph a rappliqué fissa, tout de suite calmé et indemne. On a sauté dans le bateau ; Paul a mis les gaz. Les boudins pneumatiques ont frotté avec un bruit désagréable sur les rochers et le Zodiac a quitté son parking aquatique dans un bouillonnement d'écume. La silhouette de Théophane est apparue au bout de la barre rocheuse, mais on était déjà loin. Raph a tendu son majeur dressé en direction du moine, dans un geste de provocation. Le coup est parti, mais en vain. On était libres.

Enfin, presque. Le Zodiac filait au ras de l'eau, mû par les 25 CV du Honda au bruit rassurant. Vingt-quatre nœuds, et le vent en pleine figure, comme des militants de Greenpeace en train de sauver la planète. Sous la puissance du moteur lancé à plein pot, le nez du Zodiac remontait d'au moins cinquante centimètres au-dessus des vagues. La mer était sévère. A chaque vague un peu rude, le fond du bateau claquait sur l'eau avec un bruit sec. « Qu'est-ce qu'on fait maintenant ? » hurla Paul par-dessus le bruit du moteur. Pour avoir une chance de quitter l'Athos, il fallait rejoindre le port de Daphni. Mais c'était de l'autre côté de la presqu'île. Impossible. Il aurait fallu plusieurs heures et l'essence manquerait. On filait droit sur un cap. Qu'on dépassa. Derrière le promontoire apparut la baie de Ploutopédi. J'ai reconnu son architecture délirante de ville fortifiée. On était encore tout près de Hierocrator. Un caïque y accostait. Pour combien de temps ? « Il faut qu'on le chope, c'est notre seule chance », j'ai braillé. Paul a foncé vers la plage. On y était presque. La moindre fausse manœuvre et on allait à la baille. Je retenais ma respiration. Les galets blancs se devinaient à vingt mètres. Une vague plus grosse que les autres pointa le bout de son nez. Un ange passa, souriant de toutes ses dents, une auréole dorée autour de ses cheveux bouclés. Paul souffla, ralentit d'une pression du poignet la vitesse du bateau, se plaça juste sous le nez de la vague et la surfa sur dix mètres. Le Zodiac glissa jusque sur la plage. J'ai hurlé de joie. Paul souriait de toutes ses dents, très fier de son coup. On a sauté à terre comme Depardieu dans *Christophe Colomb*, ivres d'émotion, et couru comme des forcenés en direction de l'embarcadère. Le sac de crin de chèvre en bandoulière, les deux derniers moines se bousculaient pour monter à bord, comme deux petites vieilles effrayées à l'idée que le bus parte sans elles. On a couru à en perdre le souffle, en faisant de grands signes et en hurlant pour que le bateau nous attende. On a sprinté le long de la digue de bois sur laquelle nos pas résonnaient comme des mailloches sur les lattes d'un xylophone. Le plateau métallique remontait. On a sauté d'une impulsion de géants dans notre *Exodus* à nous. C'est à ce moment-là seulement qu'on a respiré, devant le spectacle du monastère de Ploutopédi qui éloignait progressivement de nous la masse délirante de ses murailles crénelées et la silhouette orientale de ses coupoles pointues et plaquées or, surmontées de croix haubanées défiant pour toujours l'idée même de modernité. En nage, couverts de sel, physiquement vannés, les nerfs effilochés à force d'avoir été tendus, on s'est regardés tous les trois, surpris et heureux de pouvoir encore le faire. Je les ai pris dans mes bras, formidablement heureux de respirer. Autour de nous, sous le soleil brûlant de la mer Egée, les saints moines, bien étrangers à ce qui se passait à Hierocrator, se racontaient dans toutes les langues de l'orthodoxie les derniers potins de la Sainte Montagne.

Les nuits chaudes de Salonique (2)

On n'était pas encore sortis de l'auberge. Dans le caïque, on s'est d'abord sentis à l'aise, quoique complètement trempés. La côte sublime défilait devant nos yeux ravis mais avant tout soulagés, et puis, au bout de quelques demi-heures, un type de la compagnie de cabotage, un sexagénaire très élégant dans son costume bleu à boutons dorés, s'est quand même décidé à nous demander de l'argent pour le billet. Pendant plus d'une semaine, on avait vécu sans un radis. Ça faisait tout drôle, surtout quand on a réalisé qu'on n'avait plus rien. Seulement nos passeports trempés d'eau salée que Raph faisait sécher au soleil à l'avant du bateau, en tournant les pages de temps en temps. On croisait alors au large du cap de la presqu'île et je pouvais même apercevoir, de loin, la maison du père Maxime. Le type a menacé de nous débarquer au prochain arrêt. C'est-à-dire à Karoulia, un chouette endroit au bord de la falaise où vivaient quelques ermites. Pour moi, c'était du déjà-vu, mais ça aurait pu être une très bonne expérience pour Paul et Raph. Toutefois, leur envie de se frotter aux coutumes des très saints habitants de la dernière république monastique du monde s'était curieusement réduite comme peau de chagrin. J'ai fait appel à mes souvenirs les plus enfouis pour sortir une ou deux phrases en grec. En grec ancien. Un peu comme si un Rabelais ou un Chrétien de Troyes trempé jusqu'aux os expliquait de nos jours à un agent de la SNCF qu'il n'a pas d'argent pour le billet car il a laissé son portefeuille dans la cellule d'une abbaye franciscaine. Ça l'a fait rigoler, le petit vieux. Il a passé l'éponge.

A Daphni, Paul trépignait d'impatience. Le port de l'Athos grouillait d'activité. Que des types en noir, quelques flics aussi, flingue à la ceinture, attendant l'*Halkidiki* pour retourner dans le monde. Raph scrutait les alentours au cas où un Nissan Patrol se serait amené dans le coin. Quand la silhouette blanche du bon vieux rafiot est apparue sur les flots bleus, mon cœur a failli s'emballer. On allait enfin quitter ce paradis au goût d'enfer. On est passés parmi les premiers, à la barbe du préposé aux tickets, pour aller se glisser sous les sièges de skaï usé de l'entrepont. Promis : je prendrais désormais Manu Chao au sérieux au lieu de dire que c'est une musique commerciale : je sais aujourd'hui ce que c'est que d'être un *clandestino*. L'avantage de voyager allongé sous un moine, c'est que les pans de sa soutane vous dérobent aux regards des contrôleurs. Je me suis endormi. C'était la meilleure façon de ne pas flipper. J'ai ouvert les yeux au moment où Paul est venu me tirer de dessous ma banquette. On était arrivés. Ouranopolis, la ville du ciel, n'avait jamais aussi bien porté son nom. Dehors, j'ai respiré à fond. Devant le port, d'où l'on apercevait, à plusieurs kilomètres dans la mer, les côtes nuageuses de l'Athos, Raph a inauguré une nouvelle danse, variante du tour de totem indien, avec bras d'honneur en direction de la sainte presqu'île. Je l'ai laissé à ses acrobaties défoulatoires pour retrouver Paul. Sous la tonnelle d'un bar désert, il papotait avec un type. Soixante-dix ans, le crâne dégarni, des lunettes à double foyer et des pantalons de montagne des années 50, ceux qui s'arrêtent au-dessous du genou, un peu comme Tintin. « Gabriel, viens que je te présente Monsieur Marcel ; il revient de la Sainte Montagne, comme nous. » Après m'avoir dévisagé, Monsieur Marcel s'est tourné vers Paul : « Mais alors, c'était des bêtises, ce que vous me racontiez, ces filles à qui vous aviez donné rendez-vous là-bas ? — Mais oui, Monsieur Marcel ! a répondu Paul. C'est un ami qu'on allait chercher, ce bon vieux Gabriel ! (Il me tapa sur l'épaule.) Pendant qu'on y est, Monsieur Marcel, vous n'auriez pas un peu d'argent pour nous dépanner : on a tout donné à des moines pauvres comme Job... » Monsieur Marcel sourit. Finalement, ces petits jeunes avaient le cœur sur la main. Il ne parlerait plus jamais de génération foutue. Paul fit disparaître avec élégance le joli billet de 20 € dans la poche de sa chemise rigidifiée par le sel. Le car pour Thessa venait d'arriver. On a remercié rapidement le pèlerin globe-trotter qui restait quelques jours dans le coin pour récupérer. « Peut-être à bientôt sur le mont Athos ! a-t-il crié en agitant la main. — Pour sûr », a-t-on répondu en chœur.

*

Le Rouge est un endroit impressionnant. Il vous offre la possibilité unique en son genre de vous mettre dans la peau d'un taureau juste avant la mise à mort. Paul a commencé par prendre une énorme cuite à base d'un cocktail étrange. Vodka-redbull. Le produit qui servait à doser l'alcool russe était interdit en France. J'ai vu ses yeux s'enflammer. Il cherchait vraisemblablement des yeux quelqu'un qui n'était pas là. Sur la banquette, Raph reconstituait l'androgyne originel avec Mélusine, dans un amas de cheveux, de mains, de jambes et de langues, où il était impossible de distinguer ce qui était à l'un de ce qui était à l'autre. A part ça, c'est une chouette fille, et pas mal du tout. Elle sera jolie, en vahiné, au milieu des parcs à huîtres de Polynésie. Elle me rappelle un peu Faustine. Longues jambes brunes cheveux châtains, beaux yeux clairs qui illuminent ses taches de soleil. On lui doit une fière chandelle. En attendant le mandat-cash que Paul doit recevoir d'ici demain de ses parents, une enveloppe généreuse qui doit servir à payer nos billets de retour, c'est elle qui avance. Mais, comme c'est le père de Paul qui régale, on s'est installés dans le plus beau palace de la ville, place Aristotélous, face au golfe de Salonique. Raph a préféré le centre Erasmus avec Mélusine. Son côté éternel étudiant.

C'est la fin des exams, alors Le Rouge joue à guichets fermés. Je ne vais pas dire que je me sens tout à fait à l'aise là-dedans, parmi cette foule dansante. J'ai pris dans la figure un décalage de plusieurs siècles. La techno après les chants byzantins, les peaux nues après les robes noires, c'est un peu raide tout de même. Et puis j'en ai lourd sur le cœur. Je pense à Octave, à ce qui l'attend là-bas. Il joue gros, le con. Est-il seulement remonté ? Avec les deux autres, on a convenu qu'on ne parlerait de rien. Officiellement, on a retrouvé Octave, qui a renoncé au monde en embrassant la voie monastique. En espérant qu'il n'y ait pas de suite. Quant à moi, il me reste une chose à faire. Mettre brillamment un terme à ma mission chez les hommes de Dieu. L'étape la plus douloureuse. Paul a disparu. Raph est ailleurs, en vadrouille avec Mel. Je peux sortir de la boîte rouge.

La nuit m'offre un festival d'étoiles pour fêter mon retour sur terre. Fini de lambiner et de me regarder vivre. La cabine téléphonique est là, le Plexiglas un peu crade sous la lumière du réverbère. Je fais coulisser la porte et sors de ma poche une carte à puce achetée tout à l'heure avec l'argent de Mélusine dans un kiosque de la corniche. Je décroche le combiné, insère la carte. Je connais le numéro par cœur. Normal, ç'a a été le mien. Je le compose, j'attends quelques secondes ; le temps semble long, et puis ça décroche. Une voix ensommeillée demande qui est à l'appareil. Je raccroche aussitôt.

Plus difficile que je ne pensais. L'envie soudaine de me rebeller contre mon rôle d'ange annonciateur anciennement cocu, et puis l'émotion qui me plombe quand j'entends sa voix.

Je sors de la cabine. Je marche sur le parking bondé. Les basses du Rouge transpercent la tôle de l'entrepôt et caressent celle des voitures. Je vois un pauvre mec planté devant une misérable cabine téléphonique posée sur un parking glauque. Moi. Incapable de faire face et d'en terminer comme un grand. L'excuse du gosse, c'est du bidon. Secoue-toi, mon vieux. C'est pour toi que tu dois faire ça. Recommencer enfin. « Etre-re », comme dit l'affreux jeu de mots du dernier slogan Club Med.

Alors je suis re-venu, j'ai re-fait coulisser la porte de Plexiglas, suis re-entré dans le sarcophage transparent, ai ré-inséré ma carte dans la fente de l'appareil, re-composé le numéro, re-entendu la sonnerie, puis presque aussitôt la voix ensommeillée, qui a même pris les devants. Le vieux cliché de l'intuition féminine.

— C'est toi, Gabriel ?

Cette voix, bon Dieu, je l'aurais embrassée. L'entendre prononcer mon prénom est un sacré calvaire. La voix vrille le cœur, pénètre dans la chair en tournant sur elle-même. Je prends mon ton le plus froid pour ne pas m'effondrer sur le sol bétonné de la cabine. Je m'accroche.

— J'ai retrouvé Octave, je dis d'une voix neutre.

— Alors tu sais maintenant ?

Elle a dit ça tout simplement, comme si effectivement j'étais censé avoir percuté un truc.

— Je sais quoi ?

— Pourquoi je t'ai demandé d'aller là-bas.

J'étais perdu. Mon souffle a tâtonné dans mes poumons pour mettre la main sur quelques particules d'oxygène.

— Qu'est-ce que tu racontes ?

— Il fallait que tu comprennes. Qu'il te dise. Je n'ai jamais aimé que toi, Gabriel.

Le choc est énorme, me sonne. Il faut que je m'appuie sur la vitre. Le combiné de bakélite brûle contre mon oreille. A moins que ce ne soit mon oreille qui brûle.

— Ça a été un accident, Gabriel.

Je titube. Mon cœur passe les vitesses comme un fou et sans me demander mon avis. Elle continue de la même voix empruntée, calme.

— J'avais trop honte. Je voulais que tu comprennes.

Un vieux fond de colère remonte en moi. Trop facile, ma puce ; là, je refuse d'encaisser.

— Arrête, tu veux. Tu me donnes envie de rigoler.

Ma voix est dure. J'entends un long silence. Faustine prend sa respiration. Elle ose, à la limite du chuchotement :

— Je n'ai jamais cessé de t'aimer.

Ma voix se solidifie dans ma gorge. J'ai mal. J'articule avec difficulté :

— Arrête, tu veux.

Le jeu est cruel. Un sacré chemin de croix. Je vis ma passion. Totalement en phase avec mon petit séjour mystique. Est-ce qu'elle le sait, que j'ai failli en crever ? Je pense à son petit chez-elle, à la nuit où j'avais considéré d'un œil ému tout ce que je perdais. Sous le drap, son corps dormait en forme de Z : sa nuque, où frisottaient quelques mèches brunes, imprégnées de son odeur de brune, ses épaules arrondies et lisses comme des sucreries à faire fondre doucement sous la langue, le fil souple de sa colonne vertébrale raccordant sa tête de reine à ses hanches alanguies et à ses cuisses refermées, le poing au bout de son bras obstinément fermé comme celui d'un nourrisson ou d'un révolutionnaire cubain au salut, le plein du sein, chaud et rond comme une brioche sortie du four à l'aube, le vernis grenat des ongles des pieds, seul caprice concédé à l'adolescence. Cette nuit-là, au lieu de me couler contre ce corps, j'étais ressorti, doutant à mort, me sentant incapable de la garder, de donner ce qu'elle demandait. Et cette histoire de gosse. Elle avait réussi, finalement. C'était à la fois loin et proche. Je me suis surpris à murmurer, pour moi et pour la terre entière : « Ο Κνριε, Ιεσον Χριστε, ελεσον με τον αμαρτωλον. » Comme ils le faisaient, eux, plus forts que la mort. J'avais envie de pardonner et qu'on me pardonne aussi. En finir une bonne fois pour toutes, et planer au-dessus de ces souvenirs pourris. Rayonner enfin dans un ciel sans nuage.

— Qu'est-ce que tu dis ?

— Rien.

Nouveau silence. Et puis sa respiration qui se cherche, sa bouche, là-bas, à plus de mille kilomètres, qui se brise dans un dernier mot et une pluie de sanglots :

— Reviens, Gabriel...

J'ai expiré d'un coup l'air pollué endormi depuis des siècles au fond de mes poumons. J'avais envie de leur dire d'aller se faire foutre, elle et mon ancienne vie.

*

Les cerbères se sont écartés et j'ai été happé par le son. Je suis allé direct au bar. J'avais besoin de fêter ça. Sur la piste déjà glissante du Rouge, la foule s'était densifiée et les corps fiévreux tendus vers le plaisir subissaient avec de grands sourires extatiques le bombardement en règle des décibels électroniques. Adossé au comptoir, en attendant qu'on me serve, j'ai regardé attentivement les filles bouger leurs hanches et offrir leurs seins à la caresse électrique des néons et des stroboscopes.

On m'a tapé sur l'épaule. Je me suis retourné. Le barman aux cheveux rouges m'a tendu le cocktail écarlate rempli de glace pilée. Une bonne perfusion de sang neuf pour ma nouvelle vie. Une fille m'a regardé et j'ai souri. J'ai levé le verre en trinquant mentalement aux moines de l'Athos qui m'avaient donné l'occasion de me remettre à flot. Je le tenais mon scénar : l'histoire d'un type brisé qui part chez les moines se refaire une santé. Vive Dieu, le Christ et la Sainte Vierge. J'ai regardé la fille. Elle souriait aussi. J'ai descendu mon verre d'un trait et je suis allé vers elle. Y a pas que la Vierge dans la vie.

Monastère de Stavronikita, mont Athos, avril 1998-
Octeville, mars 2002.

densifiée et les corps fiévreux tendus vers le plaisir subissaient avec de grands sourires extatiques le bombardement en règle des décibels électroniques. Adossé au comptoir, en attendant qu'on me serve, j'ai regardé attentivement les filles bouger leurs hanches et offrir leurs seins à la caresse électrique des néons et des stroboscopes.

On m'a tapé sur l'épaule. Je me suis retourné. Le barman aux cheveux rouges m'a tendu le cocktail écarlate rempli de glace pilée. Une bonne perfusion de sang neuf pour ma nouvelle vie. Une fille m'a regardé et j'ai souri. J'ai levé le verre en trinquant mentalement aux moines de l'Athos qui m'avaient donné l'occasion de me remettre à flot, et je tenais mon scénario : l'histoire d'un type usé qui part chez les moines se refaire une santé. Vive Dieu, le Christ et la Sainte Vierge. J'ai regardé la fille. Elle souriait aussi. J'ai descendu mon verre d'un trait et je suis allé vers elle. Y a pas que la Vierge dans la vie.

Monastère de Simonopetra, mont Athos, avril 1998-Orcivalle, mars 2002.

Table des matières

Achevé d'imprimer sur les presses de

BUSSIÈRE

GROUPE CPI

à Saint-Amand-Montrond (Cher)
en février 2004

POCKET - 12, avenue d'Italie - 75627 Paris Cedex 13
Tél. : 01-44-16-05-00

— N° d'imp. : 40745. —
Dépôt légal : mars 2004.

Imprimé en France